LES ORIGINES

DE

L'ILE BOURBON

PAR

M. I. GUËT

SOUS-CHEF DE BUREAU, CHARGÉ DES ARCHIVES COLONIALES

PARIS
LIBRAIRIE MILITAIRE DE L. BAUDOIN ET Cie
IMPRIMEURS-ÉDITEURS
30, Rue et Passage Dauphine, 30

1886
Tous droits réservés.

LES ORIGINES

DE

L'ILE BOURBON

PAR

M. I. GUËT

SOUS-CHEF DE BUREAU, CHARGÉ DES ARCHIVES COLONIALES

PARIS

LIBRAIRIE MILITAIRE DE L. BAUDOIN ET Cᵉ

LIBRAIRES-ÉDITEURS

30, Rue et Passage Dauphine, 30

—

1885

Tous droits réservés.

LES ORIGINES
DE
L'ILE BOURBON

MASCARENHAS. — JOAN DE LISBOA. — SANTA APPOLONIA. DIEGO-ROÏS.

I.

Si l'île Bourbon occupe dans l'Océan Indien un espace à peine visible sur les planisphères usuels, il est peu d'endroits du globe qui aient aussi bien fixé l'attention de notre pays.

Station la plus goûtée sur la route des Indes, dès qu'elle a été fréquentée; donnant matière à controverse au sujet de l'époque de sa découverte et des noms qu'elle a portés; offrant un champ précieux à une faune et à une flore d'un intérêt peu commun; riche en sites pittoresques, Bourbon a exercé sur l'esprit des navigateurs, des géographes, des naturalistes et des touristes, un attrait particulier que, d'ailleurs, plusieurs poètes distingués, ses enfants, ont très heureusement célébré [1].

---

[1] Parny, Bertin, Dayot, Lacaussade, Léon Dierx, Leconte de Lisle.

Son climat, merveille de salut, rendait la vie aux équipages épuisés par une navigation que l'inexpérience allongeait cruellement. Le nom seul de l'île éveillait l'idée des meilleures productions. Elle est dépeinte dans les récits deux fois séculaires que nous possédons comme un paradis terrestre. On dit le mot; on décrit la chose en termes qui ne laissent aucun doute sur la sincérité de l'impression.

Située non loin des limites du monde connu des anciens, il semble qu'elle soit demeurée déserte jusqu'au XVIIe siècle, pour montrer aux temps modernes que les délices légendaires du berceau de l'humanité n'étaient pas un mythe.

Nous voyons, en effet, les premiers hommes exilés de Madagascar à Bourbon, se promenant sous l'ombrage de grands arbres, dans un lieu délicieux, où l'eau pure coule en abondance, où d'excellents fruits s'offrent à leurs mains; nous les voyons presque nus, entourés d'innocents animaux qui, loin de fuir leur approche, se pressent autour d'eux, semblant rendre hommage à des maîtres chéris d'avance, longtemps attendus.

Quel tableau ressemble plus à celui donné par la Genèse !

Il est vrai qu'antérieurement à cet âge d'or jusqu'à la prise de possession française, soit que, de nuit, les flammes de son volcan, projetant au loin de sinistres lueurs, fissent prendre ce paradis pour un enfer, soit que, de jour, l'aspect du côté de son enceinte rocheuse où la mer se brise avec fracas causât un autre genre d'appréhension, les marins s'étaient bornés à noter d'un signe muet ou d'un nom de fantaisie porté sur leurs cartes improvisées la rencontre de cette île de peu facile accès, ignorant qu'au pied de ses monts sourcilleux elle cachait un véritable éden.

Ainsi avaient fait les Arabes qui, les premiers, ayant remarqué Bourbon dans leurs pérégrinations, l'avaient inscrite sur une de leurs ébauches hydrographiques — reproduite par Ruysch en 1508 — sous le nom de Maroabyn ou Margabin.

On s'est plu à supposer que Bourbon avait été découverte par les Portugais en même temps que sa grande voisine « Madéisgascar »... sa voisine, à 160 lieues de distance toutefois.

Mais quand on se rend compte que l'existence de cette terre, traversée dans toute sa longueur par une chaîne de montagnes qui auraient dû la déceler, n'a été signalée à l'Europe par Marco-Polo que sur de simples ouï-dire recueillis dans son voyage en Extrême-

Orient, et que ceux qui, après 1298, entendirent parler de la prétendue découverte du navigateur vénitien la considérèrent comme une chimère, comme un voyage dans la lune ; quand on sait que deux siècles plus tard, Vasco de Gama, dans ses deux voyages de Lisbonne à Calicut, avait tellement serré de près la côte orientale de l'Afrique, que l'idée d'une île ou d'un continent en face de Mozambique ne lui était même pas venue à l'esprit, on se convainc qu'à plus forte raison la découverte de l'archipel dont Bourbon fait partie, a dû tarder beaucoup plus qu'on ne l'a pensé au premier abord.

Rien n'est plus facilement explicable.

Il semblait si commode, avec les courants qui contournent l'Afrique, d'aller aux Indes par le canal de Mozambique, que les navigateurs ne sentaient pas la nécessité de s'aventurer à travers une mer dont l'étendue n'était pas soupçonnée à l'époque où (février 1506) Soarès, da Cunha et d'Albuquerque découvrirent la côte occidentale de Madagascar.

Si la même année (août 1506) Roderic Pereira et Jean Gomès d'Abreu, capitaines de navires faisant partie de la flotte de Soarès mise en déroute par une tempête, après avoir quitté Mozambique, furent conduits, bien malgré eux, à conjecturer que Madagascar était une île, la connaissance de l'océan Indien n'y gagna pas grand'chose. A peine avaient-ils eu le temps d'annoncer leur découverte à d'Albuquerque que les malheureux trouvèrent la mort sur la côte inhospitalière de Matatane, où ils n'avaient pu faire qu'une courte exploration.

L'imagination européenne pouvait encore forger la chimère d'un continent au milieu de cette immensité que les Arabes savaient déjà toute liquide, sauf quelques petits archipels très éloignés les uns des autres, rares oasis de rafraîchissement dans ce désert salé.

Il est vrai que cette ignorance n'aurait pas duré davantage, si l'on en croyait des conjectures très compliquées faites en vue d'accréditer une version nouvelle, tendant à déposséder le découvreur avéré des îles de France et de Bourbon, de l'honneur d'avoir, le premier des Européens, abordé ces terres charmantes.

D'une part, un capitaine de navire portugais du nom de Diego Fernandès Pereira, aurait vu Bourbon en 1507, et d'autre part, Jacques Lopès de Siqueira, qui, en 1508, alla visiter Madagascar, aurait aperçu Rodrigue en allant à Cochin.

Nous ne mentionnons ces hypothèses gratuites que pour mettre le lecteur au courant de ce que l'ingéniosité de certains auteurs a imaginé pour résoudre la question. Il faudrait que Domigo Friz (Ribero, 1529) répondît à Diego Fernandès Pereira et que don Galope (Galopos-Ortelius, 1570) équivalût à Jacques Lopès de Siqueira, Friz devenant une altération de Fernandès, et Galope, de Jacques Lopès; Pereira et Siqueira disparaissant complaisamment pour permettre à ces conjectures de se glisser entre deux phrases, rédigées d'ailleurs dans les formes les plus sagement dubitatives.

Il faut autre chose que des conjectures — fruit séduisant auquel tout le monde aime à goûter en matière d'investigation — pour déposséder de sa notoriété un personnage comme Mascarenhas.

On exploiterait en vain ces prétendues corruptions de noms et d'autres de même espèce, pour chercher la solution avec chances de succès.

On a beau suivre avec attention la marche des flottes partant de Lisbonne ou de celles revenant en Portugal, on reste convaincu que la pratique de la côte est de Madagascar ne fut nullement admise à cette époque par les navigateurs portugais allant aux Indes. Ils s'arrêtaient tous à Mozambique; le canal était la seule route employée par eux, et s'il y eût quelque exception à cet égard, on n'a pas la moindre preuve que cette exception ait produit un résultat intéressant au point de vue de découvertes à l'est de Madagascar.

Ainsi, lorsque douze ans plus tard (1521) les compagnons de Magellan massacré aux îles Philippines, après la découverte de l'océan Pacifique, revinrent en Europe sous la conduite de Sébastien del Cano, ils passèrent dans l'archipel de la Sonde, au-dessous de Bornéo. De là, au lieu de prendre le détroit, ils remontèrent la presqu'île de Malacca et ne traversèrent la mer des Indes qu'au-dessus des Maldives, pour rentrer en Espagne par le canal de Mozambique. Si une route plus directe avait été expérimentée à l'est de Madagascar avant 1519, del Cano en aurait profité pour s'épargner tant de détours.

Tout cela prouve que les Portugais, si brillants marins qu'ils fussent, se bornaient, autant que possible, à naviguer en vue des côtes africaines et asiatiques. Pour voyager autrement, il eût fallu qu'ils fussent assurés de rencontrer à moitié route, dans l'océan Oriental, une bonne aiguade répondant à celle de Mozambique. C'était une question de vie ou de mort pour eux.

Or, ils n'en étaient pas là, même en 1524, au dernier voyage de

Gama, qui suivit religieusement le canal de Mozambique, comme il l'avait déjà fait, et qui, par parenthèse, maudit bien ce grand chemin détestable où la tempête, se jouant de sa renommée, lui ravit plusieurs de ses vaisseaux.

Un très sérieux obstacle s'opposait à ce que la découverte de Bourbon fût sitôt accomplie. Ce n'est que bien plus tard, au commencement du XVIIe siècle, qu'il fut donné aux marins d'apprendre « par la hantise » que, pour échapper à l'étreinte des courants qui guettent, en quelque sorte, les navires et les saisissent entre Madagascar et la côte orientale d'Afrique, il faut s'élever jusqu'au 40e degré de latitude, au-dessus du cap de Bonne-Espérance, afin d'entrer sûrement dans la mer des Indes.

Si donc, comme nous le croyons, Bourbon a été abordée par les Européens dans le premier tiers du XVIe siècle, ce n'a pu être que dans un voyage d'Inde en Europe, à travers l'océan Indien, où il suffit de se laisser aller avec la mousson favorable pour rencontrer notre archipel [1].

Nous serons obligé de revenir en temps et lieu sur cette idée.

Cependant, soit que les circonstances dans lesquelles elle a eu lieu n'aient pas permis d'en connaître ou d'en faire ressortir les avantages, soit que la routine l'ait emporté, la découverte, due à don Pedro de Mascarenhas, n'a pas été appréciée des Portugais; aucun historien de cette nation ne l'a mentionnée.

Osorius [2], d'ailleurs, si rempli de détails intéressants, Castanhéda, Faria, etc., ne disent rien de nos petites îles d'Afrique. Ils n'y font même pas allusion.

Malgré ce silence unanime, le nom du découvreur de Bourbon ne fait pas doute. Presque toutes les cartes du XVIe siècle le portent à

---

[1] En 1762, le colonel Nicolas Coutenceau, ayant à faire, en temps de guerre, une communication importante au gouverneur de l'Île-de-France, s'échappa des environs de Pondichéry, alors au pouvoir des Anglais. « Il s'embarqua sur une chaloupe presque pourrie, avec deux blancs et six indiens, » et, se confiant à la seule direction des courants, il parvint au but de son voyage en deux mois. Il est vrai que Coutenceau et ses compagnons étaient à moitié morts de faim et de soif lorsqu'ils touchèrent le sol de Maurice. (*Archives coloniales*, dossier Coutenceau.)

[2] Jérôme Osorius, évêque de Sylvès en Algarves, né à Lisbonne, en 1506, d'une famille noble, surnommé le Cicéron du Portugal, mort à Tavila, dans son diocèse, le 20 août 1580, à l'âge de 74 ans, auteur de l'ouvrage intitulé : *De Rebus gestis Emmanuelis regis Lusitaniæ*, ouvrage excellent, traduit en français par Simon Goulart, sous le titre : *Histoire du Portugal*, in-8°. Cologne, 1610.

la place occupée environ par l'archipel des Mascareignes, et dans un routier anonyme de la fin du même siècle, reproduit par Jean Hugues de Linschot, le prénom Pedro se trouve joint à celui de Mascarenhas.

Ensuite, le premier écrivain qui a donné le nom du découvreur de Bourbon, en ajoutant quelques détails, est un Rouennais, François Cauche, embarqué comme passager sur un navire parti de Dieppe pour Madagascar, en 1638, et qui, avant d'arriver à destination, passa par Bourbon et Maurice.

On lit, dans sa relation, publiée en 1651 (dix ans avant celle de Flacourt)[1] : « Les Portugais appellent cette isle, Isla de Mascarenhas, « pour auoir esté descouuerte par vn de cette maison qui tient encore « des premiers rangs en Portugal. » Il était bien renseigné, car la famille Mascarenhas brillait encore à Lisbonne, à l'époque où Cauche écrivait, et notamment dans la personne de Antonio de Mascarenhas qui figure sur une liste de personnages de la cour, datée de 1640.

Ce qui est resté jusqu'ici dans la pénombre historique faite pour exercer la patience de ceux qui aiment à s'occuper d'origines contestées, c'est l'année de la découverte.

1506, 1507, 1508, 1512, 1513 et, venant après un intervalle de trente-trois ans, — 1545, ont tour à tour passé sous la plume des chronologistes et des écrivains qui se sont occupés de Bourbon.

Chacun d'eux a pris l'une de ces années, sans trop savoir pourquoi, car tous ont négligé le seul moyen d'arriver à déterminer la date que l'on cherche encore : étudier la vie de l'homme remarquable dont le nom est resté attaché à l'archipel africain.

Nous allons essayer de combler cette lacune en résumant, aussi brièvement que possible, cette existence accidentée.

On reconnaîtra au moins, dans cette tentative, que le découvreur des îles de France et de Bourbon méritait que son nom fût sauvé de l'oubli par le fait même de sa découverte.

II.

Cinq personnages du nom de Mascarenhas ont marqué, à la même époque, dans l'histoire portugaise.

Pierre, — Nunez, — Jean, — Georges et François.

---

[1] Paris, Augustin Courbe, 1651.

Les trois premiers étaient frères. Le quatrième était leur cousin. Nous ne savons au juste quel lien de parenté les unissait à François.

Nunez de Mascarenhas, « brave capitaine », dit Osorius, succéda, en 1516, à Ataïde, gouverneur de Saffi, en Maroc.

En 1545, Jean commandait avec honneur et gloire le château-fort de la ville de Diû, appartenant depuis 1535 aux Portugais.

Le capitaine Georges de Mascarenhas alla explorer les mers de Chine en 1517.

En 1580, François fut envoyé par Philippe II, roi d'Espagne et de Portugal, en qualité de vice-roi à Goa.

Pierre les a tous surpassés par sa renommée, éclatante à l'époque où il a vécu.

Don Pedro de Mascarenhas, né à Lisbonne, vers l'année 1485, et qu'Osorius qualifie de gentilhomme, apparaît pour la première fois, dans l'histoire portugaise, avec la flotte que l'amiral Garcia de Noronha met à la voile à Lisbonne vers la fin de 1511, et que le vice-roi des Indes, Alfonse d'Albuquerque, attend avec impatience.

Cette flotte arrive péniblement à Mozambique, le 11 mars 1512, au milieu d'une interminable tempête.

Noronha, trouvant plus sage d'exposer un seul de ses vaisseaux que sa flotte entière, demande un capitaine qui veuille bien se charger d'aller en avant donner de ses nouvelles au vice-roi, s'il peut arriver jusqu'à lui.

Mascarenhas se présente et est accepté par l'amiral. Il quitte Mozambique en avril (1512), mois où commence la mousson du sud-ouest. Il arrive bientôt à Cochin, où se trouvait d'Albuquerque. L'annonce de la venue prochaine de la flotte dont la perte était à redouter, réjouit si bien le vice-roi qu'il nomme sur-le-champ Mascarenhas gouverneur de Cochin, pour le récompenser de sa hardiesse et de sa bonne étoile.

Noronha parvient lui-même à Cochin. Il est suivi à brève distance de deux autres flottes de six navires chacune, parties de Lisbonne la même année et ayant fait bonne traversée. D'Albuquerque profite des nouveaux arrivants (2,000 Portugais et plus) pour armer immédiatement une flotte de 16 vaisseaux destinée à réduire, dans la citadelle de Benastarin, près Goa, le révolté Rozalcam, beau-frère et lieutenant de Zabaïm, prince de Goa. Pedro de Mascarenhas voulant, à toute force, concourir à cette action, proteste qu'il ne restera pas oisif à Cochin, tandis que Noronha, son chef, ira se battre. Il sollicite, comme une faveur, de faire partie de l'expédition projetée. D'Albuquerque accueille sa demande et lui confie le commandement de plusieurs compagnies.

A Benastarin, Mascarenhas se couvre de gloire. A la bataille livrée devant la citadelle, il fait des prodiges de valeur et acquiert si parfaitement l'honneur de la journée que le vice-roi, dans son enthousiasme pour sa bravoure, l'embrasse sur le front, au milieu de ses troupes, en le félicitant chaudement.

Rozalcam, forcé de s'enfermer dans Benastarin, y est cerné de très près. Craignant de manquer de vivres, il essaye d'une sortie bien préparée, surprend les Portugais en défaut, les met en fuite. Il est sur le point de s'échapper, lorsque arrive Mascarenhas avec ses compagnies. Il rassure ses compatriotes, les ramène au combat et arrête les poursuivants qui sont obligés de rentrer par où ils étaient sortis.

Bientôt la citadelle se rend à discrétion et d'Albuquerque, pour récompenser Mascarenhas de sa belle conduite, le nomme gouverneur de Goa, en février 1513. Il conserve cette place jusqu'à la mort d'Albuquerque qui expira, comme on sait, abreuvé de chagrin, le 16 décembre 1515.

D'Albuquerque, stupidement calomnié auprès du roi Emmanuel, à Lisbonne, par un parti jaloux, venait d'être dépossédé de sa vice-royauté, et Lopez Soarez arrivait inopinément pour le remplacer, avec des sous-ordres de rechange à tous les emplois. C'était une petite révolution.

Les partisans de d'Albuquerque, parmi lesquels comptait, au premier rang, Mascarenhas, furent ramenés à Lisbonne sur une flotte équipée à cet effet par le nouveau vice-roi.

En juillet 1516, nous voyons Pedro de Mascarenhas à Saffi, royaume du Maroc, où gouvernait alors son frère Nunez. Il y sert très honorablement, et, en 1520, il est nommé gouverneur de la citadelle de Tétuan, royaume de Fez.

Quatre ans se sont passés. Au roi Emmanuel, mort en 1521, a succédé son fils, Jean III, roi de Portugal.

A la date du 10 février 1524, ce prince signe, ce que nous appellerions aujourd'hui une promotion, dans le personnel de l'Inde, où les affaires portugaises sont fortement en souffrance.

Le grand amiral de la mer indienne, Vasco de Gama, déjà très vieux (il avait soixante-dix ans), est nommé vice-roi des Indes.

Il a pour adjoints : 1º Henri de Menezès, nommé gouverneur d'Ormuz, et désigné, par lettres secrètes, selon l'usage, comme vice-roi dans le cas où de Gama viendrait à mourir pendant sa charge ; 2º Pedro de Mascarenhas, nommé gouverneur de Malacca, et désigné aussi, par lettres secrètes, pour succéder à Menezès, dans le même cas ; et 3º Lopez de Sampajo, nommé gouverneur de Cochin, et désigné le troisième pour la charge de vice-roi.

Ces successions éventuelles, dont l'ordre seul était inconnu aux intéressés, eurent pour inconvénient d'établir, entre les trois futurs vice-rois, une funeste rivalité.

Ces trois personnages et d'autres capitaines compris dans la même promotion, s'embarquent, le 9 avril 1524, sur une flotte de quatorze navires, commandée par l'amiral de Gama.

La navigation de cette flotte, tout le temps pénible, est, vers la fin, remplie d'événements les plus fâcheux. Trois de ses navires se perdent corps et biens dans le canal de Mozambique. Un quatrième fait naufrage à Mélinde. Le reste manque de périr, au plus fort de la tourmente, en vue de la côte indienne, signalée le 6 septembre 1524.

A peine Gama, exténué par les fatigues de la traversée, s'est-il fait reconnaître vice-roi, à Cochin, qu'il expire le 24 décembre, laissant le pouvoir à Lopez de Sampajo, en attendant que le paquet de la première succession soit ouvert.

Première désillusion, ce n'est pas lui qui succède au vice-roi défunt.

Henri de Menezès prend immédiatement à cœur tous les devoirs de sa charge.

Les affaires pressaient. Il y avait sans cesse quelque révolte à l'horizon ; c'était en ce moment le tour du roi de Calicut. Menezès part de Cochin avec une flotte considérable, ayant pour lieutenant, comme amiral, Jean Melio de Sylves, personnage de grande expérience, et pour premier capitaine, Pedro de Mascarenhas dont il connaissait la haute valeur.

Le 25 février 1525, le vice-roi et Mascarenhas descendent à Panane, avec une troupe de 200 soldats, et le lendemain le fort est pris et ruiné par les Portugais.

Quelques jours après, Mascarenhas « avec ses capitaines » se distingue pareillement à l'assaut de Coulette, principal port du royaume de Calicut, lequel est réduit à se soumettre.

Cela fait, le vice-roi revient à Cochin, où il donne les ordres nécessaires au départ de Mascarenhas qui doit aller prendre son gouvernement à Malacca.

Il s'embarque le 8 mai 1525, sur le galion d'Arias de Cugne, accompagné d'autres vaisseaux.

Malacca, centre commercial des mieux approvisionnés, où l'or, l'ivoire, les épices, les gommes, les parfums, les pierres précieuses affluaient de toutes les parties de l'Extrême-Orient, devait, après Goa, fixer particulièrement l'attention des Portugais.

D'Albuquerque s'en était emparé en 1513. Mais le temps lui avait manqué pour consolider son œuvre.

Le roi de Malacca, après sa défaite, s'était réfugié dans l'île de Bintam, près du détroit de Singapore. Il en avait chassé le prince, son vassal, et s'y était fortifié depuis dix ans, avec l'espoir de reconquérir son royaume, éloigné seulement de 60 lieues.

Il entretenait une flotte dans les eaux de l'île, et, cantonné derrière les remparts de sa nouvelle résidence, il ne cessait de molester les Portugais, en attendant qu'il lui fût possible de leur porter un coup décisif.

C'était ce potentat qu'il s'agissait d'abattre. Déjà les Portugais avaient essayé de le réduire. Mais chacun de leurs efforts, au lieu d'être marqué par un succès, l'avait été par un échec.

Ce fut le découvreur de Bourbon qui rendit à ses compatriotes l'important service de faire disparaître ce redoutable ennemi et de rendre l'île de Bintam tributaire du Portugal.

Une circonstance aussi grave qu'inattendue faillit reculer indéfiniment cet avantage.

Au moment où l'on préparait l'expédition à Malacca, le vice-roi Henri de Menezès, atteint à la jambe d'une blessure qu'il avait négligée, mourait à Cananor, le 2 février 1526.

Pendant qu'un ami de Mascarenhas partait à toutes voiles afin de le prévenir de cet événement regrettable, mais fort intéressant pour l'un et l'autre, Lopez de Sampajo, chargé du pouvoir par interim, envoyait en hâte auprès du roi Jean III, pour l'informer de la mort de Menezès et appuyer sur cette circonstance que Mascarenhas, nommé vice-roi dans le second paquet de succession, étant occupé à la guerre de Malacca, ne pourrait de longtemps venir prendre possession de la vice-royauté. Le roi eut la faiblesse d'autoriser l'ouverture du troisième paquet de succession qui donnait le pouvoir à Sampajo.

Puis, l'ordre parti, Jean III, comprenant trop tard que la guerre civile dans l'Inde pouvait résulter de cette substitution impolitique, envoya un ordre contraire qui nommait définitivement Mascarenhas vice-roi. Malheureusement le vaisseau, porteur de ces dernières instructions, se perdit en route. Sampajo eut bien connaissance du fait, mais il se prévalut de l'ordre contenu dans les dernières dépêches arrivées, pour conserver le pouvoir.

Mascarenhas, se sachant désigné pour succéder à Ménezès, pense d'abord à partir pour Goa. Puis, réfléchissant que, sans lui, l'affaire de Bintam est manquée, il diffère et agit à Malacca en véritable vice-roi.

Il réunit deux flottes. Par l'une, il envoie détruire celle de son ennemi. L'autre, composée de 19 voiles, et portant 900 hommes, Portugais et Malayens, lui sert à aller attaquer Bintam.

La ville de Bintam, dans l'île du même nom, est traversée par une rivière dont les bords, de chaque côté, avaient été garnis de gros pieux solidement reliés. Cette ville forme elle-même une île qui communiquait avec la terre ferme par un pont, également fortifié. Elle était enceinte de remparts en palissades, et d'ailleurs défendue par 7,000 hommes et 300 pièces d'artillerie.

Bien que l'ex-roi de Malacca eut toute confiance dans cette position formidable, quand il apprit le nom de l'homme qui venait l'attaquer, ne dissimulant pas son appréhension, il résolut de le faire assassiner pour simplifier la besogne. Ce projet faillit réussir. Mascarenhas eut tout juste le temps de détourner le poignard qui allait l'atteindre. L'assassin fut puni de mort. Mais cette tentative avortée démontra à l'illustre capitaine portugais qu'il n'y avait rien à ménager avec un tyran capable d'un tel attentat.

Mascarenhas, descendu en terre ferme avec une partie de son monde, usa d'une ruse de guerre pour arriver au but de son entreprise.

Il s'appliqua pendant quinze jours, par un travail acharné et très compliqué, à faire croire à l'ennemi qu'il était résolu à pénétrer dans la ville en détruisant, sur un point déterminé, les pieux qui garnissaient la rivière et en fermaient l'entrée. On comprit, à Bintam, que les Portugais voulaient forcer cette entrée et introduire une partie de la flotte dans le canal afin de canonner la ville.

Naturellement, l'ennemi porta toutes ses forces de ce côté et s'appliqua, sans s'inquiéter d'autre chose, à contrecarrer le projet de Mascarenhas.

Lorsque celui-ci fut prêt à agir, il alla chercher le reste de son monde pendant la nuit, et, combinant un assaut plus bruyant que terrible du côté des pieux avec une attaque sérieuse sur le pont, il se jeta dans la ville accompagné des plus déterminés de ses compagnons. Cet endroit, comme il l'avait prévu, était si peu gardé que Mascarenhas pénétra au cœur de Bintam presque sans coup férir. Il fit mettre le feu partout. Les habitants épouvantés s'enfuirent en criant aux défenseurs des remparts que la ville était prise. Le désordre fut rapidement à son comble. En vain, le roi, sorti de son palais, veut rallier ses soldats; personne ne l'écoute. Se sentant perdu sans retour, il monte sur un éléphant et s'élance vers un grand bois dans l'espoir au moins d'y cacher sa honte. Mais poursuivi de près par Mascarenhas, il se laisse choir au moment d'être pris et périt dans un fourré.

400 insulaires furent massacrés sur les remparts. Mascarenhas fit 2,000 prisonniers, un immense butin. La ville fut démantelée et les 300 pièces de canon, dont l'ennemi n'avait pas eu le temps de se servir, furent transportées à Malacca avec les richesses entassées dans le palais du roi vaincu.

Cette brillante action se passa vers le milieu de l'année 1526. Elle est considérée comme l'un des plus glorieux avantages que les Portugais aient acquis dans les Indes.

Les affaires de Bintam et de Malacca terminées, don Pedro de Mascarenhas, aussitôt que la saison fut favorable, mit à la voile avec 3 galions richement chargés, afin d'aller prendre possession de sa vice-royauté dans l'Inde.

Il lui semblait naturel qu'après les services déjà rendus par lui, et surtout le triomphe qu'il venait de remporter, on le reçût avec un certain enthousiasme. Il se croyait attendu à Goa avec impatience, lorsqu'il apprit en route l'étrange conduite de Sampajo à son égard.

De Cochin où il arriva le dernier février 1527, il écrivit au traître d'avoir à se soumettre aux volontés du roi, et s'avança jusqu'à Cananor. Il y rencontra une flotte commandée par Sampajo. Pour toute réponse, celui-ci le fit saisir et enfermer dans la citadelle même, où en 1509, — à la suite d'une circonstance semblable, — le grand d'Albuquerque avait été emprisonné par d'Almeide.

Mais quelques jours après, Sampajo effrayé de sa propre audace, fit remettre Mascarenhas en liberté, en lui posant pour condition de ne pas aller à Goa.

Après divers pourparlers suivis d'une réunion nombreuse, où Mascarenhas prononça un discours dans lequel éclate la noblesse de ses sentiments, don Pedro comprit qu'il fallait renoncer à l'espoir de vaincre la résistance de l'ambitieux.

Ne voulant pas recourir à une guerre fratricide, qu'il eût pu entreprendre cependant, — car il avait beaucoup de partisans — Mascarenhas manœuvra de manière à obtenir que l'insoumission de Sampajo fût constatée par un document authentique susceptible d'être placé sous les yeux du roi.

Sommé d'avoir à porter devant un conseil de justice le différend qui divisait les deux vice-rois, Sampajo consentit à subir cette épreuve dont il savait d'avance le résultat. Par toutes sortes de menées, il s'était emparé de l'esprit des juges. La majorité lui fut acquise dans le conseil. — Mascarenhas reçut la signification du jugement le 21 décembre 1527. C'était, pour le moment, tout ce qu'il désirait. Muni de cette pièce, il avait hâte de se trouver devant le roi pour faire appel de cette inique sentence.

Sans plus tarder, dans les derniers jours de décembre, accompagné de plusieurs gentilshommes qui l'avaient soutenu dans sa lutte contre Sampajo, Mascarenhas mit à la voile pour retourner en Portugal avec une flotte de quatre navires. La mousson nord-est, qui soufflait alors dans son plein, dut lui permettre de faire bonne et rapide traversée. Nous reviendrons sur ce voyage qui nous intéresse particulièrement.

Jean III, bien que surpris de l'arrivée de Mascarenhas, le reçut avec honneur. Dès qu'il fut instruit des causes de son retour et de la conduite perfide de Sampajo, indigné de cette révolte, le roi envoya, sur le champ, une flotte à Goa pour rappeler l'usurpateur et le remplacer dans la vice-royauté des Indes.

Sampajo, ramené à Lisbonne, fut traduit devant le conseil royal à la requête de Mascarenhas, et « condamné à lui payer tous despens,

« dommages et intérests, et les gages de l'estat de vice-roi pour tout
« le temps que Mascarenhas eust exercé cette charge, assauoir l'es-
« pace de trois années [1]. »

Cela fit une somme considérable qui permit à don Pedro de se reposer longuement des fatigues de ses expéditions lointaines.

Il ne resta pas oisif cependant. Le roi l'employa à diverses missions diplomatiques. Ce fut lui, par exemple, qui provoqua à Rome, en 1540, l'envoi du missionnaire François Xavier chargé d'aller prêcher l'évangile dans les Indes orientales [2].

Jean III recourut encore à notre héros pour la vice-royauté de Goa. Il le donna pour successeur à Noronha, à une époque où le besoin d'une forte tête ceinte d'une auréole de gloire se faisait sentir parmi les fonctionnaires portugais résidant aux Indes. L'égoïste ambition régnait là-bas en souveraine maîtresse.

Don Pedro de Mascarenhas partit de Lisbonne en 1554. Il avait environ 70 ans. Il ne gouverna que neuf mois, et mourut à Goa, à la fin de 1555, au milieu des troubles qui précipitèrent la décadence des Portugais dans l'Inde.

Il avait demandé, par son testament, que son corps fût transporté à Lisbonne, lieu de sa naissance.

III.

Nous pouvons maintenant chercher à déterminer l'année où Mascarenhas a pu découvrir Bourbon.

Pour la date, il est acquis qu'elle doit être fixée au 9 février, jour de sainte Apollonie, nom donné, comme on le verra, à l'une des deux îles découvertes dans le même temps : Maurice et Bourbon [3].

---

[1] Le traitement de vice-roi valait :
« Dix mille ducats de gages par an sans les arrière-mains et avātages secrets qui mon-
« toyēt six fois autāt, et quelquefois à des sommes presques infinies à cause des butins
« et des pratiques des douannes. » *Histoire du Portugal*. Trad. de Simon Goulart,
vol. 2, p. 428. Cologne. 1610.

[2] Saint François-Xavier (1506-1552) partit de Lisbonne, avec le vice-roi Martin Alfonse de Souse, le 16 avril 1541. Il arriva à Goa le 6 mai 1542. Il établit la religion chrétienne, non seulement à Goa, mais aussi à Malacca, dans les Moluques et au Japon.

[3] « Car selon que les jours dédiez à la mémoire des saincts trespassez escheoyēt, ainsi
« imposoyent-ils les noms aux pays, isles et rivières qu'ils auoyent descouvertes le jour
« de tel sainct ou de telle saincte. » Osorius, *Hist. du Port.*

Il faut que Mascarenhas puisse arriver dans ces parages, soit le 9 février d'une année où il a passé dans l'Inde, soit le 9 février d'une année où il a fait voyage de retour.

Il résulte de l'exposé de sa vie maritime que Mascarenhas a fait trois traversées d'aller : 1511, 1524, 1554 ; et deux de retour : 1516, 1528.

Il est bon de faire remarquer ici que le 9 février est compris dans la période où souffle la mousson nord-est, la seule praticable pour venir d'Inde en Europe : ce qui diminue le nombre des chances pour les années d'aller. N'importe ! examinons les unes et les autres !

1° 1511 est l'année du premier voyage de Mascarenhas. La flotte dont son navire fait partie arrive à Mozambique le 11 mars 1512. Il n'est pas admissible que Mascarenhas, au moment où la mousson du sud-ouest, qui conduit dans l'Inde, allait s'ouvrir, ait rétrogradé dans le canal pour se rendre à Cochin ; et puis, il ne serait pas arrivé, à Bourbon, le 9 février.

2° 1516 ne serait pas impossible, si Mascarenhas, revenu comme passager sur la flotte équipée par Lopez Soarez pour ramener à Lisbonne les partisans, momentanément disgraciés de feu d'Albuquerque, eût commandé et dirigé cette flotte, et conséquemment eût été en position de pouvoir attacher son nom à une découverte quelconque. Rien de pareil n'est supposable.

3° En 1524, la flotte de Vasco de Gama, sur laquelle Mascarenhas va dans l'Inde, part de Lisbonne le 9 avril ; elle prend le canal de Mozambique ; elle arrive en septembre sur la côte de l'Inde. 1524 est à rejeter.

4° 1528, époque du retour de don Pedro, après son procès contre Sampajo, attire notre attention. La flotte de quatre navires, commandée par le vice-roi non installé, part de Cochin, dans les derniers jours de 1527, avec la mousson favorable. Il est tellement possible que Mascarenhas parvienne à Bourbon ou à Maurice le 9 février 1528, que nous sommes entraîné à prendre cette date en grande considération.

5° Mascarenhas s'est-il arrêté à Bourbon en passant dans l'Inde en 1554. Cela importe peu. Bourbon n'était plus à découvrir. Puis, ainsi que nous l'avons dit, on ignorait encore à cette époque la pratique de la route qui permet d'échapper aux courants du canal de Mozambique et conduit à l'archipel des Mascareignes.

Laissons donc de côté 1511, 1516, 1524 et 1554 pour revenir à 1528.

Si l'on considère l'état d'esprit dans lequel se trouvait Mascarenhas en quittant Cochin à la fin de décembre 1527, on admet son extrême impatience d'arriver à Lisbonne. Il devait savoir, par les itinéraires des navigateurs arabes, qu'en prenant route directement, c'est-à-dire autrement que par le canal de Mozambique, il arriverait plus vite. Le tout était d'oser. Il y avait une certaine audace à innover ainsi. Mais, en fait d'audace, et même d'habileté, Mascarenhas avait déjà donné la mesure de ce que l'on pouvait attendre de lui. Cette fois, il était le maître de choisir son chemin. Il n'avait plus à suivre Noronha comme en 1512; la flotte de Lopez Soarez, comme en 1516; ni celle de Gama, comme en 1524.

D'ailleurs, entreprendre le nouveau chemin n'était pas tout à fait une aventure. Parmi les instructions remises à Lisbonne à plusieurs chefs de flottes, celle de prendre route à l'est de Madagascar avait été exprimée. Ce à quoi l'on n'avait pas songé, c'était d'essayer la réalisation de ce projet en venant d'Inde en Europe.

On a lieu de supposer qu'un autre motif, aussi sérieux que celui d'arriver plus vite, dut engager Mascarenhas à ne pas suivre la route ordinaire.

Le caractère perfide de Sampajo pouvait lui faire craindre que quelque piège ne l'attendît en chemin, à Mozambique ou autre part. D'un pareil homme, tout était à redouter. Comment le navire venant de Lisbonne pour confirmer la nomination de Mascarenhas comme vice-roi s'était-il perdu ? Avait-on pu le savoir ?

Peut-être Sampajo n'avait-il laissé partir son rival que parce qu'il était sûr de l'atteindre dans le cours du voyage.

Cette pensée dut venir à don Pedro. C'est alors que, bien inspiré par le soupçon, il sut trouver moyen de cacher la route qu'il devait prendre, même à ses compagnons de voyage parmi lesquels Sampajo comptait certainement des affidés.

Quoi qu'il en soit, cinq semaines suffirent à Mascarenhas, et au delà, pour accomplir la traversée de Cochin à Bourbon. Parti fin décembre 1527, il a pu arriver dans l'Archipel le 9 février 1528.

Tout, dans cette affaire, a dû marcher très rapidement. De ce que Sampajo est obligé de rembourser à Mascarenhas trois ans de son traitement comme vice-roi, il ressort que Menezès étant mort le

2 février 1526, l'usurpateur a quitté l'Inde en février 1529, et que, pour donner le temps à une flotte partie de Lisbonne d'aller chercher Sampajo, il a fallu que Mascarenhas parvînt dans cette ville vers mai 1528.

Si nous insistons à cet égard, c'est que sur le planisphère de Diego Ribero, daté de 1529, figure l'Archipel découvert par Mascarenhas. Il est parfaitement possible que l'auteur de cette carte ait eu communication de l'itinéraire de l'amiral, et ait ajouté, sur son travail précédemment fait, les îles fraîchement découvertes. Nous dirons plus : cela n'est pas douteux. Dans la carte de Ribero, les trois îles sont groupées l'une sur l'autre, sans qu'il soit tenu compte de leur position réelle. C'est bien là le fait d'une découverte sommaire.

Nous tenons donc pour 1528 contre 1506, 1513 et 1545, principales époques attribuées au temps de la découverte de Bourbon et îles voisines.

En 1506, Mascarenhas n'avait pas encore paru dans l'Inde. En 1513, après avoir guerroyé avec d'Albuquerque, il prend le gouvernement de Goa, qu'il n'abandonne qu'en 1516.

Avant 1545, Bourbon figurait sur des cartes datées, avec le nom de Mascarenhas. Cette dernière date a été copiée (notamment par Leguat)[1] dans l'ouvrage de Flacourt sur le dessin de la pierre que les Portugais avaient laissée, en 1545, à l'îlot d'Anossi, en abandonnant leur établissement de Madagascar.

En fait, ce qui sort absolument des conjectures, c'est que le découvreur de Bourbon, sur le nom duquel aucun doute ne peut être élevé, part de Cochin en 1527, arrive à Lisbonne en 1528, et que le planisphère portugais de 1529 indique l'archipel des Mascareignes avec le nom de Mascarenhas. Or, avant 1529, aucune carte datée, connue, ne porte le nom de Mascarenhas.

IV.

En dehors de ce que nous avons dit au sujet des courants et des moussons, une circonstance particulière permet de se convaincre que la découverte de Bourbon n'a pu avoir lieu que dans le cours d'un voyage d'Inde en Portugal.

---

[1] *Voyages et aventures de François Leguat.* Indes orientales, 1710, Londres.

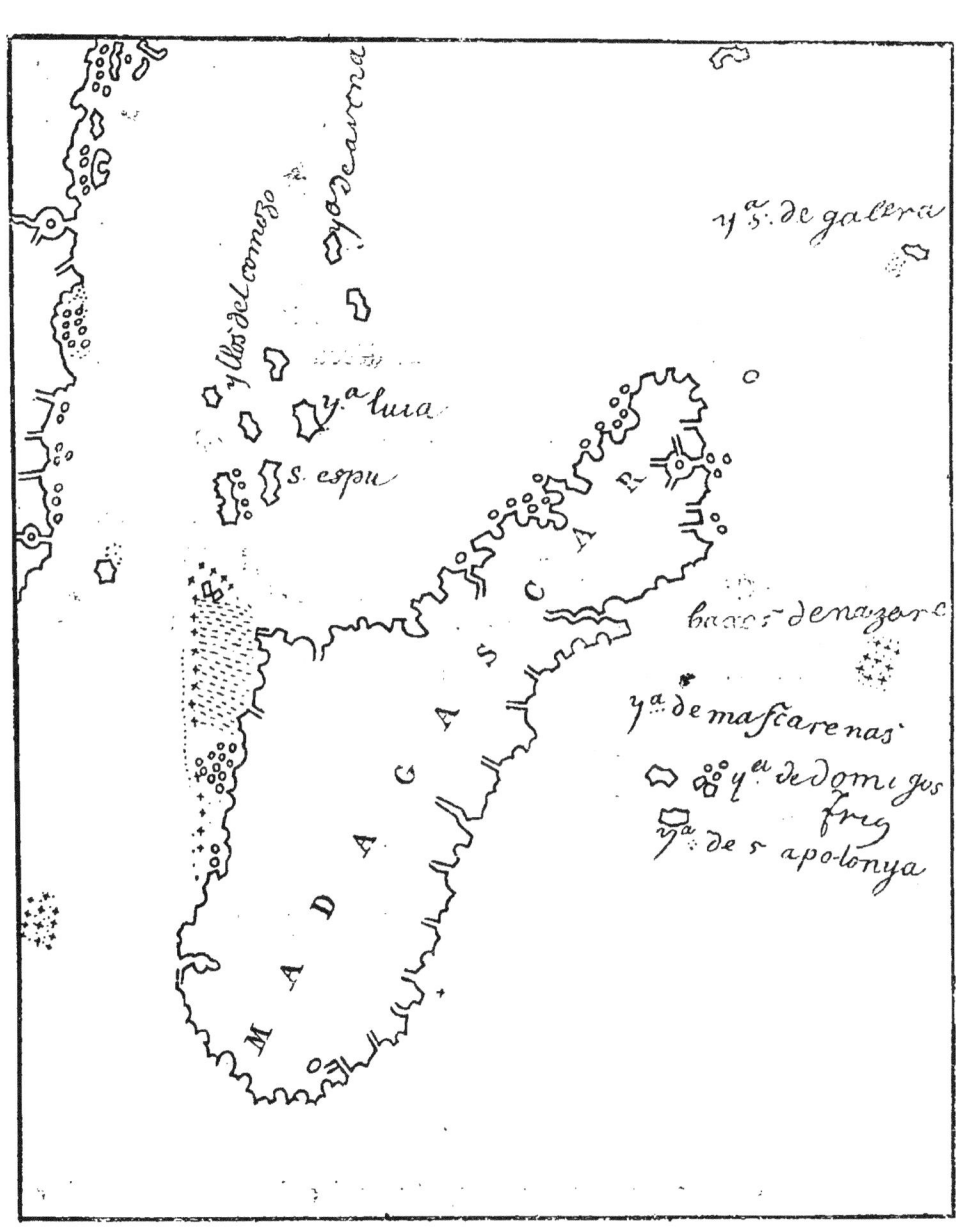

Archipel des Mascareignes, d'après la carte de Diego Ribero (1529).

Les Portugais, navigateurs prévoyants, ne manquaient pas de laisser, dans les îles désertes où leur retour était probable, les animaux comestibles dont ils pouvaient disposer, afin que la reproduction s'en opérât à leur profit, pour le ravitaillement de leurs navires.

On conviendra que, venant du Portugal, il leur eût été impossible d'en agir ainsi. Vers la fin d'un voyage si long, les provisions sont à la veille d'être épuisées. Ce n'est pas le moment de s'en priver.

Au contraire, en revenant de l'Inde, où pullulent les animaux des espèces jetées à Bourbon, il était facile aux navigateurs de laisser échapper en chemin quelques-unes des provisions vivantes qui encombraient leurs vaisseaux.

Or, il est de tradition que Mascarenhas prit ce soin, en passant dans l'île qui conserva son nom. Des couples de race caprine et de race porcine furent confiés par son ordre au sol de Mascareigne.

Ils y réussirent si bien que les navigateurs qui s'arrêtèrent à Bourbon dans les premières années du XVIIe siècle virent arriver familièrement à leur rencontre une véritable colonie de ces animaux.

Cette familiarité même donne à penser que les Portugais (eux ni d'autres) n'avaient pas dû profiter de l'approvisionnement de l'île, et que la route frayée par Mascarenhas fut très longtemps ignorée.

Que les Parmentier, par exemple, dans leur voyage de Dieppe aux Indes en 1529 [1], aient passé par le canal de Mozambique et n'aient pas reconnu l'océan Indien, cela est explicable; la découverte de Mascarenhas était par trop récente.

Mais que dans une carte française de l'Afrique (renversée, très curieuse néanmoins), publiée en 1556, par Jean Temporal, l'archipel des Mascareignes soit figuré, sur le flanc oriental de Madagascar, par quatre petits ronds muets, cela tend à prouver le peu de connaissance que les géographes avaient, même alors, de la découverte de Mascarenhas.

En voici une preuve : Dans son hydrographie écrite en 1547, publiée en 1559 (cent ans avant la relation de Flacourt), « le capitaine Jean Alfonse Saintongeois », le premier auteur qui a donné lieu de publier des renseignements précis sur Madagascar, après l'avoir visitée, produit sur cette île et sur notre archipel (mais sans le nommer),

---

[1] *Navigations des Dieppois dans les mers orientales*, P. Margry, *Bulletin de la société normande de géographie*, 1883.

des détails si curieux, pour l'époque, que l'occasion de les reproduire ici nous paraît bonne à saisir :

« De Saffalle, dit Jean Alfonse, au cap de Donamarie (Dona Maria da Cunha) qui est en l'isle Saint-Laurens, y a environ cent cinquante lieuës. L'isle est vne belle terre, longue de deux cens cinquâte lieuës large en aucuns lieux de cent lieues : il y croist force gingembre blanc, et y a quelque mine d'argent, et aussi de la pierrerie. Les gens y sont nègres et vaillans, mais ils sont meschās et si ne veulent faire train de marchandise avecq aucuns estrangers. Le roy de Portugal y a autreffois eu une faterie, ou il auoit force gingembre, mais ceux de la terre les ont tuez, et depuis n'ont voulu trafiquer aux Portugays, et qui pourroit y trafiquer, il y feroit grand profit. Il ayment bien le fer, et toutes autres marchandises qu'on mene en Calicut, comme vermillon, vif-argent, et cuiure. Les gens tiennent la loy de Mahommet, toutes fois n'adorent ne Dieu, ne Mahommet, mais la Lune.

« Le païs est diuisé en trois Royaumes, et en y a aucuns qui sont Caniballes. La coste de l'isle est fort dāgereuse, mesmement du costé du sud, et de la part du sudest. Les banchs gisent en la mer plus de trente lieuës, et tout à l'entour de l'isle y a force banchs, et te faut aller coyement (prudemment) avecques la sonde, si tu n'as fait le chemin vne autre-fois. *Tu as au sudest et à l'est sud est force isles peuplées de gens blancs, et sont les unes à plus de cent trente lieuës, et les autres plus près* [1]. »

Tout cela est exact.

Ces îles, que Jean Alfonse désigne sans leur attribuer aucun nom (en avaient-elles un connu ?) sont bien Bourbon, Maurice et Rodrigue.

Ainsi en 1547 et en 1556, la découverte de Mascarenhas était ignorée, même de ceux qui devaient être à l'affût des nouveautés géographiques. Ils savaient seulement qu'il y avait, à l'est de Madagascar, des « îles peuplées de gens blancs ». Ce dernier détail donne à croire qu'une partie de la colonie portugaise, établie à l'îlot d'Anossi, échappée au massacre de « ceux de la terre » (c'est-à-dire des indigènes), était venue se réfugier à Maurice.

Il est certain que des Portugais, réfugiés ou non refugiés, établirent, vers cette époque, un comptoir à Maurice.

Les Hollandais, qui les suivaient partout, au temps de leur décadence dans les Indes, ne furent attirés dans cette île que par l'établissement commencé, et que les uns et les autres recommencèrent sans succès, à diverses reprises.

En dernier lieu, ce furent les rats qui chassèrent les Hollandais de

---

[1] *Voyages aventureux du capitaine Jean Alfonse Saintongeois.* Rouen, Mallard, 1578, p. 55.

Maurice, et la Compagnie française des Indes, après la prise de possession effective, eut toutes les peines du monde à débarrasser l'île de cette vermine amenée d'Europe par les vaisseaux, et qui s'était multipliée au delà de ce qu'on peut imaginer.

De tout ce qui précède, il résulte, à notre sens, les faits suivants :

Le découvreur de Bourbon est bien don Pedro de Mascarenhas. Il n'a dû qu'à sa haute situation de voir son nom attaché à l'archipel des Mascareignes.

Il peut être considéré comme un grand homme après Vasco de Gama et Alfonse d'Albuquerque, à côté desquels il a servi, et auxquels il a succédé comme vice-roi des Indes.

La découverte de Bourbon n'a eu lieu que dans un voyage d'Inde en Europe.

Le 9 février 1528 est la date qui réunit les meilleures conditions pour être préférée à toutes celles mises en avant jusqu'à ce jour.

Après la découverte, la connaissance des Mascareignes a sommeillé pendant un siècle environ. C'est pendant cette période nébuleuse que les noms attribués aux trois îles de l'archipel se sont confondus à tel point, qu'une étude attentive des documents où ils sont rapportés devint nécessaire pour se reconnaître dans cet imbroglio légendaire.

Cette étude, reprise à différentes époques, avec un dossier toujours incomplet, n'a pas répandu sur ce sujet controversé une lumière décisive. Nous croyons que ce qui va suivre permettra cette fois-ci de prononcer définitivement en connaissance de cause.

V.

On a si souvent parlé des noms attribués à Bourbon et à Maurice, lors de la découverte, que nous voudrions concourir à dissiper le voile qui plane encore sur ce sujet auquel s'attache un certain intérêt historique.

Les cartes ébauchées, de 1508 à 1686, par Ruysch, Sébastien Cabot, Gérard Mercator, Ortelius, O. Dapper, etc., etc., ont reçu l'indication de ces îles sur le dire souvent contradictoire des marins. Position, nombre, appellation, rien n'est précis, rien ne concorde sur ces cartes, et il n'est guère possible d'en tirer, au sujet de l'archipel des Mascareignes, autre chose qu'un enseignement confus.

Disons, pour donner une idée de cette confusion, que les plus anciennes cartes sont les moins erronées et que plus ça va, moins l'on comprend ce que c'est que cet archipel où il pousse des îles à tort et à travers, comme les branches gourmandes d'un arbre sans culture.

On en trouve un exemple dans la carte de l'Afrique, mise en tête de la géographie de O. Dapper, publiée en 1686.

Dapper a placé Bourbon et Maurice assez bien. Puis, tenant compte des cartes antérieures, il a figuré une île qu'il appelle Saint-Jean de Lisboa, par 26 degrés, et une autre, qu'il nomme Santa-Apollonia, au-dessous du 20e degré. Ce n'est pas tout, sur le 5e degré environ, latitude sud, à la place des Amirantes, il met un groupe très touffu qu'il baptise : « Archipel des Mascareignes. » On est ébloui par ce luxe d'indications et l'on se demande si les Portugais ne déroutaient pas ceux qui les interrogeaient sur la navigation de l'océan Indien, afin de s'en réserver le monopole.

Dans les cartes qui ont précédé celle de Dapper, une ou plusieurs désignations se lisent à l'est de Madagascar : Santa-Apollonia, Mascarenhas, Joan de Lisboa, Diego-Roïs, Mascarenæ insulæ, Los Romeiros, etc.

Il en est deux, souvent confondues l'une avec l'autre, qui doivent surtout fixer notre attention : Santa-Apollonia et Joan de Lisboa.

A qui faut-il attribuer la première? A Bourbon, affirment les plus récents écrivains. A Maurice, dit Cauche, dont nous faisons grand cas. De Flacourt, contrairement à son précurseur, jette négligemment (ce qui est bientôt fait), et Souchu le répète après lui : « Sainte-Apollonie est une île imaginaire. »

Plus tard, malgré une tradition coloniale très obstinée, Joan de Lisboa ne fut pas mieux traitée. Voilà donc, sur le même point de l'océan Indien, deux îles tantôt imaginaires, tantôt réelles.

A-t-on compris qu'en dehors de Bourbon, de Maurice et de Rodrigue, il n'y a pas eu d'autres terres dans l'archipel? A-t-on prétendu que Bourbon et Maurice n'avaient eu rien de commun avec Joan de Lisboa et Santa-Apollonia?

Nous pensons que, faute de notions qui n'ont pu germer sur le térrain mouvant des cartes, il y a eu malentendu au sujet de ces deux îles dites imaginaires.

Nous allons faire en sorte de le prouver.

Voici d'abord un document inédit relatif à Sainte-Apollonie.

Un officier du vaisseau le *Breton*, commandant Duclos, faisant partie de la flotte envoyée dans les Indes orientales sous les ordres de l'amiral de Lahaye, écrit de Maurice le 15 septembre 1671, dans son journal de voyage, très remarquable sur beaucoup de points :

« Cette isle est habitée par les Hollandois. Il y en a seulement 48 à présent et deux femmes. Le vaisseau qui estoit mouillé en cette radde ne fait autre navigation que celle du cap de Bonne-Espérence d'où dépent la dite isle. Elle a esté prise sur les Portugais, il y a environ 11 à 12 ans, et s'appeloit de ce tempz *Sainte-Apolonie*. Le commandant hollandois qui la conquit la nommée isle Maurice. Elle éstoit gardée par dix Portugais. Elle est ciluée par la latitude de 20° 45' et de longitude 79° 4'. Elle a 52 lieues de tour (¹).

N'est-ce pas sous la dictée du commandant hollandais lui-même que l'officier du *Breton* note ces précieux renseignements? Ils sont trop complets pour laisser place au doute ; nom, latitude, longitude, c'est bien Maurice.

Ils concordent, d'ailleurs, parfaitement avec les informations historiques.

Santa Apollonia fut alternativement occupée par les Portugais et les Hollandais.

Ceux-ci y arrivent pour la première fois en 1598, et l'abandonnent quelques années après. On les y trouve établis de 1638 à 1647, date à laquelle ils cèdent la place aux Portugais, qui la leur abandonnent vers 1659.

Ainsi, dans le principe, pour les Portugais, l'île était Santa Apollonia. En 1598, pour les Hollandais, elle s'appelle Maurice ; avant 1638, pour les Portugais, Santa Apollonia, Maurice de 1638 à 1647 ; Santa Apollonia de 1647 à 1659. Vers 1659, elle reprend le nom de Maurice qu'elle avait reçu pour la première fois en 1598.

Nous ne parlons que pour mémoire du nom du Cirné ou Cerné, donné à tort à Madagascar et attribué plus tard à Maurice, probablement parce que ce nom, sur des cartes primitives, est écrit *dans l'Océan*, entre Madagascar et Maurice.

---

¹ *Archives de la marine.* Indes orientales. Campagnes.

Il a été démontré, sinon prouvé, que la Cirné des anciens ne pouvait être que l'île d'Arguin, découverte par les Portugais en 1444.

Nous avons sous les yeux la carte d'une partie de l'Afrique, publiée en 1684, par Duval, « géographe du roi »; Maurice y est ainsi désignée : « Ile du Signe ». Ceci nous fait souvenir que Vasco de Gama, dans son premier voyage aux Indes, appela Rio de Buenos Sinays (rivière des bons signes) une rivière de la côte de Mozambique, sur les bords de laquelle des habitants hospitaliers avaient fait signe à la flotte de venir aborder. Est-ce quelque motif semblable qui aura fait appeler momentanément Maurice « Ile du Signe » ou « Ile des Signes » ?

Ces « signes » pourraient bien être, par une interversion de lettre, des *singes*, animaux dont la présence a été constatée à Maurice dès le XVIe siècle.

Magon Saint-Ellier, dans ses notes sur l'île de France, dit (d'après Clusius probablement) que les Portugais la nommèrent « Ile des Cygnes » parce qu'ils rencontrèrent beaucoup de ces oiseaux aux abords de l'île. C'est une pure fable. Le cygne est d'origine européenne. Aucun naturaliste n'en a constaté l'existence aux abords de l'Afrique.

De toutes ces appellations, la seule qui mérite d'être retenue comme la vraie, est Santa Apollonia, vocable inscrit sur le calendrier grégorien le 9 février, jour de la découverte de l'archipel.

VI.

Dire que Joan de Lisboa est encore portée à l'est de Madagascar, sur les meilleurs et les plus récents planisphères anglais, c'est montrer que toute illusion à l'égard de cette île qui, comme Cirné, a fait verser des flots d'encre, n'est pas disparue dans l'esprit de certains géographes.

Nous ne prétendons pas qu'il soit facile de s'expliquer à ce sujet, et si nous n'avions recueilli quelques documents ignorés jusqu'ici et curieux à plus d'un titre, peut-être nous serions nous abstenu.

Il est utile de faire remarquer tout d'abord que Joan de Lisboa (qui signifie Jean de Lisbonne) n'est pas un vocable portugais, bien que, par corruption, on ait écrit Saint-Jean de Lisboa. Si, d'une inscription hybride portée sur une mauvaise carte italienne du XVIe siècle,

Archipel des Mascareignes, d'après la carte de P. du Val, géographe du roi (1684).

on a inféré que Joan de Lisboa pourrait être le nom d'un pilote, cette conjecture n'a généralement pas été prise au sérieux. Nous croyons, pour notre part, que ce nom, comme il sera expliqué plus loin, peut revendiquer une plus haute et plus noble origine.

Le premier document que nous apportons au sujet de Joan de Lisboa est, en dehors des cartes, le plus ancien et le seul du XVIIe siècle que nous connaissions qui relate ce nom.

M. de la Roche de Saint-André, commandant le navire la *Duchesse*, de 500 tonneaux, armé par le maréchal duc de la Meilleraye, à destination de Sainte-Marie de Madagascar, parti de l'île de Ré le 1er novembre 1655, écrit dans son journal de voyage à la date du 6 mai 1656.

« A midy, du 6°, que nous avons pris hauteur et trouvé sur les 26° 22' de de latitude et 34° longitude, qui sur réduction font 555 lieues que nous avons fait depuis le cap de Bonne-Espérence, nous faisons maintenant l'est pour tascher de voir l'isle « *Joan de Lisboa* ».

Trois jours après, M. de Saint-André qui n'a pas vu l'île cherchée, écrit :

« 7 mai, nous avons trouvé de hauteur 23° 40'. Nous avons fait route au N.-E. qui, selon la variation, ne nous vaudra que le N.-N.-E. où nous reste *Mascareigne*, que nous allons, Dieu aydant, chercher laquelle est par 21° 30' de latitude, et 38° 35' de longitude. La nuit le vent a esté par brouillard [1]. »

Ainsi à l'époque où naviguait M. de Saint-André (1656), on croyait en France qu'il existait, dans ces parages, une île portant le nom de Joan de Lisboa, que l'on ne confondait pas avec Mascareigne, mais qui se trouvait plus rapprochée de Madagascar que Mascareigne et, par conséquent, que Santa Apollonia.

C'est un point important à constater.

Toutefois, l'idée de l'existence de Joan de Lisboa n'était pas chez nous bien enracinée, puisque ni Cauche, ni Flacourt, ni Souchu, ni Leguat, qui se sont occupés de ces parages de 1638 à 1700, ne soufflent mot de cette île.

Joan de Lisboa se retrouve vers 1704, dans des mémoires anonymes que l'on fit parvenir au Gouvernement français.

---

[1] *Archives coloniales.* Madagascar, carton 1.

Voilà, en résumé, ce que ces mémoires affirment.

A cent lieues sud environ de Bourbon, est une île fréquentée par des forbans à laquelle on donne le nom de Jean de Lisboa ; un capitaine qui l'a vue lui trouve la forme d'un croissant (comme Diego Garcia) ; un autre, qui prétend l'avoir abordée, assure qu'elle a un pic et que le reste est plat (comme Maurice) ; un troisième la représente sous la forme ronde (comme Bourbon), etc. Le Portugais Texeira, dans sa carte imprimée à Lisbonne en 1649, le Hollandais Van Keulen, dans sa carte de 1680 (Amsterdam), Thornton et Seller, anglais, dans leur routier de 1675 (Londres), placent Jean de Lisboa par 26, 27 ou 28 degrés de latitude sud de Bourbon.

On finit par se convaincre en haut lieu qu'il y avait du vrai dans ces indications contradictoires sur certains points.

Le premier acte qui le prouve est l'édit de mars 1711, dont voici la partie essentielle pour notre sujet. C'est le roi Louis XIV qui parle :

« L'attention continuelle que nous avons de faire rendre la justice à nos sujets, dans les pays de notre domination les plus éloignés, *nonobstant la guerre que nous soutenons contre presque toutes les puissances de l'Europe*, nous ayant fait connaître que l'île de Bourbon, qui appartient à la compagnie que nous avons établie pour le commerce des Indes orientales, se peuple avec succès et devient de jour en jour une colonie nombreuse, trop éloignée de la côte de Coromandel, et souvent dénuée d'occasions pour envoyer au conseil établi à Pondichéry les contestations et les procès civils et criminels qui naissent dans ladite île, en celle de *Jean de Lisboa*, de Romeiros [1], de l'île Dauphine ou Madagascar et autres voisines, que nos sujets pourront habiter, nous avons estimé qu'il était nécessaire pour le bon ordre, etc. [2] ».

Un savant qui s'est occupé de Jean de Lisboa, heureux d'avoir découvert ce texte, en a tiré la conviction absolue que l'île, ainsi nommée dans l'édit, désigne Maurice.

Sans aucun doute, il ignorait l'existence du document suivant, lequel prouve que si, en 1711, la Cour de France nourrissait quelque

---

[1] Nous avons expliqué que la découverte de Mascarenhas, ridiculement amplifiée par les géographes du XVI⁰ siècle, comprenait sur certaines cartes de la mer des Indes, pour ainsi dire trois étages ; le premier formé par les Amirantes, le second par les vraies Mascareignes, le troisième par les fausses Mascareignes. Par une transposition absurde, Los Romeiros, corruption probablement de Las Amirantes (où l'on remarque du reste une île *Remire*), fait partie du troisième étage, et paraît répondre, comme doublure, à Rodrigue.

[2] Bibliothèque du ministère de la marine. Collection des Ordonnances de la marine

projet sur Maurice [1], elle n'avait pas la naïveté de confondre cette île avec Joan de Lisboa qui, dans son esprit, formait quadrille avec les trois terres alors bien connues de l'archipel des Mascareignes.

A la date du 31 mai 1721, le rédacteur officiel des instructions remises à M. de Nyon, envoyé comme premier gouverneur à l'île de France, s'inspirant des mémoires dont nous avons parlé, inséra ce passage dans les dites instructions :

« Pendant son séjour *aux îles de France et de Bourbon*, le sieur de Nyon pourra envoyer visiter, de concert avec le sieur de Beauvoilier et le sieur Desforges-Boucher, celle de *Jean de Lisboa*, par la barque envoyée par les vaisseaux de Madagascar, avec deux bons pilotes qui en tireront le plan et en feront le tour. Cette isle est située presque N. et S. de celle de Bourbon, par 28 *degrés latitude sud* et 78 degrés de longitude, dans laquelle on assure y avoir un excellent port, et l'île très bien boisée, remplie de bestiaux et sans aucun habitant, ni naturels du pays.

« Il pourra même, après qu'elle aura esté reconnue, et au défaut de celle de France, s'y établir et y faire transporter tout ce qui aura esté destiné à celle de France. Les îles de Bourbon et de France et, au défaut de cette dernière, celle de Jean de Lisboa, estant mises en sureté, le sieur de Nyon donnera avis à la compagnie, etc... [2]. »

La production de ce document inédit établit nettement que Jean de Lisboa n'était pas Maurice, et c'est de là justement que vinrent tant d'erreurs dont les uns s'amusèrent et les autres furent victimes.

Disons de suite que le projet de fonder une nouvelle colonie à l'île de France ayant pleinement réussi, celui de courir à la recherche d'une autre île ne fut pas étudié à Bourbon.

Pour un demi-siècle environ, Jean de Lisboa perdit de son crédit. Les fables imaginées sur son compte étaient si vagues qu'elles suffisaient à peine à entretenir, à Bourbon et à Maurice, le souvenir de son nom.

Lorsqu'en 1772 [3], M. Donjon, second du *Bougainville*, commandé par M. Sornin, ayant déclaré à l'île de France que, le 27 avril, au

---

[1] Rien n'est moins probable. En 1715, on se demandait en France si les Hollandais avaient abandonné Maurice. La preuve en est dans l'acte de prise de possession, daté du 20 septembre 1715. Pendant cinq ans, cette prise de possession resta à l'état platonique et l'on n'était pas sûr, en 1721, que les Hollandais n'eussent pas repris leur ancien établissement.

[2] Archives coloniales. *Code mass. de l'Ile-de-France.*

[3] *Mémoires relatifs à la marine*, par le vice-amiral A. Thévenard. Paris, Laurens jeune, an VIII, t. IV, p. 427 et suiv.

moment d'un orage très violent, par 27° 26' latitude sud, observée à midi, et par 76° 34' de longitude est de Paris, il vit une terre qu'il prétendit être Joan de Lisboa et dont il produisit une sorte de tracé, M. de Saint-Félix, commandant la corvette l'*Heure-du-Berger*, courut, à la fin de 1772, à la découverte sur ces données, et ne découvrit rien. L'année suivante, M. de la Biolière, lieutenant de vaisseau, commandant l'*Étoile-du-Matin*, renouvela vainement l'expérience. Ce qui n'empêcha pas M. Forval de Grenville, habitant de l'île de France, de reprendre en particulier la tentative neuf ans plus tard, dans des conditions trop curieuses pour ne pas être remises en lumière.

Avant de s'embarquer sur la corvette l'*Hélène*, qui fit cette campagne en 1781 et fut de retour en janvier 1782, Forval avait obtenu de M. le vicomte de Souillac, gouverneur général des îles de France et de Bourbon, une concession en règle, plus tard approuvée par le roi, de laquelle il résultait que, pendant dix ans, ledit Forval pourrait faire cultiver et exploiter à son profit les terres de Saint-Jean de Lisboa [1]. Nous ignorons si l'estimable colon vendit la peau de l'ours...

La lettre que M. de Souillac écrivit à cet égard à M. de Castries, ministre de la marine, à la date du 8 octobre 1781, commence ainsi :

« C'est une vieille tradition dans cette colonie que les Portugais ont fait jadis, *dans les environs*, la découverte d'une île à laquelle ils ont donné le nom de Saint-Jean de Lisboa. L'existence de cette île a été réputée par les uns une chimère et par d'autres une réalité. La découverte en a été déjà tentée sans succès. Mais, etc. »

M. le vicomte de Souillac avait-il fini par douter de la non-existence de « Saint-Jean de Lisboa » ? On lui avait produit tant de déclarations écrites que la persuasion l'avait peut-être gagné comme les autres.

Peut-être aussi l'affaire de Madagascar, qui venait de se terminer par la mort tragique du célèbre baron de Beniowszky, était-elle pour quelque chose dans l'agitation singulière que faisait naître le fantôme de Joan de Lisboa.

Ce qu'il y a de certain, c'est que, sous le gouvernement de M. de

---

[1] Traité du 15 septembre 1781. Dossier Forval de Grenville (Archives coloniales).

Souillac, en 1786 et 1787, de Goa au cap de Bonne-Espérance, on ne parlait plus que de l'île Joan de Lisboa. C'était une question de parallèles, de latitudes et de longitudes, constamment soulevée à Bourbon, à l'île de France et dans l'Inde. Des capitaines de toute nation délivrèrent à Joan de Lisboa un certificat d'existence. Il y en eut de sérieux ou du moins qui avaient la prétention de l'être. Il y en eut de comiques. On lit dans l'un d'eux :

« Le capitaine Gambin, du brick l'*Indécis*, partant de Sainte-Luce (Madagascar) vit, après une bourrasque qu'il essuya dans ces parages, un papillon qui voltigea longtemps autour de son navire. Ce fut le seul qu'il vit et, malgré ses tentatives, il ne put réussir à l'attraper [1]. »

Voyez-vous ce navire courant après un papillon ! Charmant lépidoptère aux ailes diaprées, signalé probablement par le mousse, pour la pompe de tes couleurs, tu l'as échappé belle !

Au milieu de toutes ces affirmations signées, ce qui offrait matière au doute, c'est que l'on s'entendait de moins en moins sur la forme de l'île. Vingt navigateurs l'avaient vue à différentes époques. Le rond, l'ovale, le croissant, le crochu et le pointu, apparaissant tour à tour dans les conférences, se disputaient l'avantage de figurer la terre mystérieuse, errante peut-être, qui tour à tour se montrait et se cachait dans les brouillards de l'océan Indien.

Cette multiplicité d'aspects jetait un froid dans les plus chaudes espérances de réussite.

Néanmoins, le gouverneur général des îles de France et de Bourbon se prêta de bonne grâce à l'exécution d'un nouveau projet.

Le promoteur fut M. Ignace Advisse des Ruisseaux, capitaine de navire, habitant de Bourbon, qui se chargea de réunir des adhérents capables de pourvoir aux dépenses que l'exploration devait entraîner.

M. de Souillac et M. Motais de Narbonne, intendant, signèrent, à la date du 22 juin 1787, un acte de concession dont nous extrayons ce qui suit :

« A son arrivée dans l'isle Joan de Lisboa, le sieur Des Ruisseaux en prendra possession au nom du roi Louis XVI. Il donnera à l'isle le nom de *l'Isle de la Reine*. »

[1] Madagascar, *Carton Jean de Lisboa*, etc. (*Archives coloniales.*)

Ces messieurs étaient de galants serviteurs. Ils n'ignoraient pas que le roi s'occupait de géographie. Ils lui ménageaient le plaisir de pouvoir offrir à Marie-Antoinette un bijou grandiose : une île, jusqu'alors introuvable, et qui, découverte, porterait son nom.

Hélas ! la pauvre reine n'eut pas son île dans l'océan Indien. Au dernier moment la sagesse l'avait emporté. L'expédition n'eut pas lieu.

On croyait l'affaire enterrée. Nullement. Cette mystification avait la vie dure. En 1799, le projet reprit vigueur. On partit cette fois. On roula de parallèle en parallèle. On essaya, dans un vaste rayon, de divers degrés ornés de leurs minutes. Mais les différentes latitudes et longitudes, tour à tour invoquées, se montrèrent insensibles aux plus ardentes prières. Ceux qui avaient entrepris cette chasse à l'île, par souscription, revinrent bredouille après trois mois de navigation, et, ce qu'il y a de plus curieux, sans être convaincus de la non-existence de Joan de Lisboa [1].

Cette succession de déboires est explicable.

Des effets de mirage remarqués fréquemment dans l'océan Indien, à des distances considérables, entretinrent cette légende qui dura 150 ans après l'établissement de la colonie de Bourbon.

Aujourd'hui cette fantasmagorie naturelle ne fait plus illusion. Tantôt le phénomène agit sur une île, tantôt sur une autre, et si l'on compare au surplus le croquis produit par Donjon à l'aspect de Bourbon, vue dans certaines conditions, on est porté à croire que les gens abusés qui partirent, les uns de l'île de France, les autres de Mascareigne, à la recherche de Joan de Lisboa, firent comme le distrait cherchant loin ses lunettes qu'il a sur le nez.

Quoi qu'il en soit, nous avons établi, par un premier document, que Santa Apollonia n'a pu être que Maurice, et, par un second document, que Maurice n'a pu être Joan de Lisboa.

En résulte-t-il que ce dernier nom doive être appliqué à Bourbon ? Parfaitement.

VII.

Bien qu'il soit difficile de s'appuyer sur les cartes du XVIe siècle, parfois grotesques à force d'être primitives, on ne peut s'empêcher

---

[1] Rapport du capitaine Gautier, du 24 thermidor, an VII. Madagascar, *Carton Joan de Lisboa. (Archives coloniales)*.

de remarquer que Joan de Lisboa (*Liboa, Laboa, Lixbone, Lisbona, Lya*) est toujours placée, sur ces cartes, plus ou moins au-dessous de Bourbon, dont elle est une sorte de doublure.

Si les routiers anciens semblent prendre Joan de Lisboa pour Maurice, cela tient à ce que, de l'est à l'ouest, et *vice versâ*, à un degré près, la route serpente, en quelque sorte, par la force ou la direction des courants, et que les navigateurs, allant de Rodrigue à Bourbon plus vite que de Bourbon à Maurice, sans se rendre compte de ce phénomène, étaient entraînés à croire que Maurice était plus près de Madagascar que Bourbon. Cauche a eu cette illusion.

Les cartes du XVIe siècle, rarement identiques, notamment pour les noms, représentent les trois îles, en faisant abstraction de leurs distances réelles, qui sont : Rodrigue à 100 lieues environ de Maurice, et Maurice à 30 lieues de Bourbon.

La carte de Ruisch (1508), faite d'après les indications des navigateurs arabes, au lieu d'indiquer la position vraie : — ligne presque droite montant de l'ouest au nord-est, — place les trois îles en triangle, et la plupart des cartes qui ont suivi emboîtent le pas au même défaut.

Il y a mieux, d'une carte à l'autre, chacune des trois îles de l'archipel occupe tour à tour l'un des trois angles du triangle, de manière que tantôt c'est l'une, tantôt c'est l'autre qui se trouve la plus rapprochée de Madagascar. Le triangle hypothétique tourne.

C'est ainsi que l'on est venu à se demander à qui attribuer tel nom et tel autre nom, et l'embarras s'est accru de cette circonstance que, pour trois îles, il y avait quatre noms à placer : Santa Apollonia, Joan de Lisboa, Mascarenhas et Diego-Roïz.

En imaginant une quatrième île, on a cru trouver la solution du problème. Ce fut en vain. L'astronomie invente des étoiles et les trouve. L'hydrographie n'a pas, à beaucoup près, été aussi heureuse. Les îles qu'elle a rêvées sont restées à l'état de rêve.

Tout considéré, voici, pour conclure, ce que nous croyons être la vérité, au sujet des îles découvertes lors du voyage de Mascarenhas, accompli d'Inde en Europe, en 1528.

Parti de Cochin fin décembre 1527, avec la mousson nord-est favorable, Mascarenhas a suivi le chemin le plus simple plus tard indiqué par les routiers de la mer des Indes ; le canal du 9e degré nord des Maldives, l'archipel des Chagos, l'île Brandon et celle de Diego-Roïz, dont l'élévation, qui s'aperçoit de 10 ou 12 lieues, est un précieux indice pour les navigateurs.

Arrivé là, dirigé par le courant E.-S.-O., il a gagné sans effort Maurice par le sud, Bourbon par le nord, et passant devant l'admirable pays de Sainte-Suzanne, puis de Saint-Paul, évidemment attiré par les séduisantes cascades du Bernica, visibles du large, Mascarenhas a mis à terre pour « rafraîchir » ses équipages.

Maintenant, que chaque île, en particulier, ait fixé son attention à ce point d'obtenir, sur-le-champ, un nom spécial, il est permis d'en douter, eu égard aux erreurs nombreuses qui se sont propagées sur les noms attribués à chacune des Mascareignes.

Il aura fait porter, sur son itinéraire, l'inscription : Joan III, Mascarenhas de Lisboa, Santa Apollonia, qui ne peut être énigmatique, ainsi complétée : sous le règne de Jean III, roi de Portugal, Mascarenhas de Lisbonne a rencontré cet archipel le jour de Santa Apollonia.

Par suite, les trois îles auront pris pour nom le mot ou les mots écrits en face ou au-dessus des marques destinées à les représenter. Bourbon eut ainsi en partage : *Joan de Lisboa* et *Mascarenhas*; Maurice : *Santa-Apollonia*; et Rodrigue[1] le nom du pilote.

De cette distribution, il résulta un double pour Bourbon qu'on appela tantôt Joan de Lisboa, tantôt Mascarenhas, et finalement Mascareigne ou Mascarin.

Quand le souvenir de *Joan de Lisboa* s'appliquant à Bourbon eut disparu, cette appellation intrigua les gens de mer et l'on s'étudia à l'appliquer à une île évidemment imaginaire, du moment qu'elle ne représentait plus Bourbon, comme imaginaire a été Santa Apollonia, du moment qu'elle ne représentait plus Maurice.

Joan de Lisboa et Santa Apollonia sont avec les neiges d'antan.

---

[1] On doit vraisemblablement aux copistes anciens les diverses transformations que ce dernier nom a subies, avant sa forme définitive. Domigo Friz, porté sur la carte de Ribero, est le point de départ. Il a été suivi de Diego Roïz ou Ruis, qui figure sur presque toutes les cartes postérieures, Roïz ayant été lu pour Friz : c'est la même désinence et le même nombre de lettres, et Diego pour Domigo, à cause de la communauté d'abréviations fondues en Dogo (et parfois en D°). Par interversion enfin, on a obtenu Roïz-Diego qui a donné Rodrigue. Et, au surplus, dans les mots Diego-Roïz et Domigo-Friz, on a tout ce qu'il faut pour composer Rodrigue. Les effacements amenés sur les cartes par le temps, et les interprétations par à peu près, qui en proviennent, doivent aussi entrer en ligne de compte dans ces transformations.

Mais le nom francisé de Mascarenhas est resté au groupe que les dictionnaires géographiques et les cartes les plus modernes appellent encore : « L'archipel des Mascareignes ».

Les habitants de la Réunion peuvent donc conserver, s'il leur plaît, une manière de vénération historique pour saint Jean de Lisboa, premier patron de leur île, et laisser à leurs voisins le culte de sainte Apollonie ou Apolline, célébré le 9 février de chaque année.

Les uns et les autres peuvent être fiers de leur découvreur, dont Faria dit « qu'il fit une de ces actions les plus extraordinaires de ce « temps (1526) en s'emparant de la personne du roi de Bintam, au « milieu de son opulente capitale, et qu'un jour de victoire lui donna « plusieurs siècles d'illustres souvenirs ».

Cette gloire, ajoutée à la renommée que Mascarenhas a conquise parmi les amiraux portugais auteurs de ces belles navigations de la mer des Indes, qui ont immortalisé le nom de leur nation dans la marine du monde entier, a couronné le sien d'un vif éclat parmi ses concitoyens.

S'il est un champ d'action où, sans distinction de peuples, les habitants de notre globe peuvent se considérer comme solidaires de leurs avantages, c'est l'immense océan, où toute valeur compte double, à cause des éventualités affrontées sans souci de l'existence, au profit de l'immortel progrès.

FRANÇOIS CAUCHE. — JACQUES DE PRONIS. — ÉTIENNE DE FLACOURT.
PIERRE DE BEAUSSE.
URBAIN SOUCHU DE RENNEFORT ET ÉTIENNE REGNAULT.
(1630-1665.)

VIII.

Dans l'une de ses admirables lettres persanes, datée de ..... 1718, Montesquieu écrit :

« Après un calcul aussi exact qu'il peut l'être en ces sortes de choses, j'ai trouvé qu'il y a à peine sur la terre la dixième partie des hommes qui y étaient dans les anciens temps. Ce qu'il y a d'étonnant, c'est qu'elle se dépeuple tous les jours, et, si cela continue, dans dix siècles elle ne sera qu'un désert.

« Voilà, mon cher Usbek, la plus terrible catastrophe qui soit jamais arrivée dans le monde. Mais à peine s'en est-on aperçu, parce qu'elle est arrivée insensiblement, et dans le cours d'un grand nombre de siècles ; ce qui marque un vice intérieur, un venin secret et caché, une maladie de langueur qui afflige la nature humaine. »

La « maladie de langueur » dont se plaint l'illustre écrivain est la dégénération produite par la permanence des peuples au lieu de leur origine.

Le remède au « vice intérieur » est la colonisation, à laquelle on doit, d'une part, les alliances, sur un sol nouveau, entre groupes venus de différents points d'un même pays, et, d'autre part, le croisement des races de diverses parties du monde, plus favorable encore à la conservation de l'espèce humaine.

A peine à trois siècles de distance, l'émigration de quelques familles bretonnes, normandes ou autres, a donné au Canada un million trois cent mille sujets ayant conservé purement les mœurs et la langue de notre pays. C'est la *Nouvelle France* rêvée par Jacques Cartier.

L'ancien monde a-t-il eu la prévision de ces résultats merveilleux ? On le croirait.

La connaissance certaine et répandue de la dépopulation du Globe a coïncidé avec le courant d'émigration qui s'est produit dans les XVIe et XVIIe siècles.

Des idées de découvertes ont surgi à ces époques mémorables et toutes les nations se sont disputé l'honneur et l'avantage de ce mouvement, qui entraînait les esprits aventureux à courir les chances de la fortune dans de nouvelles contrées.

Ce qui frappe, dans cette propension générale, c'est que l'émigration qui semblait devoir aller à l'encontre du remède cherché à la dépopulation européenne, eut une tendance marquée à enrayer le mal. Le retour, aux pays d'origine, de nombreux rejetons régénérés par la transplantation, a bien aidé à ce résultat.

Lors donc qu'une nation se sent poussée à des émigrations plus ou moins considérables, par la voie de conquêtes lointaines, ou celle d'entreprises commerciales d'outre-mer, elle aurait tort de résister à cette impulsion inéluctable. C'est la loi providentielle qui s'exerce ; il faut se louer des circonstances qui en facilitent l'accomplissement.

Si ces réflexions nous échappent à l'occasion des origines d'un aussi petit point du monde que l'île Bourbon, c'est que la manière dont s'est formée sa population est un exemple de ce que peut produire l'émigration avec des éléments les moins riches d'avenir en apparence.

C'est au hasard, presque toujours, que l'île salutaire par excellence fut redevable de ses premiers habitants.

Des exilés, des malades [1], des naufragés, des réfugiés, venus, jetés ou laissés de loin en loin sur les bords de ses criques, se cantonnèrent le long de jolies pentes couronnées de bois, encadrées de rochers, et, peu à peu, à travers une existence précaire, agitée, remuante, et surtout laborieuse, ils ont formé une colonie de premier ordre.

Il faut bien dire aussi que ce pâle ensemble primitif avait été relevé, dès la fin du XVIIe siècle, par l'adjonction successive de forbans désabusés, préférant la vie solide du colon à l'existence cosmopolite et vagabonde des écumeurs de mers.

Ce qui s'est passé, sous ce rapport, à Bourbon est exceptionnel. Six éléments bien distincts ont concouru, inégalement il est vrai, à former sa population. Français (en grande majorité), Portugais, Écossais, Hollandais, Malgaches et Indiens ont coopéré à cette action collective.

A ce point de vue, il est très curieux d'étudier les plus anciens recensements de la colonie.

Ces embryons de peuples divers se sont fondus en lignées créoles françaises d'une précieuse fécondité, d'une richesse de sang incomparable, et, plus tard, d'une rare intelligence.

S'il est intéressant de constater que nulle part le mélange des races ne se fit sentir plus avantageusement, il est instructif de connaître comment ces éléments divers de population sont arrivés dans l'île et s'y sont groupés ; comment leur développement normal s'est parfois trouvé retardé et arrêté.

Trois ouvrages principaux, dont il est nécessaire de donner une brève appréciation, renseignent sur les commencements des colonies

---

[1] « Il y a des climats si heureux que l'espèce s'y multiplie toujours; témoin ces îles qui ont été peuplées par des malades que quelques vaisseaux avoient abandonnés et qui recouvroient aussitôt la santé. » — *Note de l'éditeur :* « L'auteur parle peut-être de l'île Bourbon. » Montesquieu, *Lettres persanes*, page 542. Paris, Lefèvre, 1820.

de Madagascar et de Bourbon. On ne peut, d'ailleurs, s'occuper des origines de l'une sans toucher à celles de l'autre.

Il y a ceci de remarquable chez les auteurs de ces ouvrages, — Cauche, Flacourt et Souchu, — c'est qu'ils paraissent n'avoir accompli leur campagne que pour faire un livre.

Le soin qu'ils mettent à recueillir des notes indique suffisamment cette préoccupation.

Flacourt y emploie une ardeur telle que l'on est tenté de croire qu'il a fait naître des événements pour avoir à les raconter.

Souchu tient si bien la plume que l'envie de s'en servir a dû le tourmenter sans répit.

Cauche avoue être allé à Madagascar et aux îles Mascareignes « porté par la curiosité naturelle à l'homme de voyager ». Son livre (1638-1642) est divisé en deux parties. La première est intitulée :

« Relation du voyage que François Cauche, de Rouen, a fait à Madagascar, *isles adjacentes* et coste d'Afrique, recueilli par le sieur Morisot, avec des notes en marge. »

La seconde partie traite :

« De la religion, mœurs et façons de faire de ceux de l'isle de Madagascar, ensemble des animaux qui y sont, et aux isles voisines. »

Flacourt a suivi dans ses mémoires le cadre du livre de Cauche. Il mentionne dans sa préface qu'il en a eu connaissance et profite de l'occasion pour le dénigrer et le contredire sur certains points.

Notre auteur ne manque pas d'une certaine prétention.

« Histoire de la grande isle de Madagascar, composée par le sieur Estienne de Flacourt, directeur général de la Compagnie françoise de l'Orient et commandant pour Sa Majesté dans la dite isle et ès isles adjacentes. »

Tel est l'intitulé de cet ouvrage dédié solennellement à

« Messire Nicolas Foucquet, chevalier, vicomte de Melun et de Vaux, ministre d'Estat, surintendant des finances de France et procureur général de Sa Majesté. »

Cette dédicace est un monument de flatterie. Fouquet y est traité à l'égal d'un roi. On y relève ce membre de phrase à son adresse : « à la gloire immortelle d'un aussi grand nom que le vostre », et quand on songe qu'il fut précipité du pouvoir en 1661, année même où l'impression de « l'histoire de la grande isle » a été achevée, on ne peut s'empêcher de penser que la connaissance de telles dédicaces a pu entrer pour quelque chose dans la colère de Louis XIV.

Au sujet de la conversion des indigènes qui « demandent des ecclésiastiques, des prestres et des prédicateurs pour se convertir à la véritable religion », les affirmations de l'auteur ne sont pas sûres. Les hommes qui, en 1664, ont empoisonné et assommé le Père Etienne, venu avec ses compagnons baptiser Manangue, un grand du pays d'Anossi, ne demandaient pas des prêtres autant que Flacourt veut bien le dire.

Dans son ouvrage, la partie concernant l'histoire naturelle de Madagascar et de Bourbon, la topographie de ces pays et les mœurs des Malgaches est très remarquable. Il a fallu une attention constante, un travail acharné pour recueillir tant de renseignements sur des objets aussi variés.

La seconde partie de l'ouvrage de Flacourt, qui contient spécialement le journal des faits passés dans la colonie de 1642 à 1657, a beaucoup moins de mérite. C'est un assemblage mal cousu de récits de massacres et de razzias. Indigènes et colons s'y tuent sans pitié, s'y dépouillent sans pudeur. Les représailles n'y chôment pas un instant, et, dans tout cela, on ne démêle pas bien où est la vérité. Mais, au milieu de ces rapsodies dénuées d'intérêt, sur ce fumier d'Ennius où gémit la vraisemblance, brille une perle : la description enchanteresse de Bourbon, « paradis terrestre ».

A l'exception de ce morceau charmant, la lecture de « l'histoire de la grande isle » est fastidieuse. Elle donne une idée médiocre de l'intelligence administrative de son auteur. On comprend que Flacourt n'ait pas réussi à Madagascar. Il n'avait pas les qualités nécessaires à l'homme chargé de fonder une colonie.

Le volume de Souchu de Rennefort, publié en 1688, lequel a pour titre *Histoire des Indes orientales*, est beaucoup plus sobre que celui de Flacourt. Souchu a de la méthode. Son récit est clair. La lecture en est facile et profitable.

Les papiers relatifs à Bourbon, conservés aux Archives coloniales, ne datant réellement que de l'année 1671, on est obligé de recourir aux trois ouvrages désignés ci-dessus pour suivre les faits qui ont précédé ceux relatés dans les documents.

Après Cauche, Flacourt et Souchu, — connus seulement de quelques rares lettrés, — on peut consulter la correspondance des missionnaires de la congrégation de Saint-Lazare, qui, sous les auspices de Vincent de Paul, fournissait des prêtres à Madagascar et à Bourbon. Dans ces lettres, surtout religieuses, et dont plusieurs sont très instructives, on rencontre çà et là quelques détails à glaner.

IX.

Le chemin usité jadis pour aller d'Europe aux Indes orientales, étant, après avoir doublé le cap de Bonne-Espérance, le canal de Mozambique, ainsi que nous l'avons rappelé, Bourbon ne dut recevoir pendant le XVIe siècle et la première moitié du XVIIe, — après celle de Mascarenhas, — que des visites accidentelles et très éloignées l'une de l'autre, comme le fait croire la rareté des informations recueillies à cet égard.

Ainsi, nous n'avons pas trouvé la preuve que les navigateurs français qui se sont illustrés dans ces parages, de 1601 à 1619, aient connu Bourbon. Mais nous aimons à le supposer; et, dans cette pensée, nous rapportons les noms de Frottet de la Bardelière, de Grout de Closneuf, de Gérard Leroy, de Lelièvre de Netz et d'Augustin Beaulieu, afin de montrer qu'ils ne sont point oubliés; non plus que celui du baron de Gonneville, leur précurseur d'un siècle, qui, lui, n'a paru aux approches de l'océan Indien, en 1503, que pour aller aborder chez les Carijos, sur la côte du Brésil[1], laissant conjecturer pendant 350 ans, par les géographes, faute d'un document récemment découvert, que la terre de Gonneville était Madagascar pour les uns, pour les autres l'Australie.

Il y a donc apparence que, même après les Portugais, ce ne sont pas nos marins qui, les premiers, ont vu Mascareigne.

Le capitaine Castleton, du navire la *Perle* — un forban anglais, paraît-il, — y relâcha du 24 mars au 1er avril 1613; Bontekoë, de la *Nouvelle-Hoorne*, vaisseau de commerce hollandais, y séjourna vingt et un jours en juin 1619, et Thomas Herbert qui écrit : « Nos « pilotes appellent Mascarenhas England's Forest... il n'y a point

[1] Pierre Margry : *Navigations françaises.* Paris, Tross, 1867.

« d'autres créatures sur cette isle que des oiseaux », était à Bourbon en décembre 1627.

Ces voyages de vaisseaux particuliers, sans aucune commission officielle, n'avaient pas permis à ceux qui les montaient de prendre possession de Mascareigne. Cet avantage nous était réservé. Malgré les cruelles vicissitudes que devait subir notre empire colonial, il était dit que la patience et souvent la résignation nous donneraient la priorité de possession et la prépondérance, aussi bien sur l'archipel des Mascareignes que sur la grande île qui l'avoisine.

A quelques années d'intervalle, c'est-à-dire vers 1630, des navigateurs dieppois entreprenaient, pour leur propre compte ou celui de marchands associés, des voyages à l'est de Madagascar, où ils allaient s'approvisionner principalement d'ébène, alors très recherchée en France pour la fabrication des meubles de luxe, et qui avait donné son nom à tout un corps d'artistes ouvriers.

Après divers essais heureux, le sieur Berruyer, l'un des directeurs de la « Compagnie des isles d'Amérique », et le sieur Desmartins, banquier de la même Compagnie, alors en prospérité, ayant lieu d'espérer le même succès du côté de l'Orient, formèrent, à Paris et à Rouen, une société qui fut en quelque sorte le berceau de la grande Compagnie des Indes orientales.

D'abord, il ne s'agissait pour eux que de régulariser des voyages jusque-là faits sans vues bien arrêtées.

Puis, on voit naître une double idée dans leurs projets : trafiquer d'une part, coloniser de l'autre.

Trafiquer, c'est-à-dire se poser sur plusieurs points d'une côte fertile et peuplée, y attirer les productions du pays par des échanges, pour en faire le commerce maritime, n'a jamais inquiété les indigènes. La faveur est acquise à cette opération aussi simple que lucrative.

Coloniser : c'est-à-dire s'emparer de la terre, manifester l'intention de s'y fixer, en disposer, présente des difficultés dont on ne prévoit pas assez les conséquences.

Trafiquer est toujours possible; coloniser ne l'est que progressivement, après une longue suite de relations commerciales. L'indigène échange volontiers tout autre chose que même une partie du sol qui l'a vu naître.

Berruyer et Desmartins voulaient faire les deux opérations simultanément, la première à Madagascar, la seconde à Maurice qu'ils croyaient inoccupée.

Le 15 janvier 1638, la compagnie naissante fit partir de Dieppe une expédition, dont l'intérêt pour nous est que, racontée en détail dans le livre de François Cauche, elle donna lieu au premier ouvrage intéressant publié spécialement sur « Madagascar et *isles adjacentes* », expression alors consacrée pour indiquer les Mascareignes, Sainte-Marie et les Comores.

L'expédition était composée de deux navires. Le premier, celui qui fut « esleu amiral par le sort », était la *Marguerite*, jaugeant 200 tonneaux. Grégoire Digart, son capitaine, « chargé de trafiquer, non de combattre, » devait aller visiter les côtes de la mer Rouge et s'arrêter ensuite à Madagascar.

Le voyage du second navire, le *Saint-Alexis*, avait surtout pour but d'aller fonder une habitation à Maurice.

Cauche partit sur le *Saint-Alexis*, jaugeant 400 tonneaux, armé de 22 pièces de canon, et portant « une barque démontée de 100 tonneaux environ pour la dresser au besoin ».

Le navire, chargé de pacotille de traite, était monté par 96 hommes, équipage et passagers compris. Son capitaine, Alfonse Goubert, parlait le portugais, ce qui prouvait une certaine pratique de la navigation dans la mer des Indes.

Après diverses escales, au cap Vert, à Rufisque, etc., le *Saint-Alexis* parvint aux Mascareignes en juin 1638. Le capitaine reconnut Diego-Roïs, dont il prit lui-même possession, et, le 26 juin, après un rapide trajet de l'une à l'autre île, Salomon Goubert, son fils, l'un des pilotes, descendit à Bourbon qu'il trouva inhabitée, et sur les bords de laquelle furent arborées, « contre un tronc d'arbre, les armes du roy de France ».

« On y voit, dit Cauche, grand nombre d'oiseaux, de tortues de terre et les rivières y sont fort pisqueuses. »

De là, remontant à Maurice, Goubert y rencontra un navire anglais de 500 tonneaux, armé de 28 pièces de canon. Ce navire arrivait de Java, chargé d'épicerie. Il avait suivi la route inaugurée par Mascarenhas 110 ans auparavant.

Après les communications d'usage, parmi lesquelles Goubert apprit que l'île était occupée par les Hollandais, l'Anglais offrit aux Dieppois de les aider à chasser les premiers occupants. La proposition fut repoussée, notamment à cause de l'alliance qui existait alors entre la France et la Hollande. Mais n'eût-elle pas existé, cette alliance, que Goubert eût bien fait d'agir de même.

Il est singulier, disons-le en passant, que le projet de colonisation ne se soit pas étendu, au moins éventuellement, à Mascareigne, que Goubert venait de trouver déserte. Il y a eu là absence de prévision de la part des armateurs, et d'initiative de la part du capitaine.

En quittant Maurice, où il séjourna quinze jours, Goubert se rendit à l'îlet de Sainte-Luce, sur la côte S.-E. de Madagascar, où nos bâtiments venaient s'approvisionner d'ordinaire.

En cet endroit fut commencé un établissement qui porta le nom de Saint-Pierre.

Vers septembre 1642, Cauche y vit arriver la seconde expédition portant le premier envoi d'une nouvelle société qui s'était formée dans l'intervalle, et dont nous allons parler.

Le dernier fait à relever dans Cauche est celui-ci. Il dit des Malgaches : « ces gens-là ne songeaient qu'à nous tuer et voler ».

On a reproché à nos compatriotes d'avoir provoqué l'aversion des Européens parmi les indigènes.

Le mal datait de plus loin.

Les Portugais furent les premiers qui éprouvèrent des malheurs dans l'île que leur nation avait découverte; soixante-dix des leurs y furent massacrés avant 1550. D'après ce qui s'est passé dans l'Inde et sur la côte orientale d'Afrique, il ne serait pas impossible qu'ils se fussent exposés à cette catastrophe par leurs imprudences.

Flacourt nous apprend aussi que les Hollandais et les Anglais souffrirent bien avant nous d'une situation que nous n'avions pas créée. Les traditions sanglantes se perpétuèrent à Madagascar contre les Européens, avec des alternatives de dispositions absolument favorables à notre cause. Telle est la réalité.

X.

Les voyages dont les sieurs Berruyer et Desmartins avaient tiré profit par la vente, sur les places de Normandie, de cargaisons de bois précieux, de cire et de grosses pelleteries, leur inspirèrent l'idée d'agrandir l'établissement commencé au centre des îles indo-africaines, afin d'étendre le commerce de leurs produits.

Le sieur Rigault, du port de la Rochelle, capitaine entretenu de la marine royale, qui avait navigué dans ces parages, s'offrit aux deux armateurs pour organiser l'entreprise.

Berruyer et Desmartins, lui sachant des relations à la cour, accueillirent son offre avec empressement.

Sous sa direction, une compagnie de 24 actionnaires, parmi lesquels s'étaient inscrits le surintendant Fouquet et le maréchal duc de la Meilleraye, forma ce qu'on appela la « Société de l'Orient ». On y compta des savants : Flacourt, par exemple, un naturaliste, et de Beausse, un alchimiste, qui vont prendre une place importante dans la suite du récit.

Dès que Rigault fut sûr de ses actionnaires, Richelieu, qui favorisait, dans un intérêt supérieur, toutes les entreprises d'outre-mer, leur concéda pour dix ans le droit exclusif « d'envoyer à Madagascar, « et autres îles adjacentes, *pour y ériger colonies et commerce*, ainsi « qu'ils aviseroient bon estre pour leur traficq ; et en prendre pos- « session au nom de Sa Majesté très chrétienne ».

L'accord fut signé le 22 janvier 1642 ; Rigault en reçut les lettres patentes le 29, la concession fut confirmée par le roi, en son conseil, le 15 février suivant, et plus tard ratifiée par le pouvoir royal, sous Louis XIV enfant, le 20 septembre 1643.

Ces dates sont connues. Mais il importe de les reproduire chaque fois que l'on touche au même sujet, parce qu'elles marquent le point de départ de notre action sur le chemin qui nous a conduits en extrême Orient. Depuis Richelieu jusqu'à nos jours, cette action a été constante. Les étapes en ont été longues et douloureuses. Mais elles ont toutes concouru à prouver la puissance de l'idée qui nous a montré la voie.

Cette idée gagna peut-être, à son origine, à ce que l'affaire, dans laquelle elle fut lancée, ne traîna pas entre les mains de Rigault.

Un navire de la société précédente se trouvait alors à Dieppe ; le *Saint-Louis*, capitaine Cocquet. On le fréta à la hâte. Quarante engagés, selon Cauche (douze, selon Flacourt, ce qui aurait été ridicule), y furent embarqués, et, dans les premiers jours de mars, c'est-à-dire un mois à peine après la signature du privilège à Paris, Rigault fit partir le bâtiment, sans se rendre compte, peut-être, ni de l'emploi, ni du sort réservé à ceux qu'il expédiait ainsi vers Madagascar.

Il avait foi, sans doute, dans l'activité des deux commis à qui l'administration locale de l'entreprise était confiée : de Pronis et Jean Foucquembourg.

Nous parlerons surtout du premier qui resta seul en titre à Madagascar jusqu'à sa mort.

Le jugement porté sur lui, généralement dans un sens peu favorable, nous a toujours paru injuste ou du moins très exagéré.

On désigne aujourd'hui d'un mot caractéristique ces hommes qui savent se retourner dans toutes les circonstances. Le néologisme de l'expression nous fait hésiter à l'appliquer ici ; ce mot dépeint bien notre personnage. On aurait pu dire de lui : *c'est un débrouillard !*

Jacques de Pronis [1], rusé d'origine (il était Normand), habile à parer aux difficultés que son étourderie a pu susciter, était homme de ressource, d'expédient si l'on veut, dans toute la force du terme.

Laissa-t-il trop souvent le plaisir usurper la place du devoir ; nous n'en serions pas surpris. Mais les soucis qu'il paraît avoir causés à la « Société de l'Orient » doivent être imputés beaucoup plus à la hâte que Rigault mit à improviser son expédition, afin d'obliger tous les actionnaires à un prompt versement de fonds, qu'aux fautes mal expliquées du commandant de la petite colonie.

Peut-être sa religion lui causa-t-elle des ennemis. Car un fait important est à remarquer dans cette expédition organisée sous le ministère du cardinal de Richelieu ; la question religieuse y avait été négligée. M. de Pronis était protestant, ainsi que d'autres émigrants faisant partie du même convoi. Aucun prêtre ne fut joint à l'état-major du navire.

Les mariages célébrés à cette époque à la mode du pays, entre français et femmes malgaches, furent donc le résultat de l'absence de prêtres, plutôt que de l'absence de mœurs.

Cocquet et son second, Jean Régimon, avaient la pratique des voyages de Madagascar. Celui-là se fit dans de bonnes conditions de navigation. Le *Saint-Louis* parvint aux îles en septembre 1642. De Pronis prit possession de Rodrigue et de Mascareigne, comme l'avait fait Goubert. Il accomplit la même opération, toute de forme, à Sainte-Marie, et descendit à Sainte-Luce, que François Cauche et

---

[1] M. de la Roche-Saint-André écrit *de Pronis;* les missionnaires de même ; Flacourt : *Pronis.*

partie de ses compagnons, éloignés par l'insalubrité de l'endroit, venaient de quitter, pour aller à Sainte-Claire, à quelques lieues plus bas vers le sud.

De Pronis reconnut lui-même combien l'air était pernicieux à Sainte-Luce, station commode seulement pour aborder. Il perdit, en peu de temps, ceux de ses hommes que le voyage avait le plus affaiblis.

Le chef de l'expédition se résolut de suite à changer de séjour, mais il lui était difficile d'aller fonder une nouvelle résidence avec aussi peu de monde. Il attendait un envoi de France. Le rendez-vous était donné à Sainte-Luce ; quelques mois de patience étaient nécessaires.

Rigault heureusement avait fait partir de Dieppe, en novembre 1642, un second navire, le *Saint-Laurent*, capitaine Régimon [1], qui parvint à Sainte-Luce le 1er mai 1643, amenant 60 engagés.

De Pronis eut alors sous ses ordres, avec les 26 hommes lui restant du *Saint-Louis*, 8 laissés par l'*Alexis* et les 60 nouveaux arrivants, un personnel de 94 colons.

On doit reconnaître qu'il en usa avec véritable intelligence.

Ayant visité la côte au-dessous de Sainte-Luce et de Sainte-Claire, il découvrit dans une baie admirable, au lieu dit Tholanghare, une presqu'île d'un sol élevé, qui semblait faite pour être habitée par une colonie comme la sienne, obligée de n'avoir que de prudentes relations avec les habitants de la grande terre.

Sans hésiter, il y transporta ses 94 hommes dans le *Saint-Laurent*, et, sur-le-champ, il y fit construire une grande case, solidement palissadée, qu'il décora du nom de *Fort-Dauphin*.

Le dauphin, pour de Pronis, était alors, pour la France, le roi Louis XIV, âgé seulement de cinq ans, qui venait de succéder à son père, mort le 14 mai 1643, cinq mois après le cardinal de Richelieu.

Plus heureux que celui de *Bourbon*, ce nom de Fort-Dauphin a résisté à toutes les vicissitudes de la colonisation à Madagascar. Fort-Dauphin brille encore sur les cartes actuelles.

Louis XIV en tira plus tard (1665) le nom d'*île Dauphine*, qui ne fut pas conservé.

Cependant, si Rigault s'occupait activement à Dieppe d'envoyer des

---

[1] *Gille de Régimon*, suivant plusieurs signatures autographes que nous avons sous les yeux, et non Rézimout comme l'écrit Flacourt.

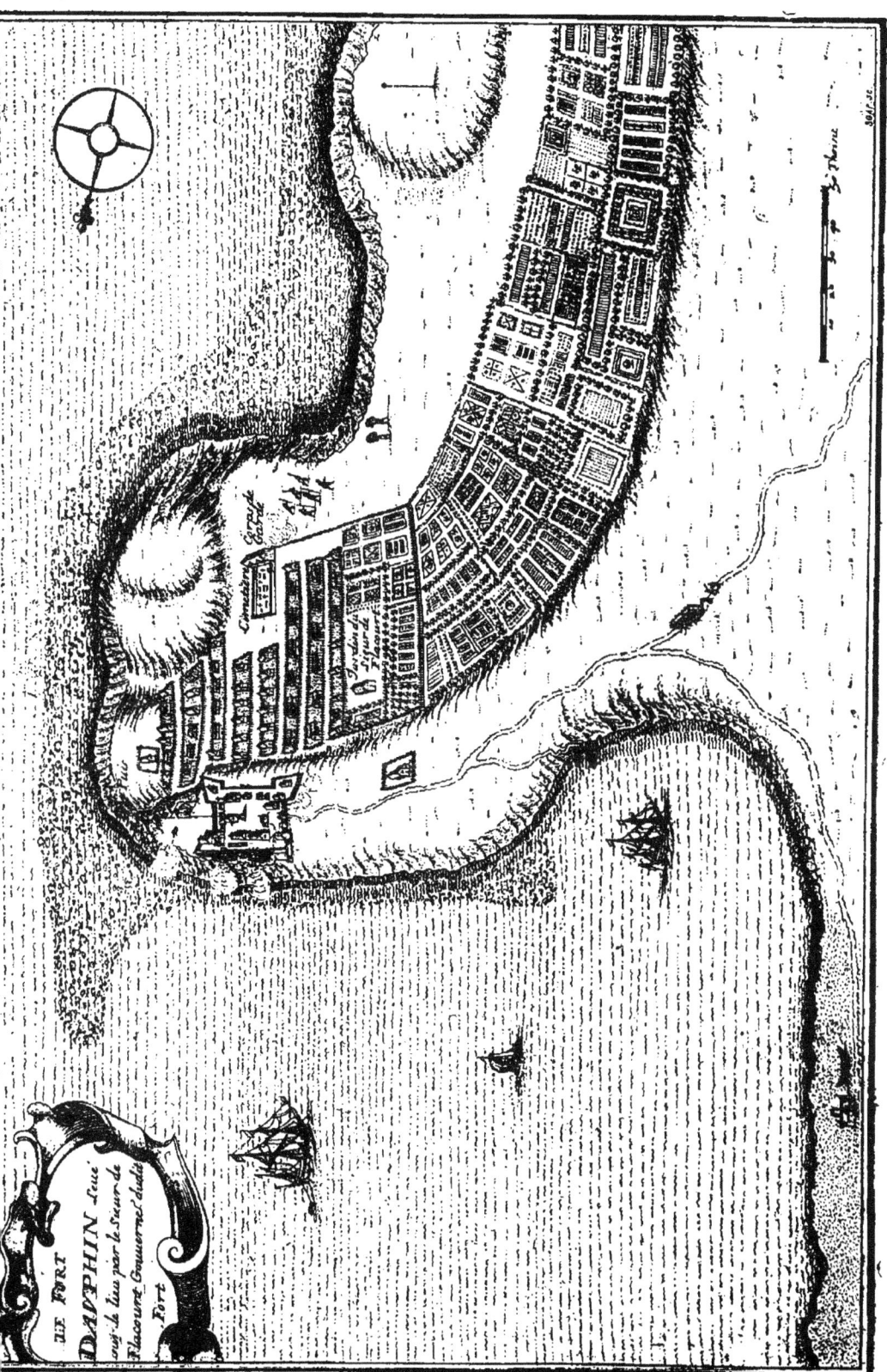

colons à Madagascar, de Pronis veillait, avec non moins d'ardeur, à Fort-Dauphin, au retour des navires pourvus d'un bon chargement.

Chaque cargaison n'était pas loin de valoir un quart de million. Les actionnaires de la « Société de l'Orient » pouvaient toucher net chacun 6,000 livres environ. Ils avaient la preuve palpable que, de part et d'autre, les chefs de l'entreprise faisaient amplement leur devoir.

On ne doit pas s'étonner de la persistance de Fouquet et du maréchal de la Meilleraye à continuer, en particulier, ce trafic après la mort de Rigault.

L'intelligence réelle de cet homme était l'âme de la « Société de l'Orient ».

Les départs de Dieppe et les retours en France se faisaient avec une régularité presque mathématique.

Le *Saint-Laurent*, parti de Dieppe en novembre 1642, arrivé le 1er mai 1643, repartit de Madagascar le 17 janvier 1644, et quand il parvint à Dieppe après cinq mois de navigation, quatre à peine s'étaient écoulés depuis que Rigault avait expédié le *Royal*, conduit par Lormeil, emmenant 90 nouveaux passagers.

L'arrivée de ce navire, parvenu en septembre à Fort-Dauphin, portait à 180 le nombre des colons dont Jacques de Pronis pouvait disposer.

Le *Royal* lui servit pour approvisionner les magasins nouvellement construits. Pendant les dix-sept mois que le bâtiment resta à Madagascar, Lormeil fit plusieurs voyages à la baie d'Antongil, à Sainte-Marie, partout enfin, sur la côte est, où les indigènes voulaient bien échanger du riz et des bœufs contre des colliers de rassade bleue, seule monnaie employée avec ces peuples.

Bien que le séjour du *Royal* au Fort-Dauphin fût très désirable, de Pronis sentit que le départ de ce navire ne pouvait être plus longtemps retardé.

Il résolut d'en profiter pour instruire la « Société de l'Orient » de tout ce qui s'était fait dans la colonie depuis qu'il en avait le commandement.

Son collègue Foucquembourg, chargé surtout des comptes et de la garde des magasins, s'offrit à passer en France pour remplir cette mission.

Le départ du *Royal* eut lieu en janvier 1646, avec un plein chargement d'ébène, de cuirs et de cire. Il fit bonne traversée et la vente de sa cargaison à Saint-Malo vint ajouter aux succès que la société avait jusqu'alors obtenus.

L'éloignement de Foucquembourg, dont l'emploi devait être fort utile à Fort-Dauphin[1], joint au vide que produisit l'absence de tout bâtiment en rade, allait devenir funeste à de Pronis.

Il lui était commandé, par toutes sortes de raisons, d'avoir ses magasins constamment remplis. Les « plantages » entretenus autour du fort ne suffisaient pas à la nourriture de 180 personnes. Il leur fallait s'éloigner de temps à autre pour aller chercher « du bestial ».

Mais chaque fois qu'un groupe de Français s'aventurait hors de la presqu'île, il était exposé à voir tomber quelqu'un des siens dans une embuscade.

De Pronis n'eut pas de peine à comprendre que sa colonie, mal vue dès le principe par les indigènes qui ne songeaient qu'à la détruire, avait besoin d'un appui local. Il crut le trouver, dans la tribu voisine, en prenant pour femme Dian Ravellon Manor[2], fille d'un grand du pays, personne très enviée dans son entourage.

L'idée semblait bonne; l'exemple pouvait être profitable.

Les commencements de cette union, faite à la mode du pays, procurèrent du calme et de la liberté à nos compatriotes. Plusieurs imitèrent leur chef, en épousant des femmes malgaches.

Le suffrage des femmes à Madagascar a toujours été l'un des facteurs qu'il faut savoir se ménager, si l'on veut y réussir, pour cette raison surtout que leur haine peut amener les plus grands malheurs. La catastrophe finale, à Fort-Dauphin, l'a trop bien prouvé.

Mais cette situation, dont on eut lieu de se réjouir pendant plusieurs mois, ne put se consolider.

Jacques de Pronis parut oublier à Imanhal, demeure de Dian Ravel, qu'il avait charge d'âmes autre part. On ne le voyait que très

---

[1] A son arrivée en France, Jean Foucquembourg fut assassiné dans la forêt de Dreux, en allant de Saint-Malo à Paris pour les affaires de la société. Le misérable qui l'avait tué pour le voler fut pris et condamné à mourir sur la roue. Mais la « Société de l'Orient » perdit tous les papiers (relations, comptes, etc.) que de Pronis avait confiés à son collègue. Nous avons toujours pensé que c'est le 1ᵉʳ commandant à Fort-Dauphin qui souffrit le plus de la perte de ces papiers.

[2] Dian Ravel (par diminutif) était de la race blanche des Rahimina, d'origine persane.

rarement au fort. Sa nouvelle famille l'absorbait. Il passait le temps en festins dont les vivres de la compagnie faisaient en partie les frais. Ses administrés menacés, croyaient-ils, de périr de faim, ne soupçonnant pas, d'ailleurs, le mobile qui faisait agir leur commandant, lui adressèrent des plaintes auxquelles il ne prit pas garde. Réitérées, il ne les écouta pas davantage.

Alors que se passa-t-il ? Un jour que de Pronis parut au fort, ils se saisirent de lui, le chargèrent de chaînes et l'enfermèrent.

Ce qu'il souffrit pendant cette captivité qui se prolongea du 15 février au 26 juillet 1646, ne se peut imaginer, dit Flacourt. Il resta six mois « comme rat en paille », insulté, maltraité, dévoré de jalousie, soupçonnant que Razau, son prétendu rival à Imanhal, lui avait fait jouer ce tour, et l'avait supplanté auprès de Dian Ravel.

Il était à bout de forces, lorsque, le 26 juillet, le *Saint-Laurent*, commandé par Roger Le Bourg, reparut en rade amenant 43 nouveaux colons.

Le prisonnier fut livré au capitaine qui, pour lui sauver la vie, dut prêter serment de le garder à bord du navire et de le ramener en France.

Jacques de Pronis fit preuve, dans cette mauvaise passe, des qualités dont nous avons parlé. Il reconnut de suite que la perspective de l'emmener dans ces conditions répugnait à Le Bourg, dévoué aux actionnaires, encore plus à ses propres intérêts. Il le gagna par ses bonnes manières et quelques promesses habilement placées. Un plan fut combiné. On divisa les rangs « des ligueurs » en les envoyant par groupes chercher des vivres à plusieurs lieues du fort. Puis, à l'aide des nouveaux venus, autant par force que par adresse, le commis déchu fut rétabli dans son emploi. Le capitaine ne s'en tint pas là. On voulut recommencer. Douze des principaux conjurés, jugés et condamnés par un conseil de guerre, furent jetés à fond de cale et transportés à Mascareigne dans le courant d'octobre 1646.

Telle fut l'origine de la première habitation française à Bourbon.

Si Le Bourg s'était contenté d'intervenir dans cette circonstance, on n'aurait pour lui que des éloges. Mais il poussa de Pronis à une mauvaise action qu'on a durement reprochée au commandant de la colonie et dont il n'est qu'à moitié coupable.

Le commandant de l'île Maurice, alors au pouvoir des Hollandais, vint sur un navire à Fort-Dauphin solliciter le capitaine du *Saint-Laurent* de l'aider à se procurer, moyennant finance, des malgaches comme esclaves. Le premier mouvement de M. de Pronis fut de repousser cette proposition. Mais Le Bourg parla de telle façon au commis rétabli par lui, que celui-ci dut consentir à favoriser cette iniquité, qui ne profita pas d'ailleurs au commandant hollandais. Les noirs enlevés s'échappèrent les uns à la nage, en quittant Madagascar, les autres dans la montagne, une fois parvenus à Maurice, et ce fut bien fait.

Après ce bel exploit, qui devint plus tard préjudiciable à la colonie de Bourbon, ainsi que nous le verrons, Le Bourg repartit pour France avec un plein chargement des produits de Madagascar. Ce fut le dernier voyage qui réussit à la « Société de l'Orient ». Elle avait eu jusque-là une constante bonne fortune sous la direction de Rigault et de M. de Pronis. A partir de ce moment, la société déclina, et la mort de son principal chef fut suivie de sa chute à peu près complète.

En somme, si l'on veut bien calculer, on reconnaîtra que la « Société de l'Orient » ne dut pas être une mauvaise affaire ; et c'est, en grande partie, de son succès d'argent que naquit le projet de la Compagnie des Indes orientales.

Le départ du *Saint-Laurent* fut suivi de deux faits qui auraient pu avoir des suites très graves, et dont Jacques de Pronis se tira encore à son avantage.

Razau, qui passait pour l'avoir trahi, ne craignit pas de venir jusque chez lui, sous prétexte de le complimenter. Le commandant de la colonie se contenta de lui intimer l'ordre de ne jamais reparaître à Fort-Dauphin.

Razau jura de se venger. A quelques jours de là, ayant rencontré deux Français isolés, il en tua un, et déclara que tous ceux qu'il surprendrait de même subiraient un sort semblable jusqu'au dernier.

De Pronis envoya une troupe armée à la recherche de l'assassin. On ne réussit qu'à le blesser. Une fois guéri, il renouvela son crime. Alors de Pronis déclara au roi d'Anossi, dont Razau était le sujet, que si la tête du coupable ne lui était livrée, il ferait la guerre à tout le pays et le dévasterait. Les grands du pays menacé tinrent conseil, et, après beaucoup d'hésitations, beaucoup d'allées et venues, dans les derniers jours de l'année 1647, la tête de Razau fut envoyée au Fort-Dauphin.

La seconde affaire ne donna pas lieu à effusion de sang.

En novembre 1648, de Pronis était resté au Fort avec 28 hommes pendant que les autres étaient partis en expédition. Dian Ravel fit prévenir son mari que Tsifféi, son beau-frère, profitant de la circonstance, et prétextant d'aller le visiter, avait comploté, avec le roi d'Anossi, de le faire massacrer, lui et ses compagnons.

Jacques de Pronis se tint sur ses gardes. Quand Tsifféi se présenta, il alla quelques pas à sa rencontre et, souriant, lui dit :

— Je sais ce que vous venez faire. Mais tenez ! voici pour vous recevoir, vous et vos 300 nègres qui sont cachés en attendant votre signal.

Et, démasquant un canon pointé à la porte de sa chambre avec un artilleur à côté, mèche allumée, il ajouta :

— Maintenant, si vous voulez voir aussi mes hommes, ils sont prêts à vous saluer de même.

Tsifféi interdit, avoua, reconnut ses torts, protesta de son amitié, renvoya ses nègres, et revint faire bonne chère avec son beau-frère, et un autre Français, en se gaussant du complot.

XI.

Le Bourg, de retour à Dieppe, n'avait pas laissé ignorer à la « Société de l'Orient » la situation de la colonie à Fort-Dauphin. Sans charger de Pronis, il avait fait comprendre que l'emploi de commandant, pour être respecté, demandait une plus haute personnalité.

De Flacourt, comme on sait, actionnaire de la Société, s'était dévoué pour aller prendre le commandement avec le titre de « Directeur général, » et Le Bourg l'avait passé.

Installé en décembre 1648, le nouveau chef, soutenu par une force relativement imposante, 80 colons amenés de France, s'appliqua à rétablir l'ordre, et, s'étant fait rendre compte des motifs de la révolte, il crut juste et nécessaire de maintenir de Pronis auprès de lui.

Ce qu'il dit à cet égard est à reproduire :

« Andian Ravel, femme du sieur Pronis, estoit logée en une maison tout auprès avec ses servantes et esclaves... Je dis au sieur Pronis, qu'il la falloit renvoyer dès le lendemain, et que je serois bien aise de la voir... *Je trouvay le sieur Pronis autre que l'on ne me l'avoit dépeint, et ne conneus en luy qu'une grande sincérité et franchise,* et s'il y a eu du désordre, c'est qu'il n'a pas esté obey ny respecté, le malheur n'estant venu que des volontaires, que l'on avoit envoyé par le passé, qui avaient tout perdu... Je ne voulus pas faire retenir le sieur Pronis ny luy rendre aucun desplaisir, *l'ayant trouvé trop honneste homme* et trop disposé à faire ce que j'eusse voulu, pour le traiter de la sorte... Le matin, Andian Ravel me vint voir et salüer; elle estoit triste et estonnée, d'autant qu'il y avoit eu quelques-uns de nos gens qui avoient dit à ses esclaves que j'allois faire mettre le sieur Pronis aux fers aussi-tost que je serois arrivé, et qu'elle seroit partie du fort, dont je la desabusay, luy tesmoignant que quoyque je fusse supérieur du sieur Pronis, que toutes fois je le voulois tenir comme mon frère et que je voulois vivre ainsi avec luy. Que les habitans françois luy porteroient tousiours autant d'honneur comme ils avaient auparavant fait, et plus encore dont elle fut fort contente; desia ce mauvais bruit avoit esté semé partout le païs entre les grands.

« Après midy, les esclaves d'Andian Ravel arrivèrent qui l'emportèrent sur une civière... »

La façon d'agir de Flacourt auprès de Dian Ravel n'était pas adroite, il s'en aperçut bientôt. Mais en fait de maladresses, on ne doit pas compter avec lui.

En vue sans doute d'obtenir des renseignements sur Mascareigne, afin d'en enrichir ses mémoires, de Flacourt décida le rappel des « 12 ligueurs » déportés dans cette île, et les envoya chercher par Le Bourg.

Trois ans s'étaient écoulés depuis le jour où les malheureux avaient été déposés sur la plage sans moyens d'existence. L'espoir de les retrouver vivants devait sembler illusoire. La barque envoyée pour les ramener pouvait revenir à vide...

Loin de là! Le 7 septembre 1649, Fort-Dauphin les revit tous « sains et gaillards, » et c'est à leur retour que l'auteur de l' « Histoire de la grande isle » a dû les détails avantageux publiés par lui sur Mascareigne.

A lire les nombreux renseignements d'histoire naturelle semés dans son ouvrage, en ce qui concerne la voisine de Madagascar, on peut se figurer qu'il soumit les « 12 ligueurs » à un minutieux interrogatoire et qu'il écrivit, en quelque sorte, sous leur dictée.

Ils s'étaient établis au nord de l'île, sur les bords de la rivière Saint-Jean, à un endroit qu'ils nommèrent, en le quittant, l'*Assomption*, parce que ce fut le 15 août qu'eut lieu leur délivrance.

A l'enthousiasme de Flacourt écoutant leurs récits, on sent qu'il

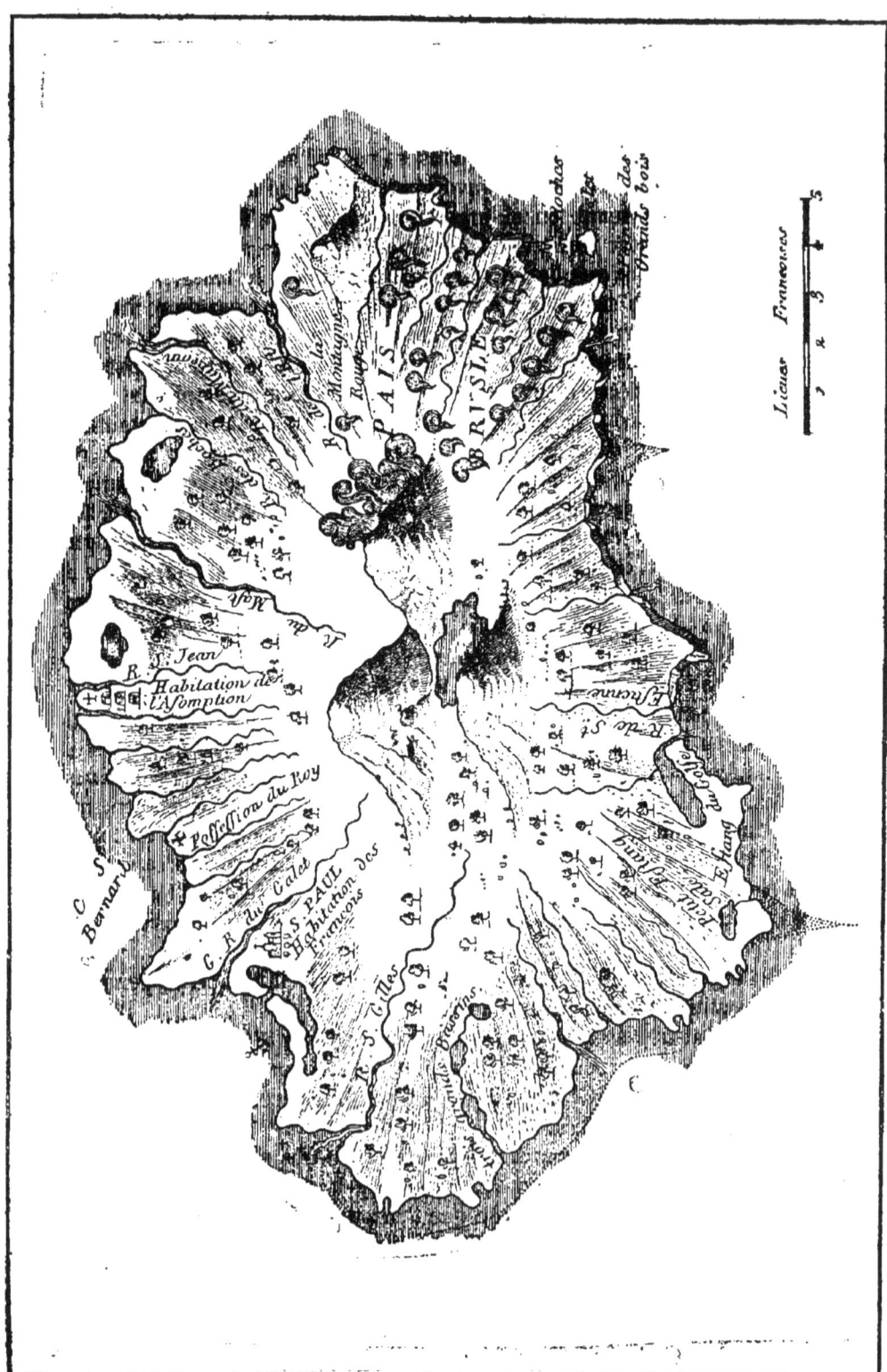

fut tenté d'aller habiter cette terre de Chanaan avec sa colonie décimée par l'inimitié des indigènes. Le charme, par malheur, s'évanouit bientôt.

« Mascareigne, dit-il, est l'isle la plus saine qui soit au monde, où les vivres sont à foison, le cochon très savoureux ; la tortuë de terre, tortuë de mer, toutes sortes d'oyseaux en si grande abondance qu'il ne faut qu'une houssine à la main, pour trouver, en quelque lieu que ce soit, de quoy disner, et avoir un fossaire que l'on nomme fuzil à allumer du feu...

« L'on m'a dit qu'au sud, il y a une baye qui est toute close de roches, et où il y a passage pour un navire : c'est là où est le païs bruslé, et sur la montagne il y a toùjours du feu... Le reste de l'isle est le meilleur païs du monde, arrousé de rivières et de fontaines de tous costez, remply de beau bois de toutes sortes, comme de lataigner, palmistes et autres, fourmillant de cochons, de tortuës de mer et de terre extrêmement grosses ; plein de ramiers, de tourterelles, de péroquets les plus beaux du monde, et d'autres oyseaux de diverses façons. Les costeaux sont couverts de beaux cabrits, desquels la viande est très savoureuse ; mais celle du cochon surpasse toute sorte de nourriture en délicatesse et bonté. Ce qui la rend si bonne, est qu'il ne se repaist, pour la pluspart, que de celle des tortuës ; ainsi que les douze François qui y ont esté releguez trois ans m'ont rapporté, lesquels n'y ont vescu que de chair de porc ou cochon, sans pains, bisquit ny ris ; et quoy que le gibbier ne leur manquast point, toutesfois ils ont tousiours préféré la viàde de porc, comme la meilleure et la plus saine. Pendant ces trois années, ils n'ont pas eu le moindre accez de fievre, douleurs de dents ni de teste, quoy qu'ils fussent sans chemises, habits, chapeaux, ne soüilliers, y aians esté portez, et laissez avec seulement, chacun, un meschant canneçon, un bonnet et une chemise de grosse toille ; et, comme ils croioient y rester toute leur vie, ils se résolurent d'aller ainsi, afin d'espargner chacun ce canneçon et cette chemise pour s'en servir, estans ou malades ou blessez. Quelques-uns d'entre eux y allèrent malades qui, incontinent après, recouvrerent leur santé.

« Les estangs et rivières y fourmillent de poissons ; il n'i a ni serpens, ni insectes facheuses, ni mousquites picquantes.

« La terre y est très fertile et grasse, le tabacq y vient le meilleur qui soit au monde ; les melons y sont très savoureux, dont la graine y a esté portée par ces misérables exilez. Ce qui fait iuger que toutes sortes de légumes et fruits y viendront à merveilles.

« L'air y est très sain, et quoy qu'il y doive estre très chaud, il y est tempéré par des vents frais qui viennent, le jour, de la mer, et la nuict, de la montagne. Ce serait avec iuste raison que l'on pourrait appeler cette isle un *paradis terrestre.*

« Les eaux y sont pures et très excellentes, lesquelles il fait beau voir tomber le long des ravines des mōtagnes de bassin en bassin, en forme de cascades si admirables, qu'il semble que la nature les a ainsi faites, afin d'alléchér les hommes qui les voient à demeurer dans l'isle.

« Les bois y sont très beaux, dans lesquels il y a lieu de s'y promener, n'estans point embarrassez d'espines, de buissons et de rampes. Il y a du poivre blanc en quantité et du poivre à queue que les médecins nomment *cubèbe;* il y a de l'hebene et d'autres bois de diverses couleurs, dont les uns sont propres à bastir maisons et navires, les autres portent des gommes odoriférantes, ainsy que le benjoin qui s'y trouve en quantité[1]. »

Tout cela est bien dit. Mais, dans ce « paradis terrestre », beaucoup de choses essentielles manquaient, parmi lesquelles il fallait compter... la possibilité de fonder famille.

Voilà pourquoi, malgré les avantages de Mascareigne si bien décrits par eux, « les douze amnistiés » ne songèrent pas à y retourner. Leur existence, par trop contemplative, s'était bornée, le plus souvent, à interroger l'horizon pour lui demander une voile. Qu'on juge de leur joie quand ils virent que cette voile généreuse n'était pas l'effet d'une illusion, et que le navire qu'elle amenait venait mettre un terme à leur exil.

Il eût été certainement plus sage à de Flacourt, chargé « *d'ériger colonies et commerce aux îles adjacentes* », d'envoyer, à ces douze apôtres de la civilisation française, qui n'avaient péché que par manque de discipline, les moyens de se propager, et notre colonie était fondée vingt ans plus tôt.

Flacourt, en ce temps-là, a bien quitté Fort-Dauphin pour aller à Sainte-Marie, par le *Saint-Laurent*. Il est passé non loin de Mascareigne. Que n'y a-t-il abordé, pour visiter cette île dont on lui avait chanté les louanges ! Son apathie sous ce rapport est impardonnable. Il se contente d'envoyer un taureau et des génisses à Mascareigne. Voilà à quelles hautes visées se bornent ses aptitudes colonisatrices. Quant aux blanches ou brunes malgaches qui ne demandaient qu'à s'unir aux colons français, et qui, plus tard, firent à quelques-uns d'entre eux d'excellentes mères de famille (cela est prouvé), il n'y songe même pas. Il va forcer, à vingt-cinq ans de là, Colbert à commettre une imprudence en envoyant quinze jeunes Parisiennes pour essayer de donner de l'essor à la marche, médiocrement ascendante, de la population française à Bourbon ; tentative malheureuse qui apporte le coup de grâce à la colonie de Fort-Dauphin. Nous verrons comment.

En y déportant douze indisciplinés, de Pronis avait résolu la première partie du programme qui lui avait été tracé, au sujet d'une

---

[1] Flacourt, p. 268 et suiv.

colonie à établir à Mascareigne. Flacourt devait résoudre la seconde, en trouvant moyen de transporter, dans l'île salutaire, quelques-unes de ces créatures qui auraient pu dire aux Français exilés, comme dans le cantique de Salomon :

« Je suis brune, mais de bonne grâce... Ne prenez pas garde à moi de ce que je suis brune, car le soleil m'a regardée. »

Il n'y songea même pas.

La politique de Flacourt devait être : faire de Bourbon, — si bien placée sur le chemin de Sainte-Marie, des Comores et de toute la côte E.-N.-E. de Madagascar, — le centre d'un rayonnement civilisateur et vivifiant dans la mer des Indes : y préparer un solide refuge en cas d'extrême danger à Fort-Dauphin, point acquis ; en montrer constamment le chemin à sa colonie menacée. Faire enfin de la presqu'île de Tholanghare, découverte par de Pronis, un faubourg de l'*Assomption*, chef-lieu du pays le plus beau de Mascareigne [1]. Quelques barques auraient suffi pour établir de fréquentes relations entre l'anse Dauphine et la rivière Saint-Jean.

En procédant ainsi, il fortifiait le principe de notre possession et réservait l'avenir, qui, plus sage, fit, mais tardivement, ce que Flacourt aurait dû et pu faire lui-même.

Est-ce que l'amiral de Lahaye, « vice-roi des Indes », qui vint à Fort-Dauphin, en allant conquérir Saint-Thomé (1671), ne caressa pas cette idée de faire de Bourbon — où il passa — ce que Bourbon devint un siècle plus tard [2]. Les idées sont comme les livres : « *habent sua fata* ».

Quoi qu'il en soit, dans l'impossibilité, paraît-il, de mieux faire, de Flacourt envoya reprendre possession de Mascareigne un peu plus sérieusement qu'on n'avait opéré jusqu'ici. Par son ordre, le capitaine Roger Le Bourg se rendit dans l'île avec un tableau portant la peinture des armes de France, accompagnées d'une inscription explicative.

« Je lui imposai le nom de Bourbon, dit-il en rapportant ce fait, ne pouvant en trouver qui pût mieux quadrer à sa bonté et à sa fertilité. »

[1] Sainte-Suzanne.
[2] Mémoire de M. de Lahaye du 1er août 1671. Bourbon, carton n° 1. (Archives coloniales.)

Cet ordre fut exécuté en octobre 1649, et l'endroit où le tableau resta longtemps fixé se nomma depuis lors « la Possession », nom qu'il porte encore aujourd'hui.

Liquidons rapidement une situation fâcheuse!

De Pronis ne tarda pas à reconnaître que, malgré les protestations bienveillantes de Flacourt à son égard, il ne pourrait demeurer dans la colonie.

« La hors saison pressoit. » Le *Saint-Laurent* manquait de fret. Flacourt eut le singulier courage de renvoyer en France le navire « emportant du laiste avec luy », parce qu'il ne put avoir de nègres pour faire opérer le chargement.

Le Bourg partit le 19 février 1650, avec quelques tonneaux de marchandises et 48 passagers qui « avoient fait leur temps ».

De Pronis profita de ce départ pour rentrer en France.

Après le retour à Dieppe du *Saint-Laurent* dans ces conditions, Flacourt fut cinq ans sans revoir de navire.

Rigault était mort peu de temps après avoir fait renouveler son privilège expiré en 1652, et, au milieu de la tourmente politique, « le Directeur général » de la colonie avait été complètement oublié. Il eut ainsi le temps de continuer à prendre des notes pour le projet d'ouvrage qui l'avait amené à Madagascar.

XII.

Ainsi ni de Pronis, ni de Flacourt n'avaient été en mesure de peupler Mascareigne.

Mais, bien avant l'arrivée du premier commandant établi à Bourbon, deux tentatives privées de colonisation avaient amené quelques Français et quelques Malgaches dans notre nouvelle possession.

En 1654, de Flacourt, dont le rapport à cet égard est loin d'être clair, voulant éloigner de Fort-Dauphin un colon intelligent, mais paraît-il, déplaisant — qui se faisait appeler dans le pays Dian-Marovoule, et dont les vrais noms étaient Antoine Couillard, dit Taureau, — le condamna à être transporté à Bourbon. Cet homme demanda à s'adjoindre un groupe de sept Français et six nègres qui consentaient à le suivre pour aller entreprendre à leur compte la culture du tabac.

Taureau et les siens passèrent dans l'île, avec une commission du chef de la colonie, en septembre 1654. Après trois ans et huit mois d'un séjour fort troublé par les ouragans, la petite troupe reçut la visite d'un navire flibustier, nommé le *Thomas Guillaume*, et commandé par un sieur Gosselin. Cet aventurier qui n'avait ni vivres, ni marchandises trouva l'occasion bonne pour se ravitailler sans bourse délier. Il persuada aux pauvres gens qu'ils étaient oubliés, que Fort-Dauphin n'existait plus, et il ajouta qu'il leur offrait le passage dans l'Inde, où ils vendraient bien leurs marchandises, s'ils voulaient seulement lui donner des vivres, dont il avait grand besoin. Les exilés, sur la foi de ce langage, se laissèrent embarquer en juin 1658, avec une provision de vivres et une cargaison de tabac, d'aloès et de benjoin, amassée à grand'peine dans une caverne, leur unique refuge.

Débarqués à Madraspatam, ils reconnurent qu'ils avaient été trompés et que leurs marchandises n'avaient, en cet endroit, aucune valeur commerciale. Personne n'en voulut. Ils furent obligés de souffrir que les six nègres malgaches fussent donnés en présent au chef du pays, afin que celui-ci voulût bien prendre les huit Français comme soldats pour les empêcher de mourir de faim.

Ce fut l'excès de leur malheur qui le fit connaître en France. Voilà ce qu'il en coûte de se fier aux promesses d'un aventurier. Le capitaine Gosselin du *Thomas Guillaume* fut ainsi cause que Bourbon fut encore inhabitée.

La seconde tentative de colonisation privée à Mascareigne eut lieu quatre ans après, en 1662.

Le promoteur, un sieur Louis Payen, originaire de Vitry-le-François, fut l'introducteur de la femme à Bourbon. A ce titre, son nom doit être conservé.

Payen, désespéré de ne rien faire à Fort-Dauphin, s'en était échappé avec un de ses compatriotes et dix Malgaches, sept noirs et trois négresses.

Ce hardi colon passa son petit monde dans une barque et s'établit à Mascareigne à l'endroit même délaissé par Taureau, et qui avait reçu le nom de Saint-Paul.

Presque tout de suite noirs et négresses, détalant vers la montagne, allèrent faire ménage à part, et les deux Français demeurèrent, pendant trois années, comme les gardiens de notre possession. Payen ne resta pas à Bourbon après l'occupation française effective. Mais la petite bande noire pullula dans l'île et devint le noyau d'une population colorée qui ne se confina pas toujours dans la montagne.

On voit que ceci ne permet pas de considérer Payen (ainsi qu'on l'a écrit) comme le premier commandant de la colonie. C'est une sorte de déserteur, rien de plus.

En somme, de cette première période, que resta-t-il pour Bourbon? Une juste renommée de salubrité et de fertilité, plus un nom qu'elle a porté pendant près de deux siècles, et qui, à la rigueur, aurait pu être conservé à notre colonie en dehors de toute idée politique. Il n'avait eu en effet pour but que de rappeler, par une sorte de jeu de mots, le sens des deux syllabes qui le composent. C'était du moins l'idée du parrain de Bourbon [1].

XIII.

Si Bourbon se voyait encore presque inhabitée, après les tentatives de colonisation que nous venons de relater, ce n'était pas faute que l'on s'occupât d'elle en France,

Chaque fois qu'il s'agit de Madagascar, dans les mémoires de l'époque, le nom de Mascareigne vient de suite à la plume avec éloges.

Cependant on voit les projets formés sur la petite île dont on dit tant de bien, se détacher un moment de ceux formés sur la grande qui n'obtenait plus le même avantage.

Après la mort de Rigault, le duc de la Meilleraye, jugeant que la perte de cet homme avait porté à la « Société de l'Orient » un coup dont elle ne se relèverait pas, voulut confisquer à son profit les droits de la nouvelle société.

Dans cette vue, soutenu d'ailleurs par Fouquet, son associé, il fit partir en 1654, pour Madagascar, l'*Ours* et le *Saint-Georges*. L'un de ces navires portait de Pronis qui devait remplacer Flacourt, si le gouverneur de Fort-Dauphin ne voulait pas entrer dans la combinaison proposée.

Les deux navires parvinrent à destination en août de la même année, au moment où de Flacourt, depuis cinq ans sans nouvelles de France, n'avait plus autour de lui que 66 engagés dans le plus profond dénuement.

---

[1] Le nom de *la Réunion*, substitué à celui de Bourbon, a été décrété le 13 mars 1793. Il tire son origine de la réunion des patriotes aux Tuileries pendant la période révolutionnaire.

Les nouvelles communiquées par le sieur de la Forêt, envoyé du maréchal, mirent de Flacourt dans une grande perplexité et l'obligèrent à partir pour la France sur le navire l'*Ours*, le 12 février 1655. Il avait remis le commandement à de Pronis, qui ne le conserva pas longtemps.

De Pronis était revenu à Madagascar, poussé par le désir de revoir sa femme et son enfant, non par l'ambition de reprendre son ancien emploi.

Atteint d'une néphrite trois mois après, il mourut dignement, le 23 mai 1655 [1].

Le sieur Des Perriers lui succéda avec de Champmargou pour second. L'un et l'autre étaient des officiers commandant le détachement de soldats mercenaires, envoyé par le maréchal.

Cependant la nouvelle société ne put s'arranger avec le duc de la Meilleraye. Il ne s'inquiéta guère de cette difficulté. En attendant la solution qui ne vint pas, il entreprit en 1655, de compte à demi avec Fouquet, une expédition pour Sainte-Marie-de-Madagascar, dont nous avons parlé dans la première partie de ce travail. Cette expédition, composée de quatre navires hors de service, eut une suite désastreuse. 500 hommes y moururent du scorbut et des fatigues d'un trop long voyage. La *Duchesse*, commandée par M. de Saint-André, le seul navire qui revint de Sainte-Marie, eut toutes les peines du monde à parvenir sur lest à Saint-Nazaire.

Dans ces conjonctures, Fouquet se sépara de son associé et travailla pour son propre compte. Il eût réussi peut-être à le supplanter à Fort-Dauphin, si la disgrâce que l'on sait ne l'avait brusquement jeté à bas du pouvoir.

Flacourt, bien accueilli à son arrivée en France par M. de la Meilleraye, mais n'ayant pu s'accorder avec lui, s'était rejeté du coté de Fouquet sans plus de succès.

Reconnaissant enfin que la « Société de l'Orient », alors dirigée par un homme intelligent, mais sans influence, M. Caset, aurait peine à reprendre possession de Madagascar, de Flacourt vint proposer à son directeur d'aller coloniser Bourbon, comme point de relâche et d'entrepôt, en attendant des circonstances plus favorables.

---

[1] Lettres des missionnaires de la congrégation de Saint-Lazare. *Dignement* ne veut pas dire qu'il abandonna sa religion.

La proposition fut acceptée. Une flottille, bien pourvue de marchandises et sur laquelle on avait embarqué des colons, fut confiée à de Flacourt, qui partit des côtes de France le 20 mai 1660.

Mais l'ancien gouverneur de Madagascar fut attaqué en route par un pirate de Barbarie. Il se défendit. Dans la lutte, le navire qu'il montait prit feu et sauta. De Flacourt périt avec la majeure partie de l'équipage et des passagers. Ce fait eut lieu le 10 juin 1660.

La colonisation de Bourbon jouait de malheur. L'expédition fut abandonnée.

En somme, tous les efforts du maréchal de la Meilleraye pour se substituer personnellement à la « Société de l'Orient », dont il était un des actionnaires, amenèrent de grandes pertes d'hommes et d'argent. Ce fut là le plus clair résultat de ses agissements, et sa mort, qui survint en 1664, laissa aux prises les intérêts de l'ancienne société, ceux de la nouvelle, les siens particuliers et ceux de Fouquet emprisonné.

Son fils, le duc de Mazarin, hérita des énormes difficultés soulevées par cette affaire.

La création de la Compagnie des Indes, qui eut lieu sur ces entrefaites, et sur laquelle nous serons obligé de revenir, permit à Colbert de débrouiller ce chaos d'intérêts en lutte, où d'autres hauts personnages se trouvaient aussi engagés. La grande Compagnie maritime abrita sous son pavillon la fin des deux autres.

Colbert croyait-il au succès de l'entreprise colossale qui allait être surtout l'œuvre du roi? Le doute est permis. Mais il avait pour but principal le développement nécessaire de notre marine, et il faut convenir que la Compagnie des Indes y concourut beaucoup.

A peine le projet fut-il lancé dans le public, que la colonisation de l'archipel africain parut indispensable au bien du pays. On s'assurait ainsi la route de l'Inde, source de richesses incalculables... Un navire, armé en corsaire, sous la conduite du capitaine Hugo, l'*Aigle-Noir* (propriété de Fouquet), venait d'en apporter des preuves réelles.

Bien peu surent la provenance de sa cargaison écumée dans la Mer-Rouge et qui arrivait à point nommé.

Louis XIV, épris de ce projet, s'y intéressa avec tant d'ardeur et tant de souplesse d'esprit que l'on a besoin de songer pour sa gloire qu'il ne tira de cette affaire aucun profit. La considération du bien de l'État, celle de sa propre grandeur, ont été au fond les seuls mobiles qui l'ont dirigé.

Quand l'idée eut fait son chemin, le roi, à qui le duc de Mazarin venait de céder ses droits, concéda la propriété de l'île Madagascar, avec celle des îles circonvoisines, Bourbon, Sainte-Marie, les Comores, à une *Compagnie*, dite depuis lors, *des Indes Orientales*.

Cette Compagnie se constitua, le 27 août 1664, au capital de quinze millions.

Froidement accueillie à Paris, encouragée par Colbert dans toutes les parties du royaume, la souscription fut couverte par le roi, la cour et les riches des provinces de France.

On désintéressa les Sociétés Rigault, la Meilleraye et consorts sur le premier versement effectué, et un conseil de gouvernement qui devait fonctionner à Fort-Dauphin, centre provisoire des opérations de colonisation, fut nommé par le roi.

En firent partie M. de Montaubon, ex-conseiller au siège d'Angers, désigné pour organiser la justice, M. La Chaussée de Champmargou, commandant militaire à Madagascar, et quatre marchands de la Compagnie : MM. Rousselet, Cheruy, Houdry et Baudry, chargés de la garde et de la comptabilité des magasins.

Le secrétaire fut M. Urbain Souchu de Rennefort, ex-trésorier des gardes du corps. Il devait cette place au chancelier de Pontchartrain, son ancien condisciple au collège d'Harcourt. Souchu, lettré, intelligent, jeune encore, avait reçu les instructions particulières des syndics généraux de la Compagnie. Il devait être la cheville ouvrière du conseil.

On comptait beaucoup plus sur lui que sur le personnage appelé à présider : M. Pierre de Beausse, âgé de 67 ans, ancien alchimiste, pour qui les prétendues richesses minérales de Madagascar étaient devenues une autre pierre philosophale.

On se demande quel lien existait entre cet adepte de la science de Nicolas Flamel et la nouvelle Compagnie des Indes ?

M. Pierre de Beausse était le frère utérin d'Estienne de Flacourt. Il avait figuré parmi les actionnaires de la « Société de l'Orient ». Le choix arrêté sur lui semblait être une compensation de ce qu'il avait dû perdre en perdant son frère, dont il avait concouru à répandre les mémoires récemment imprimés.

On eut mieux fait, assurément, de choisir pour ce poste M. Etienne Regnault, de Paris, désigné pour aller en sous-ordre à Mascareigne diriger le travail d'une poignée de volontaires qui devaient entreprendre dans cette île une sorte d'établissement sanitaire.

Les syndics de la Compagnie sachant que Bourbon, où régnait l'abondance en fruits et en animaux comestibles, brillait surtout par une singulière renommée de salubrité réparatrice, avaient résolu d'en faire « l'infirmerie du Fort-Dauphin ». On dirait aujourd'hui un séjour de convalescence.

Regnault a fourni durant son commandement, par sa conduite, et après, par ses avis, assez de preuves d'aptitude à la colonisation pour faire regretter que son dévouement n'ait pas été utilisé d'une façon plus profitable.

Quoi qu'il en soit, M. de Beausse n'eut heureusement rien à voir dans les préparatifs de l'expédition, qui se firent à Brest, où s'étaient rendus en armement du Havre, de la Rochelle et de Saint-Malo, quatre vaisseaux de l'ancienne Compagnie :

1º Le *Saint-Paul* (ex-*Aigle-Noir*), frégate de 32 canons, commandée par M. Véron, d'Oléron, qui prenait à son bord MM. de Beausse, Souchu, Cuveron, missionnaire, etc. ;

2º La *Vierge-de-Bon-Port*, flûte de 20 canons, commandée par M. Truchot de la Chesnaie, de Saint-Malo, accompagné des marchands Cheruy et Baudry ;

3º Le *Taureau*, flûte de 22 canons, commandée par M. de Kergadiou, gentilhomme breton, qui prenait à son bord MM. de Montaubon ; Montmasson et Boussordée, missionnaires ; Houdry ; et enfin M. Regnault avec la petite colonie destinée pour Mascareigne ;

Et 4º l'*Aigle-Blanc*, petite frégate de 8 canons, commandée par M. Chadeau de la Clocheterie, protestant de religion, originaire de Saintes, qui portait MM. Bourot, missionnaire ; François Martin, sous-marchand, plus tard le fondateur de Pondichéry, etc.

Durant son séjour à Brest, avant de s'embarquer, le brave Regnault, à qui la Compagnie avait laissé entrevoir ses projets, s'était occupé, auprès de ses amis, de réunir « des plantages » afin d'en doter la colonie aussitôt son arrivée à Bourbon. Fait curieux ! cette île servait d'appât dans les annonces pompeuses répandues en France par les premiers souscripteurs. Il suffit de les lire pour songer à ce que Flacourt disait naguère de Mascareigne. On allait coloniser des pays où se trouvaient non seulement toutes « les herbes potagères » que l'on cultive en France, mais encore d'excellentes productions indigènes.

Il y avait bien des vérités dans ces descriptions. Mais l'entrainement grossissait outre mesure les avantages promis à ceux qui s'engageraient au service de la Compagnie.

Il en arriva de toutes les provinces de France. 400 jeunes gens furent inscrits pour aller aux îles. 280 seulement répondirent à l'appel, au moment d'embarquer. Les femmes furent complètement omises dans ce premier convoi. Il ne paraît même pas qu'on y ait songé.

Le départ eut lieu du port de Brest, le 7 mars 1665, par un temps favorable.

L'expédition de Beausse, longuement racontée par Souchu, a été souvent résumée d'une manière si confuse que nous devons la suivre ici, dates en main, pour la rendre compréhensible.

Le 8 avril, la flottille doublait le cap Vert et allait mouiller à Rufisque. Le 11, on levait l'ancre pour se diriger vers la ligne que l'on passa le 28. Le 3 juin, à Table Bay, M. de Beausse fit donner le signal de l'assemblée pour l'ouverture des boîtes contenant les dépêches et instructions.

Cheruy, embarqué sur la *Vierge*, préféra se tenir à l'écart et ouvrir sa boîte, sans donner connaissance de ce qu'elle contenait à ses collègues.

En quittant le cap de Bonne-Espérance, le rendez-vous était donné à Bourbon, que M. de Beausse devait aller reconnaître avec les quatre vaisseaux. Puis le *Saint-Paul*, le *Taureau* et la *Vierge* devaient se rendre à Fort-Dauphin, où l'*Aigle-Blanc* se rallierait également, après avoir été prendre un chargement de riz à Galemboulle et à l'île Sainte-Marie.

M. de Beausse était nommé :

« Premier conseiller au Conseil souverain à Madagascar (quand le Conseil souverain y sera étably au second envoy qui sera fait) et président du Conseil particulier qui servira jusques audit établissement. »

La conduite inexplicable de Cheruy blessa et intrigua M. de Beausse. Outré en même temps d'apprendre que sa situation de président n'était que provisoire, et que les marchands, nommés pour entrer dans le conseil, ne seraient pas soumis au pouvoir suprême qu'il avait ambitionné, il résolut de débarquer à Fort-Dauphin le premier, et isolément, afin d'y établir son autorité avant que ces messieurs aient eu le temps de se faire connaître. Un certificat de chirurgien, constatant que la santé du président nécessitait sa prompte arrivée à terre, aida le commandant Véron à se persuader qu'il devait obéir.

Le *Saint-Paul* se déroba le 11 juin 1665, et Véron, pour éviter les courants du canal, s'éleva jusqu'au 39° de latitude, où huit jours de calme le tinrent presque immobile, et permirent à de Beausse de maugréer à son aise.

Cette façon d'agir avait eu pour résultat immédiat de jeter le soupçon dans les esprits. En voyant que de Beausse et Véron leur avaient faussé compagnie, les marchands-conseillers se défièrent de leur président, les capitaines, de leur chef de file.

Toutefois, les vaisseaux, bien que ne marchant plus de conserve, suivirent fidèlement le chemin indiqué et continuèrent leur route vers Mascareigne. Ce fut le *Taureau* qui, le premier, aborda cette île. La date est à noter. Elle marque le point de départ de la colonisation française à Bourbon. Kergadiou descendit à Saint-Paul le 9 juillet 1665.

Surpris d'y trouver Payen qui lui raconta ses déboires, pendant que Regnault débarquait avec ses volontaires, il ne crut pas devoir faire une cérémonie de prise de possession, laissant au président attendu l'honneur de procéder à cette solennité.

Le lendemain, 10 juillet, le *Saint-Paul* arrivait à Madagascar, et de Beausse eut tout d'abord une désillusion. Froidement accueilli à son arrivée à terre par de Champmargou, qui, ignorant la mort du maréchal duc de la Meilleraye, son protecteur et maître, ne savait quelle contenance tenir, de Beausse se vit en face de 88 pauvres diables dénués de tout, et d'un misérable établissement dont on lui dit : Voici le Fort-Dauphin.

Quatre jours après, à Bourbon, le 14 juillet, la *Vierge-de-Bon-Port* venait se ranger à côté du *Taureau*, et l'on apprenait le même jour que l'*Aigle-Blanc* avait abordé à l'est de l'île.

Chadeau, qui commandait ce dernier bâtiment, fit gravir une montagne à quelques-uns de ses hommes, et renseigné sur la présence et la position de ses collègues, il vint les rejoindre.

Quand les marchands-conseillers réunis à Bourbon virent bien qu'ils n'avaient plus à attendre et que leur président les avait abandonnés. « Il firent une ligue, dit Souchu, et jurèrent de s'entremaintenir dans la part qu'ils prétendaient au Gouvernement. »

On peut se figurer, en effet, la contrariété, la colère de ces messieurs, et il faut bien reconnaître qu'ils avaient le droit d'être irrités.

La plage de Bourbon servit donc de scène au premier acte du long drame de la Compagnie des Indes.

L'assistance était nombreuse et, il y a ceci de remarquable, c'est que presque tous les personnages de ce premier acte moururent dans l'année, à quelques mois de distance, ayant pressenti, dès le serment de Saint-Paul, ce lamentable dénouement.

Rappelons les noms des principaux !

Il y avait là M. de Montaubon, le futur lieutenant civil à Madagascar; les capitaines de Kergadiou, Truchot et Chadeau; les marchands-conseillers Baudry, Cheruy et Houdry; les missionnaires Boussordée, Montmasson et Bourot, — tous capables de mener à bien l'entreprise, si la tête de ce corps, dont ils n'étaient que les membres, n'avait été affolée par l'orgueil.

Obéissant à leurs instructions, le *Taureau* et la *Vierge* partirent pour Fort-Dauphin. Ils levèrent l'ancre, le 6 août 1665, en même temps que l'*Aigle-Blanc*, qui partait pour Galemboule.

Le 20 août, ayant descendu pendant la nuit un peu trop au sud, ils parvinrent à l'anse des Gallions, et Souchu prévenu de leur présence, envoya par terre un exprès leur indiquer l'endroit où ils devaient aborder.

Tout cela manqua de prestige. De Beausse, souffrant de la traversée — ce qui était bien explicable à son âge — avait été transporté, du navire au Fort-Dauphin, dans une civière. Les officiers du *Taureau* et de la *Vierge*, et autres notables passagers, descendirent à terre de mauvaise humeur. Aucun de ces détails n'échappa à de Champmargou, qui restait sur la réserve.

De Beausse fut coupable de ne pas avoir suivi à la lettre ses instructions. En allant à Bourbon, avec les trois autres vaisseaux, il ne risquait pas de voir la désunion se glisser entre lui et les conseillers. Il se rendait compte par lui-même de la situation favorable de cette île. Il y déposait un personnel suffisant, avec tout ce qu'il fallait en vivres et en outils, pour faire réussir un établissement durable. De Beausse se « rafraîchissait », se reposait, recouvrait la santé à cette station exceptionnellement salutaire, et gagnait enfin Madagascar dans les meilleures conditions pour vaincre les difficultés qui forcément allaient naître sous ses premiers pas.

Au lieu de marcher dans cette voie qui lui était sagement tracée, il fit tout manquer par sa faute. Les chefs d'expéditions lointaines qui s'éloignent de leurs instructions, quand ils peuvent les suivre, assument parfois la plus grave des responsabilités.

Finissons-en avec de Beausse! Son orgueil et sa prétention lui mirent à dos tous ses collègues. Souchu, qu'il savait dévoué aux intérêts de la Compagnie, devint particulièrement l'objet de son aversion. Après avoir installé le conseil, il s'arrangea de manière à ne plus le réunir, afin de paralyser l'action du secrétaire.

Alors que se passa-t-il? Faute de mieux, on fit bonne chère; on mena joyeuse existence. On gaspilla les vivres de la Compagnie, jusqu'au moment où l'on s'aperçut que le riz allait manquer pour la troupe et le petit peuple des engagés.

Souchu rappela au président que l'*Aigle-Blanc* n'était pas revenu de Galemboulle, où il avait dû se rendre pour l'approvisionnement de riz. On résolut d'envoyer Kergadiou à sa recherche.

Le *Taureau* partit le 23 octobre 1665, toucha le 1er novembre à Mascareigne, où il trouva Regnault qui se plaignait de manquer de tout. Ce n'était pas de cela qu'il s'agissait. Avait-il eu connaissance de l'*Aigle-Blanc* au retour de ce navire? Non. Kergadiou quitta Bourbon le 5 novembre et mit le cap sur Galemboulle. Le 14, il y apprit le départ de l'*Aigle-Blanc*.

Pour un temps, la famine n'était plus à craindre à Fort-Dauphin. L'arrivée de Chadeau le 3 novembre, avait conjuré ce péril.

Au point de vue sanitaire, la situation s'aggrava et devint bientôt désespérée; non que l'air de la presqu'île de Tholanghare fût mal sain. Mais l'état de contrariété dans lequel tout le monde était plongé, le chagrin de voir tout aller mal, avait agi sur le moral à ce point que le physique s'en était profondément ressenti.

De Beausse commença le défilé funèbre. Il expira le 14 décembre 1665, après avoir demandé pardon à Souchu des misères qu'il lui avait fait subir.

M. de Montaubon, président intérimaire, guerroya sans relâche contre les indigènes jusqu'au mois de septembre 1666, époque de sa mort. Les conseillers le précédèrent ou le suivirent dans l'espace de quelques mois.

A son retour de Galemboulle, Kergadiou, épuisé, mourut à Fort-Dauphin, le 2 février 1666, à l'âge de 55 ans.

Véron, abreuvé de dégoûts — (on avait dû lui reprocher durement sa condescendance pour de Beausse pendant le voyage) — abandonna son commandement. Ce fut le capitaine Cornuel, qui ramena le *Saint-Paul* à Brest, dans de mauvaises conditions. Nous retrouverons plus tard Véron à Bourbon, où devenu garde-magasin de la Compagnie, il périt d'une mort tragique.

A quelque temps de là, le *Taureau* se perdit corps et biens dans un voyage au nord de Madagascar. Après lui, l'*Aigle-Blanc* s'ensabla en retournant chercher du riz à Galemboulle. Quand on voulut le renflouer, il fut trouvé pourri.

Seul de l'état-major de cette expédition malencontreuse, Souchu de Rennefort put tirer son épingle du jeu : c'est-à-dire revoir la France, après bien des malheurs. Il s'embarqua le 20 février 1666 sur la *Vierge-de-Bon-Port*. Ce navire, capturé par une frégate anglaise, après un combat acharné, s'abîma dans les flots en vue de l'île de Guernesey. Souchu, conduit à Londres, y resta prisonnier durant huit mois, après quoi, rendu à la liberté par échange, il revint à Paris et se prépara à publier ses mémoires « pour servir à l'histoire des Indes orientales ».

Les événements relatés ci-dessus concernant l'expédition de Beausse se succédèrent si rapidement, dans l'espace de douze mois environ, que lors du départ du second convoi, sous le commandement en chef de M. de Mondevergue, on ignorait absolument en France le sort piteux du premier. La preuve en est dans la rédaction des instructions remises à cet officier général.

Certes, il était déplorable de voir une expédition si bien préparée, et dont les préliminaires avaient coûté tant de peine à Louis XIV, échouer d'une manière aussi désastreuse.

Sans la perte de la *Vierge* et de son chargement, composé de ce que Madagascar et Bourbon pouvaient offrir de plus intéressant, de plus riche et de meilleur au point de vue commercial, on aurait pu se consoler de tant de déboires. Souchu comptait faire à Paris une exposition de ces produits et draper ainsi, aux yeux des actionnaires, la non-réussite du voyage « aux Indes ».

La perte de ce chargement mettait le comble au malheur commun. La consolation de Souchu fut de trouver dans ces péripéties le sujet d'un bon livre.

En résumé, dans cette seconde période, Bourbon fut encore la mieux partagée. Le progrès marche si lentement!... Un bon commandant, 20 jeunes Français, 7 nègres et 3 femmes malgaches : Tel est le bilan dont il est présentement impossible d'établir la balance.

Mais, il y avait d'ores et déjà, sur la terre de Mascareigne, les éléments d'une colonie, et, eût-elle été abandonnée à ses propres ressources pendant nombre d'années, comme il lui arriva plus tard, le temps pour elle n'était plus tout à fait perdu, comme par le passé.

COLBERT ET LA COMPAGNIE DES INDES. — LA FLOTTE DE M. DE MONDEVERGUE. — CARON. — CINQ JEUNES FEMMES DE FRANCE. — L'ESCADRE DE M. DE LAHAYE. — LA PIERRE DU VICE-ROI DES INDES. — DE LA HURE ET VÉRON. — LA « DUNKERQUOISE ». — LES SEIZE JEUNES FILLES DESTINÉES A LA COLONIE DE BOURBON. — LA CATASTROPHE DE FORT-DAUPHIN. — DÉBRIS DE MADAGASCAR (1665-1674).

XIV.

Lorsque nous avons dit que la Compagnie des Indes orientales aurait mieux fait peut-être, à son début, de placer M. Étienne Regnault à Fort-Dauphin que M. de Beausse, ce n'était pas en vue d'avantager, par une vaine parole, le souvenir du premier commandant envoyé à Bourbon.

Malgré la modestie de son origine administrative, M. Regnault ne manquait pas d'une certaine instruction, pour son époque; il a fait preuve de beaucoup d'intelligence et d'un dévouement désintéressé dans les fonctions qu'il a conservées pendant six ans, et auxquelles ses qualités mêmes l'ont enlevé, ainsi que la suite du récit le montrera.

Regnault avait commencé par être simple employé dans les bureaux de Colbert. On trouve de son écriture dans les premiers papiers de la Compagnie. Après son départ de Bourbon en 1671, on le suit à Madagascar ; on le suit dans l'Inde, et enfin à son retour à Paris, en 1681.

C'est alors qu'il fit parvenir à Colbert un mémoire où, rappelant ses débuts à Mascareigne, il indique savamment les moyens pratiques d'imprimer de l'essor à la colonie, et laisse comprendre qu'il ne serait pas fâché d'y retourner.

Ce document autographe, qui a huit grandes pages, s'annonce par cet intitulé déjà instructif :

« Mémoire contenant les advis de ce qu'il conviendroit de suivre pour l'establissement considérable que le roy désire faire en l'isle de Bourbon, et son utilité, dressé par Estienne Regnault cy-devant commandant la dite isle, pour le service de Sa Majesté et celui de la Compagnie des Indes Orientales, depuis le mois d'aoust 1665 jusques en juin 1671. »

Dans cet écrit, Regnault traite de tous les sujets relatifs à la fondation de la colonie.

Navigation, géographie, administration, religion, justice, cultures, commerce, industrie, constructions, productions, marine locale, cabotage, etc., tout y trouve une place mesurée. Chaque sujet rencontre une idée pratique, une appréciation juste.

Regnault indique l'époque à laquelle il faut partir de France pour bien arriver à Bourbon, aller dans l'Inde et revenir dans l'île. Il cite les pays avec lesquels la colonie peut entrer en relations de commerce : Madagascar, Socotora, les bords de la mer Rouge, la Perse, l'Indoustan, Bantam, Batavia, etc., sont nommés, avec les espèces végétales qu'il en faudra tirer pour améliorer et rendre de choix celles que la nature a prodiguées à Mascareigne.

Agra fournira le meilleur indigo; Socotora, le meilleur aloès; Aden, pourra recevoir du riz; Batavia, Bantam, du blé « qui donne deux récoltes par an ».

Il a planté 2,000 pieds de vigne qui ont bien réussi par bouture ; et il conseille de faire venir du plant de Chiraz, en Perse, où d'ailleurs on vendra très bien du sucre.

Le tabac, qui brille par la finesse de son goût et la richesse de sa récolte, sera transporté en France.

Regnault parle des poivriers, du chanvre, des bois de construction. On construira des petits navires de 30 à 40 tonneaux pour faire le cabotage à Madagascar et sur la côte orientale d'Afrique.

Il a fabriqué de la brique et de la tuile « au petit mousle »; on trouvera de la pierre de chaux « qui est une sorte de ponce du costé de Saint-Gilles ».

« Il sera nécessaire de donner de bons ordres pour l'observation « de la justice, tant à l'égard des Français que des nègres, parce que « de là despend la conduite de toutes choses. »

Deux bons prêtres « que l'on advertira de ne se mesler que du spirituel » seront nécessaires.

Regnault avait lu Flacourt. Il connaissait la tradition de Mascareigne; l'affaire des 12 exilés, l'histoire d'Antoine Taureau. Il avait trouvé dans l'île son devancier Payen, avec lequel il était resté environ un mois. Nous le répétons, son mémoire n'est pas un document sans valeur, et nous y puiserons encore quelques renseignements.

Les bords si fertiles de l'étang de Saint-Paul furent le berceau de la colonie amenée par M. Étienne Regnault. « Lorsque l'on me donna le commandement de cette isle, l'on m'establit en ce lieu. »

Dans cet endroit pittoresque et attrayant, où les rares navires qui passaient venaient « faire de l'eau », Regnault campa son monde, en attendant ce qu'on lui avait promis : des outils nécessaires pour construire des maisonnettes destinées à recevoir les malades du Fort-Dauphin. C'est là que le trouvèrent, au second voyage du navire le *Taureau*, allant à la recherche de l'*Aigle-Blanc*, M. de Champmargou, commandant à Fort-Dauphin, et M. Carpeau du Saussay, commissaire provincial d'artillerie de France, naguère en mission pour le compte de M. de la Meilleraye.

Carpeau décrit ainsi son impression :

« Nous nous campâmes près du bord de la mer, dans un fond le plus agréable du monde, auprès d'un ruisseau dont l'eau faisait envie par sa fraîcheur et sa beauté. Nous avions d'un côté la vue de la mer, de l'autre, celle d'une montagne de rochers à perte de vue. Nous étions environnés d'un grand étang en forme de croissant... Dès la pointe du jour, nous quittâmes ce paysage enchanté... Nous nous acheminions pour nous rendre à l'habitation des François, dont nous n'étions éloignés que de deux lieues... M. Regnault nous reçut parfaitement bien. Il lui fut aisé de nous bien régaler, puisque tout y étoit pour rien et en abondance. Nous fûmes deux jours dans l'habitation à nous reposer, sans nous occuper d'autre soin que de faire bonne chère... Ce qui se voyoit de ce beau pays fit naître à M. de Champmargou l'envie de le voir entièrement[1]. »

Aussi, dans le courant du mois de mai 1666, Regnault reçut pour la seconde fois la visite de M. de Champmargou, venu sur le même navire, avec les mêmes personnes, M. Carpeau ci-dessus nommé, et M. Cuveron, missionnaire.

Ce voyage avait pour objet de faire le tour de l'île avec Regnault, afin d'en tracer une carte. Ils employèrent vingt jours à cette opération, qui eut lieu en vertu des instructions remises à M. de Beausse, et dont il ne s'était nullement inquiété[2].

Ceci nous offre l'occasion de parler de deux cartes antérieures de Bourbon, annexées à l'ouvrage de Flacourt, l'une avec la carte de Madagascar, l'autre isolément.

Selon toute probabilité, elles avaient été faites d'après les renseignements donnés par les « 12 amnistiés », revenus à Fort-Dauphin

---

[1] Carpeau du Saussay, *Voyage*. Paris, 1 vol. in-4°, 1722.
[2] La carte dont il s'agit, emportée à Fort-Dauphin, n'a pas été conservée.

en 1649. Sans doute, quelqu'un d'entre eux avait trouvé moyen de tracer une carte de l'île, nécessaire d'ailleurs pour leurs excursions. Il n'est pas croyable que ces indisciplinés, calmés par l'exil, aient vécu pendant trois ans sans s'ingénier à faire quelque chose d'utile. D'après Flacourt, « les 12 ligueurs » étaient des volontaires, c'est-à-dire des jeunes gens venus d'eux-mêmes s'engager comme colons au service de la « Société de l'Orient », et qui, ayant reçu quelque teinture de science, étaient les plus difficiles à conduire, à cause de la supériorité qu'ils se sentaient sur les autres.

Volontaires aussi étaient les compagnons de Regnault, dépeints dans un passage de son mémoire où il raconte les misères de ses débuts.

On s'expliquera mieux le texte que nous allons citer en se rendant compte de la manière dont ces volontaires avaient été engagés à Brest.

On s'était contenté de demander ceux qui voudraient bien passer à Bourbon avec M. Regnault. Un groupe s'était formé, et l'affaire avait été conclue sans plus de réflexion. Si un choix quelconque avait eu lieu autrement, le premier commandant de Mascareigne n'aurait pas eu à se plaindre comme il le fait.

« Pour commencer cet establissement, il est bon d'adviser ceux qui en auront la conduite que, du temps que je la gouvernois (l'île Bourbon), la compagnie ou ceux qui avoient l'administration de ses affaires, l'ont extrêmement nesgligé, et par ainsy ont causé un dommage notable au bien qu'on en devoit attendre. *Ils n'y ont pas envoyé d'ouvriers ; mais seulement peu de gens sans métier* qu'il m'a fallu instruire comme j'ai peu et fairre de nécessité vertu. Puisque même ils n'avoient pas eu soin de m'envoyer aucuns plantages. Il m'en a fallu fairre venir de toutes sortes par la voye de mes amis qui se sont trouvé à lors de mon despart.

« J'ay estably quelques habitans auquels j'ay donné des terres à deffricher ; j'en ay veu réussir le succez assez heureusement. *Mais comme nous manquions de tous outils et choses nécessaires,* il me sembloit souvent reculer au lieu d'advancer. Cet advis servira pour fairre remarquer que sy l'on com- commence cette entreprise, il ne se fault pas contanter de l'esbaucher pour en suitte en lesser perdre les advances et le fruit que lon sen peut promettre. »

On voit avec quel luxe de prévoyance l'alchimiste qui régnait à Fort-Dauphin s'était occupé de Mascareigne, où la matière philosophale faisait complètement défaut.

Il est concevable que ces pionniers soient devenus, en partie du moins, des « fainéans, dit Regnault, qui ne m'ont causé que de la peine et du desplaisir ».

Un commandant payé 900 livres par an; « peu de gens sans métier, manquant de tous outils et choses nécessaires »... c'était une situation des plus précaires. Néanmoins, Regnault ne se découragea pas et s'ingénia à faire quelque chose de rien.

Quelle importance d'abord avait sa petite colonie ?

On s'accorde, d'après Souchu de Rennefort, à fixer à vingt le nombre des premiers colons confiés à Regnault. Ce chiffre, en effet, doit être exact. Souchu n'est pas allé à Bourbon. Mais Louis Payen avait pris passage avec lui, pour revenir en France, sur la *Vierge-de-Bon-Port*, et c'est de Louis Payen que Souchu a tiré les détails figurant dans son ouvrage sur l'arrivée à Bourbon du premier commandant de la colonie.

Ces renseignements ne vont pas jusqu'à permettre de dire que les noms des vingt premiers compagnons de Regnault ont été conservés, en tant que débarqués avec lui.

Il nous a fallu recourir à des vérifications compliquées pour établir la liste suivante, composée de douze personnes que l'on peut considérer sûrement comme amenées par le fondateur de la colonie:

François Ricquebourg, natif d'Amiens, âgé de 19 ans (en 1665); René Hoareau, de Boulogne-sur-Mer, 24 ans; Jean Bellon; Hervé-Danemont; Gilles Launay, de Normandie, 25 ans; Pierre Hibon, de Calais, 21 ans; Jacques Fontaine, de Paris; François Vallée, de Normandie, 20 ans; Athanase Touchard, d'Issy, près Paris, 22 ans; François Mussard, d'Argenteuil, 28 ans; Henry Mollet et Pierre Collin.

Le contrôle étant impossible pour les huit autres, nous nous abstenons de citer ici des noms de colons, très anciens assurément, mais qui n'étaient peut-être pas de la première heure, tandis que les douze nommés ci-dessus présentent toutes les garanties de priorité. Ils se sont tous mariés d'ailleurs, et ont eu si nombreuse postérité aux premier, second et troisième degrés, que presque tous les habitants actuels de la Réunion descendent soit par les hommes, soit par les femmes, de ces douze pionniers.

Nous surprendrons peut-être en ajoutant qu'ils n'ont pas tous épousé des femmes malgaches, ainsi que nous l'avons souvent entendu répéter, même par des créoles de Bourbon. On trouvera plus loin les preuves que *sept* d'entre eux se sont mariés avec des « femmes de France ». Les premières souches transportées à Mascareigne ont donc été, en majorité, d'origine purement française. C'est postérieurement au gouvernement de M. Regnault que les mélanges ont commencé à se produire.

A quel enchaînement de faits la colonie a-t-elle dû la venue de ces « femmes de France » ? Comment sont-elles arrivées dans l'île et y sont-elles demeurées ?

Pour cinq d'entre elles, Bourbon ne les a dues qu'aux détestables circonstances dans lesquelles s'est effectué le voyage du deuxième convoi expédié sur Madagacar par la Compognie des Indes orientales, ainsi qu'un bref exposé va l'établir.

Pour les deux autres, rien n'est plus attachant que l'histoire de leur voyage de France à Bourbon. Nous aurons à la raconter en détail.

XV.

L'île Bourbon ayant fait partie du domaine de la Compagnie des Indes orientales, dont elle a recueilli les épaves, après la catastrophe de 1674, nous aurions pu nous laisser entraîner à parler amplement de cette illustre société commerciale, qui eut le roi de France pour créateur et principal actionnaire. Mais dans le cadre restreint où nous nous sommes placé, nous ne pouvons qu'effleurer ce sujet éminemment intéressant ; c'est à regret. Malgré les publications distinguées faites dans ces derniers temps [1], nous croyons qu'il y aurait encore de curieux détails inédits à recueillir et à développer pour montrer comment Colbert a dû se laisser engager dans ce labyrinthe de l'organisation de compagnies, sur lesquelles assurément il ne fondait pas de grandes espérances financières.

On imagine volontiers que Jean-Baptiste Colbert, fils et petit-fils de commerçants, a rédigé d'avance le projet des deux Compagnies des Indes occidentales et orientales, créées en 1664, à quelques mois l'une de l'autre, et est allé le présenter au roi, en lui disant : Voilà ce qu'il faut faire.

---

[1] Voir notamment le remarquable travail publié par M. Louis Pauliat dans la *Nouvelle Revue* : Louis XIV et la Compagnie des Indes de 1664; n°⁸ des 15 avril, 1ᵉʳ et 15 mai 1885.

Rien de pareil n'a eu lieu.

Bien que Louis XIV ne fût âgé que de 26 ans en 1664, et Colbert de 45, Colbert (inscrit seulement sur les états de revue de la marine, pour 4,000 francs de traitement annuel avant d'être ministre) ne se serait pas permis, et ne se permit jamais, de provoquer ainsi les ordres du roi. Il les attendait respectueusement. Son génie consistait à tirer parti, pour ses projets personnels, des instructions de son maître, qui tenait par-dessus tout à ce que les idées mises en œuvre vinssent, ou parussent au moins venir de lui.

Or, ce dont Colbert souffrait le plus, bien avant qu'il eût pris une part manifeste à l'administration du royaume, c'était de voir que le roi, absorbé par tant d'affaires graves (celle de Fouquet notamment), ne s'inquiétait pas assez de la rareté de nos défenses flottantes.

Les entreprises commerciales lointaines étaient en Europe dans l'esprit du temps. En Hollande, en Angleterre, en Danemark, on ne parlait que des Indes. Louis XIV entrait dans ce mouvement à l'époque où le Portugal, son auteur initial, ne demandait pas mieux que d'en sortir. Mais, jusqu'à nouvel ordre, la marine de guerre restait à l'état d'embryon. Il est bien connu qu'à la mort de Mazarin, la France ne possédait que 18 vaisseaux pour sauvegarder le vaste périmètre de ses côtes.

C'était une désolation pour Colbert.

Aussi, avec quel empressement dut-il recevoir les premières ouvertures du roi au sujet de la Compagnie des Indes. Rien ne pouvait lui être plus agréable, non qu'il espérât tirer pour le trésor un profit quelconque d'un commerce entrepris à des distances aussi considérables. Colbert savait bien d'ailleurs que, si nous aimions à courir le monde, autant que les autres peuples, c'était surtout par curiosité, par amour de la science, par goût des voyages, des aventures, et que si notre intelligence était naturellement ouverte à toute aspiration vers l'inconnu, notre tempérament commercial était en retard de cent ans sur celui des autres nations européennes.

Mais il prévoyait que la fondation de nombreuses colonies allait développer l'esprit maritime sur nos côtes et le ferait naître dans l'intérieur de la France.

L'organisation de la Compagnie des Indes allait devenir pour Colbert un sûr moyen d'arriver à la marine.

Aux convois coloniaux, il faudrait des flottes pour les protéger contre les attaques de nos ennemis ; il faudrait des matelots pour conduire les nombreux navires envoyés dans les pays d'outre-mer. Il faudrait des arsenaux pour construire les nefs redoutables destinées à porter, au delà des tropiques, le respect du nom français.

Colbert avait d'avance cette vision de la marine rapidement décuplée par le fait des entreprises coloniales. Rien n'allait arrêter son zèle pour organiser des expéditions lointaines, fussent-elles improductives au point de vue de l'argent, pourvu que la grandeur du pays y gagnât quelque chose selon les plans qu'il avait déjà mûris [1].

Et ce qui prouve que Colbert ne devait pas s'illusionner sur les profits à venir d'entreprises commerciales d'outre-mer dont le théâtre était aussi éloigné, c'est qu'il savait les pertes qu'avait subies (400,000 liv.) le maréchal duc de la Meilleraye dans les expéditions tentées, à son compte particulier, à Madagascar et sur les bords de la mer Rouge; c'est qu'il connaissait la correspondance du chevalier Jant, employé en 1655, par Mazarin près la Cour de Lisbonne. Il avait lu le récit d'un entretien de ce diplomate avec le roi de Portugal, duquel il résulte que les possessions portugaises de l'Inde, loin de rapporter des bénéfices à l'État lusitanien, lui étaient depuis longtemps à charge. C'est qu'il n'ignorait pas non plus les embarras, qu'avaient causés à l'État français la compagnie des îles d'Amérique, et autres de même espèce, tombées en déconfiture, après des éclairs de prospérité.

Colbert savait tout cela. Mais l'idée de sa marine, c'est-à-dire sa gloire, lui faisait une obligation de fermer les yeux. Peu lui importait au fond que de Beausse rêvât d'alchimie à Madagascar et que Mondevergue ne réussît pas à Fort-Dauphin. Le principal, en attendant mieux, était que le roi satisfît largement son goût pour les Compagnies des Indes montées à l'instar des autres nations de l'Europe, ses rivales.

Par malheur, Louis XIV était trop enclin à donner à tout ce qu'il entreprenait un cachet d'extrême grandeur, pour se contenter d'agir

---

[1] « Il est bien plus raisonnable de penser que la Compagnie des Indes dut sa naissance aux plans de la marine que M. Colbert projetoit alors, que de l'attribuer à ses vues de commerce, que celui de l'Inde contredisoit manifestement. » Extrait d'une note intitulée : *Sur la compétence de la Compagnie des Indes au Département de la marine*. Cette note, non datée, non signée, a dû être écrite vers la moitié du règne de Louis XV, par M. Du Buq, alors intendant des colonies.

en brave négociant qu'il voulait devenir, c'est-à-dire avec toute la prudence désirable.

La cause première de l'insuccès des projets de Louis XIV, relatifs à la Compagnie des Indes orientales, est dans les visées trop hautes du monarque. Il voulut, du premier vol, atteindre la cime où s'étaient portées, lentement et avec méthode, les compagnies étrangères.

Obtenir de nombreuses facilités commerciales dans les possessions portugaises de l'Inde, faire annoncer la compagnie française naissante un peu partout, et notamment à la cour de Perse et chez le Grand Mogol, par des envoyés gentilshommes, munis de lettres royales, « pour y disposer nostre réception », étaient sans doute des précautions très utiles. Mais il ne fallait pas attirer l'attention du monde à ce point que les Hollandais, principaux intéressés dans la question, prissent ombrage et s'appliquassent immédiatement à contrecarrer nos projets, ainsi qu'ils en avaient parfaitement le droit.

Ils n'y réussirent que trop bien.

Le roi, qui s'était montré si avisé pour réunir un nombre respectable d'actionnaires à sa discrétion, ne sut pas éviter les filets que lui tendit le vieux Caron, ex-agent commercial des Bataves, lequel se rapprocha de Colbert au moment où l'on cherchait à *s'orienter* pour mener à bien cette affaire.

Jamais coup ne fut mieux joué.

A l'exception de l'amiral de Lahaye qui, cinq ans plus tard, eut vent de sa perfidie, Caron, hollando-belge naturalisé français, trompa tout le monde, et s'abusa lui-même en fin de compte, puisque, renvoyé de l'Inde en France pour expliquer sa conduite devenue par trop louche, il trouva dans un naufrage, à son retour en Europe, le châtiment de sa duplicité. La maladresse providentielle d'un pilote fit ce que l'orgueilleux monarque, bien que hautement dupé, n'aurait pas osé faire [1].

Ce fut cet étranger, soi-disant désireux d'inspirer à la compagnie hollandaise, qu'il avait servie pendant vingt ans, le regret de n'avoir pas su le mettre au premier rang chez elle; ce fut cet homme aux

---

[1] « Je ne vous dis rien sur la conduite du sieur Caron, *Dieu en ayant disposé;* mais puisque vous aviez quelque sujet de le soupçonner, vous avez fort bien fait de le faire repasser en France. »
Extrait de la lettre du roi à M. de Lahaye, du 31 août 1673 (*Archives coloniales.* Ordres du roi, 1673. 5).

allures réservées, au style mielleux, à la signature entourée d'un paraphe prétentieux, ce fut ce marchand, frotté de mœurs indiennes et chinoises, au milieu desquelles il avait formé sa tortueuse habileté ; ce fut lui que Louis XIV eut l'imprudence de placer à la tête de sa Compagnie des Indes, et que l'honnête général marquis de Lopis

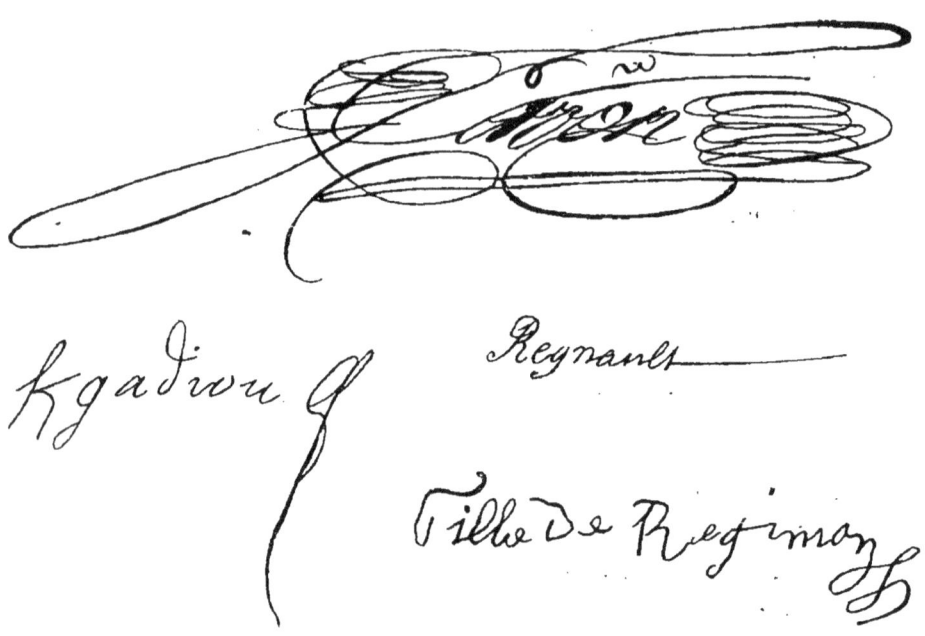

de Mondevergue fut chargé de conduire à Madagascar avec une flotte composée de dix navires, emmenant de 1600 à 1700 colons, dont 32 femmes, ce qui est pour nous le point important [1].

Caron fut placé sur la flotte avec une situation analogue à celle de ces commissaires que la Convention donnait en campagne aux chefs militaires, sous la République.

Il est juste de dire que, pour satisfaire à une arrière-pensée de méfiance, Colbert, directeur général de la compagnie, avait donné pour collègue au tout-puissant commissaire M. le directeur de Faye, qui devait avoir une préséance nominale sur l'ex-agent hollandais.

[1] On avait voulu cette fois, à titre d'essai, joindre quelques familles (pères, mères et enfants) à ce grand convoi de célibataires. Nous avons la preuve que ces familles furent embarquées sur le *Saint-Jean*, vaisseau amiral.

Malgré cette précaution, qui ne fit qu'aggraver les difficultés, tout marcha sous l'inspiration dudit Caron.

Aussi, dès le début, en étudiant de près les événements, aperçoit-on l'effet de son influence néfaste dans tout ce qui tourne contre nous, et il y a ceci de curieux à observer, c'est que lorsque nos chefs de flottes soupçonnaient Caron de nous jouer, l'idée leur venait ensuite qu'il agissait pour notre bien. Tant il est vrai que le caractère français est naturellement peu disposé pour résister à la perfidie. Peut-être aurait-on chez nous de l'expérience à acquérir encore à cet égard.

Quoi qu'il en soit, afin de mieux faire apprécier l'action dissolvante de l'intéressant personnage qui nous occupe en ce moment, il est nécessaire que nous précisions nos projets dans cette campagne.

Il n'entrait pas dans les idées du roi de chercher à s'emparer des Indes. Son but principal était d'y faire un grand commerce. Mais comme les voyages, des côtes asiatiques à celles de France, étaient d'une longueur incompatible avec les avantages qu'il voulait en tirer, Louis XIV avait résolu de fonder, à moitié chemin, deux entrepôts considérables de marchandises : à Madagascar et à Bourbon.

L'idée, ce semble, était excellente pour Bourbon, parfaite aussi pour Madagascar, s'il ne se fût agi que de trafiquer sur les côtes de la grande île, sans chercher à la coloniser, dans toute l'acception du mot, et surtout sans avoir l'arrière-pensée d'en convertir les indigènes. La civilisation de ces peuples, de diverses origines, se serait faite insensiblement par la sagesse et la fermeté de nos allures, aussi bien que par la douceur de nos procédés à leur égard.

Que voulions-nous au fond de nos projets?

Nous voulions suivre l'exemple des Hollandais, dont l'habileté exceptionnelle, en fait de négoce, avait réussi, depuis longtemps déjà, à tirer des gains immenses du commerce des produits de l'Inde avec toutes les nations de l'Europe. Nous voulions nous substituer, s'il était possible, aux Portugais, qui, bien affaiblis, consentaient à profiter de notre appui pour mieux résister à leurs concurrents devenus leurs oppresseurs. Nous voulions emmagasiner à Bourbon, et sur différents points de la côte orientale malgache, les riches produits apportés par nous de l'Asie, pour les écouler en temps utile sur les places de France, c'est-à-dire afin d'éviter qu'une trop grande quantité de marchandises, arrivée dans nos ports, y amenât l'avilissement des prix de vente.

Nous le répétons, l'idée était bonne et c'est justement parce qu'elle était rationnelle et pratique que notre nouvel allié, le sieur Caron, se chargea de la ruiner habilement.

XVI.

Eut-il seulement l'air d'y toucher?

La flotte, commandée soi-disant par le général de Mondevergue, en réalité par Caron, partie le 14 mars 1666, de la Rochelle, employa douze mois à parvenir à Fort-Dauphin, ce qui ne s'était pas vu jusqu'alors.

De Beausse lui même n'avait mis que 120 jours pour franchir ce grand espace. Mais Caron était là : 360 jours y suffirent à peine. Quels retardements de toute sorte provinrent de son inspiration?

On relâcha six semaines à Ténériffe, aux Canaries, pour réparer un navire que l'on pouvait laisser en route. L'occasion ne fut pas perdue de s'y distraire un peu. On repartit le 14 mai. Le 25 juin, on fut au cap de Palme, sur la côte de Guinée. La ligne fut passée le 4 juillet. Puis, au lieu de continuer tout droit vers le cap de Bonne-Espérance, comme cela était indiqué, comme le voulait très fermement le général de Mondevergue, les pilotes se perdirent en chemin et si bien que l'on était passé des côtes d'Afrique à celles d'Amérique, sans que l'idée en fût venue à personne..... autre que le sieur Caron, peut-être.

Lorsque ce contre-temps inexpliqué fut reconnu, le conseil décida, sur l'avis de Caron, et malgré celui très énergiquement exprimé de M. de Mondevergue, que la flotte entière irait relâcher au Brésil « pour se rafraîchir ».

Ce fut là le grand malheur. On y perdit trois mois [1].

---

[1] « Il n'en n'a pas esté de mesme de nostre navigaōn, et nous ne pouvions la faire plus mauvoise. Il n'a pas tenu à moy que nous n'ayons pris le bon party. Mais je n'ay pas pu persuader les autres. » Rapport de M. de Mondevergue du 6 octobre 1666. (*Archives de la Marine.* — Campagnes, Reg. 3.)

Passer d'Afrique en Amérique sans le savoir eût été pardonnable 150 ans en arrière, au Portugais Cabral et à notre brave de Gonneville. Mais en 1666, il est permis de se demander ponrquoi tous les pilotes se trompèrent comme un seul homme. Enfin! On mouilla devant Fernambouc le 21 juillet, et de ce jour au 24 octobre, on se reçut, on se fit des présents, des fêtes. On étudia les mœurs des habitants. Les dames brésiliennes firent un charmant accueil aux Français. Bref, on se récréa beaucoup. On s'endormit si bien dans ces délices de Capoue, que les Brésiliens, inquiets de notre persistance à demeurer chez eux, nous engagèrent poliment à continuer notre chemin. Caron fit solliciter un répit de huit jours, et l'on quitta Fernambouc le 2 novembre. 57 jours furent ensuite dépensés pour aller à Table-Bay, où l'on passa un peu plus d'une semaine. M. de Mondevergue vit la nouvelle année commencer au cap de Bonne-Espérance jusqu'au 7 janvier 1667, date à laquelle les dix navires mirent à la voile pour aller ensemble à Mascareigne.

Caron, qui connaissait au mieux la navigation de ces parages, avait obtenu ce qu'il voulait. La saison des vents favorables était depuis longtemps passée. La flotte fut dispersée par la mousson contraire.

Trois vaisseaux seulement purent arriver à Bourbon, le premier après 45 jours de traversée. Les sept autres furent poussés par la tempête à Fort-Dauphin, où ils parvinrent dans l'état le plus déplorable.

A ce compte, les vivres s'étaient pourris. Les passagers, comme les équipages, avaient horriblement souffert. 400 personnes étaient mortes pendant la traversée. Le reste ne valait guère mieux. Rien que pour les trois navires qui passèrent à Bourbon, 200 passagers étaient à la veille de rendre l'âme.

Enfin, malgré ses fréquentes stations en route, la flotte manquait de vivres à ce point « que, depuis 15 jours, on les y distribuoit avec une économie qui marquoit la dernière extrémité ».

Mais l'effet produit, partout où nous avions séjourné, avait été magnifique. Les peuples visités par nous avaient conçu de la civilisation française la plus avantageuse opinion. Nous n'avions même pas songé à renouveler les vivres, pour ne pas faire croire sans doute que nous pouvions en manquer. On savait que nous portions la fortune d'un homme qui, commercialement parlant, nous conduisait au triomphe.

Mondevergue, qui n'y était pour rien, paya bien cher ces éphémères satisfactions prodiguées à notre amour-propre.

Le colère de Louis XIV s'alluma étrangement au récit de cette fantastique odyssée. Il y avait de quoi. Et, quand on songe aux sacrifices de majesté qu'il avait faits pour montrer lui-même en détail aux actionnaires son œuvre personnelle; et quand on a vu ce léger, mais superbe édifice d'espérances, tout flambant des clartés de l'Orient, s'éteindre d'abord, puis se démonter pièce à pièce pendant cet interminable et funeste voyage, on prend vraiment part à l'immense contrariété que dut éprouver le grand roi.

XVII.

Tout avait été si bien mûri par lui; réglé et organisé par Colbert.

Nous avons sous les yeux les instructions remises à M. de Monde vergue.

Elles sont très remarquables.

Nous dirons, pour donner une idée de leur étendue, que dix-sept pages d'écriture serrée, grand format tellière, suffisent à peine à contenir ce document, qui porte la date du 17 novembre 1665.

M. de Mondevergue vient d'être nommé gouverneur des îles Dauphine et Bourbon. Les « Directeurs de la Compagnie de commerce des Indes occidentales », *par la main de Colbert*, le précèdent pas à pas pour lui indiquer ce qu'il devra faire, et lui fixer tous les endroits où sa correspondance devra être adressée.

Cette dernière mention est intéressante en ce qu'elle montre à combien de points du Globe la Compagnie s'était déjà créé des attaches commerciales.

« S'il se trouve des occasions d'escrire par mer ou par terre pour les affaires de la compagnie, soit de la route pendant le voyage à l'île Dauphine, soit des Indes, les adresses seront faites aux cy-après nommez : »

Et suit la liste des représentants de la Compagnie à la Rochelle, Saint-Malo, Nantes, au Havre-de-Grâce, à Dieppe, Dunkerque, Marseille, à Lisbonne, Gênes, Venise, Amsterdam, à Londres, aux Canaries, à Madère, à Smyrne, Alexandrie, au Caire, à Saïd, Alep et Ispahan.

Un détail nous semble à souligner en passant :

« Pour arriver *heureusement* à l'isle Dauphine, les vaisseaux iront de compagnie ou séparément, *eslever jusqu'à la hauteur de l'isle Bourbon.* »

On sait que cette dernière est située au 21⁰ degré de latitude et Fort-Dauphin au 25⁰. La différence est grande. Mais on connaissait bien alors le courant qui, à cent lieues environ du cap de Bonne-Espérance, conduit à Bourbon, et celui qui, du large des Mascareignes, amène à Fort-Dauphin.

Où brille surtout la prévoyance de Colbert, c'est en ce qui concerne l'établissement d'une colonie à Bourbon.

« Arrivé à la hauteur de l'isle Bourbon, M. de Mondevergue assemblera le conseil par l'advis duquel il envoiera d'abord à terre huict ou dix personnes reconnoistre s'il y a dans l'isle quelques François, et, s'il s'y en trouve, le dit sieur de Mondevergue fera venir des principaux à son bord pour sçavoir lestat de l'isle et de l'habitation, quel nombre il y a de personnes et de leurs talens et capacitez.

« A l'endroit nommé le Sainct-Paul, il y a une habitaõn de François, où estant, l'on fera mettre à terre les malades qui se trouveront dans lesdits vaisseaux, et si à ladite haõn, il ny a nombre suffisant de François pour les soigner et traitter, lon mettra à terre un nombre suffisant des plus sains et robustes des vaisseaux pour soulager les autres, un ecclésiastique et un frère avec des ornemens pour y célébrer la saincte messe et pourvoir au spirituel, et sil ny a point de malades, et qu'il ny ait point de François dans ladite isle de Bourbon, il y en sera laissé le nombre jugé et trouvé nécessaire pour se saisir et prendre possession de la dite isle, avec quelque officier pour y commander et des instructions de ce qu'il aura à faire.

« Le conseil donnera les ordres d'augmenter l'habitaõn, en sorte que les logemens soient capables d'y recevoir jusques à un nombre de personnes tel qu'il sera trouvé à propos d'y envoyer, et d'y faire faire quelques magasins pour y faire des salaisons de porcs, y en aïant grand nombre et de très bons dans la dite isle.

« Il sera aussi dressé un plan et devis de ce qui aura esté résolu dy bastir et, entre ceux qui seront mis à terre, il sera observé qu'il y ayt des personnes qui soient capables de faire exécuter les résolutions du dit conseil, auquel effet on leur fera deslivrer des outils, ferrailles pour le travail de la dite habitation, du sel pour les salaisons, des barriques ou saloirs pour mettre les viandes, des hommes pour les saller, et toutes les autres choses qui seront nécessaires, même des graines et grains de toutes sortes, que l'on ordonnera de semer dans la dite isle, en plusieurs saisons et lunes, pour esprouver celle qui sera la plus propre pour faire les dites semences avec utilité.

« Il y a une grande quantité de tortues d'une extraordinaire grandeur dans la dite isle de Bourbon. Ceux qui y seront observeront d'en garder les escailles, en cas qu'elles se trouvent propres pour la France, auquel cas ils en mettront sur les premiers vaisseaux qui y feront leur retour, pour en envoyer en France, et quelques unes des dites tortues en vie, en cas que cela puisse se faire.

« Il sera ordonné, à ceux qui demeureront en la dite isle de Bourbon, de reconnoistre les dedans et les dehors dycelle et dy chercher quelque bon port où les vaisseaux puissent aborder et demeurer en sûreté, et, s'il se peut de faire une carte et description exacte la dite isle, avec un estat particularisé des advantages qu'on en pourra tirer en la cultivant ou de ses incommoditez. Il sera observé, dans le dit estat, s'il y a des bois, et de quelle qualité et quantité. S'ils sont propres pour bastir des navires ou à quel autre usage, et, *estant de nécessité absolue que nos vaisseaux reconnoissent et approchent en la dite isle, allant à l'isle Dauphine, s'il se peut, il y faut faire un lieu considérable pour y prendre des raffraîchissemens* [1]. »

Il résulte de ce document, absolument inédit, et, tout lecteur le comprendra, d'une importance capitale, que la question de Bourbon avait été bien étudiée par les syndics de la Compagnie des Indes, et qu'ils étaient résolus à fonder en cette île un établissement sérieux.

Cependant une seule des instructions ci-dessus reproduites fut exécutée : celle relative aux malades.

Le *Saint-Jean*, sur lequel le marquis de Mondevergue avait son pavillon, parvint à Saint-Paul le 22 février 1667 [2].

Depuis le mois de mai 1666 (9 mois) l'île n'avait pas vu de navire. Regnault n'attendit pas que l'on vînt le chercher pour se présenter à bord. Il y accourut avec 12 de ses compagnons apportant des rafraîchissements.

Les nouvelles de Fort-Dauphin furent communiquées au général.

Que de sujets de tristesse !

M. de Mondevergue n'allait pas trouver 60 hommes à la baie Dauphine, et, au lieu d'apporter quelques douceurs à ces Français souffrant loin de la mère patrie, surveillés, sinon tout à fait assiégés par les indigènes, la flotte qu'il amenait, portant plus d'un millier d'hommes affamés, arrivait dénuée de tout.

Caron et de Faye parvinrent à Bourbon, l'un sur le *Saint-Charles*,

---

[1] *Archives coloniales*. — Madagascar, carton 4.

[2] Le rapport qui donne cette date ajoute au même endroit : « La distance entre ces deux isles ne doit pas être si grande qu'on la cru jusques asture estant aisé par un beau temps, du milieu à la mer, de voir la terre de toutes les deux. » C'est-à-dire qu'en passant à 15 lieues entre Maurice et Bourbon, par un temps très clair, il est possible, avec une bonne lunette, d'apercevoir les hauteurs de ces deux sœurs jumelles, évidemment nées de la même parturition volcanique.

l'autre sur la *Marie*, quatre jours après le *Saint-Jean* qui avait déjà descendu ses malades au nombre de 60 passagers des deux sexes. La même opération fut faite pour les deux autres vaisseaux, et le père Louis de Matos, cordelier, qui avait été embarqué au Brésil, fut prié de rester avec les malheureux « pour leur administrer les consolations spirituelles ».

C'était dire que l'on n'espérait pas grand'chose de leur existence et surtout de celle des pauvres femmes, dont pas une d'ailleurs ne parvint à Fort-Dauphin.

Mondevergue et Caron daignèrent visiter la résidence de Regnault et firent un rapport favorable de ce qu'ils avaient pu en voir.

Chassé par une bourrasque qui lui cassa ses ancres, le *Saint-Jean* quitta Bourbon le 2 mars et parvint à Fort-Dauphin le 6; le *Saint-Charles* et la *Marie*, partis dans les mêmes conditions, le 5, arrivèrent à destination le 9 du même mois.

La plus grande partie des 200 malades déposés à Mascareigne par les trois vaisseaux avaient été trop gravement atteints pour que le séjour *in extremis* qu'ils firent dans l'île *salutaire* pût leur rendre la vie. Un sixième à peine survécut.

Le point capital pour la petite colonie, c'est que sur les passagères venant de France, confiées mourantes aux soins de M. Regnault, cinq jeunes filles furent sauvées et demeurèrent à Mascareigne.

Ce fut en définitive le plus clair résultat de l'expédition Mondevergue dont, comme on sait, Fort-Dauphin ne tira aucun avantage appréciable.

Mais laissons provisoirement les personnages de la Compagnie des Indes orientales s'escrimer, avec les plus terribles difficultés sur la terre malgache pour accompagner à Bourbon nos cinq petites recrues féminines, « *spes pecoris* ».

XVIII.

La présence des cinq jeunes « femmes de France » sauvées de la mort qui avait frappé les 27 autres sur 32, parties de la Rochelle en mars 1666, n'aurait guère pu être utile à la colonie, si M. Regnault n'avait eu ni prêtre, ni église pour les marier, et baptiser les enfants qui naîtraient de ces unions.

Il espéra sortir d'embarras avec l'ecclésiastique, heureusement du nombre des personnes débarquées du *Saint-Jean*, qui survécurent.

Le commandant de Bourbon ayant fait rapidement construire, sur les bords de l'étang de Saint-Paul, une grande case surmontée d'une croix, le R. P. Matos voulut bien consacrer religieusement cette modeste église, et il le fit, le 1er mai 1667, sous le vocable des apôtres saint Jacques et saint Philippe. Il ne vit non plus aucun inconvénient à l'inaugurer le 7 août 1667, par le baptême d'un enfant (dont M. Regnault fut le parrain), fils d'un sieur Pierre Beau, passager de la flotte Mondevergue, bientôt disparu de la colonie, où, postérieurement à cette date, le nom de Beau ne se trouve plus dans les papiers conservés.

Mais quand il s'agit de célébrer un mariage, le Père Matos dut penser que n'ayant pas qualité pour exercer son ministère à Bourbon, il ne pouvait régulièrement procéder à cette cérémonie, sans exposer les époux à voir plus tard leur union annulée. Les lois canoniques étaient formelles à cet égard.

M. Regnault n'était donc pas plus avancé avec ce prêtre étranger que si Bourbon avait été absolument privée d'ecclésiastique.

La renommée réparatrice de l'île servit encore la colonie.

M. Jean Jourdié, de Narbonne, missionnaire de la congrégation de Saint-Lazare, alors à Fort-Dauphin, fut envoyé à Saint-Paul pour refaire sa santé dangereusement atteinte. Il y arriva sur le navire chargé de conduire Caron à Suratte, en novembre 1667, et qui devait faire escale à Bourbon.

Cette circonstance donna lieu, au directeur de la Compagnie des Indes Orientales, de visiter Mascareigne une seconde fois.

Le commandant de la colonie comprit surtout une chose à l'arrivée de M. Jourdié, c'est qu'il pourrait enfin posséder un curé.

En effet, les missionnaires de la Congrégation de Saint-Lazare, par l'entremise du cardinal Bagni, nonce apostolique près la Cour de France, ayant été fondés, suivant un acte d'obédience du 28 mars 1648, confirmé en 1653, à exercer les fonctions curiales « à Madagascar et îles adjacentes, » M. Jourdié devait se trouver dans les conditions requises pour exercer son ministère à Bourbon [1].

---

[1] *Mémoires de la Congrégation de Saint-Lazare.* Tome IX. Paris, 1866-67, p. 36, 38 et 42.

L'une des lettres écrites à ce sujet par saint Vincent de Paul (mars 1648) commence

Quoi qu'il en soit, de 1667 à 1671, on ne peut guère compter plus de cinq habitants mariés, pour cette raison que le nombre de femmes n'était pas alors plus considérable à Bourbon.

Il est bien vrai que les sujets malgaches des deux sexes, amenés par Louis Payen en 1662, étaient venus vivre avec les Français, puisque M. Regnault déclare dans son mémoire « qu'ils furent tous baptisés et vivoient en bons catholiques ».

Mais, en supposant qu'ils aient eu de bonne heure des filles, leurs premiers enfants ne pouvaient avoir atteint l'âge nubile qu'en 1678.

Il est douteux, d'autre part, qu'il soit venu d'autres femmes malgaches à Bourbon avant l'arrivée de la flotte commandée par M. de Lahaye.

Ce furent donc les « femmes de France » amenées sur la flotte de M. de Mondevergue qui commencèrent à peupler Mascareigne.

Les renseignements recueillis sur ces jeunes Françaises, devenues les arrière-grand'mères de la population créole actuelle de l'île, offrent à ce titre un certain intérêt, et ce n'est pas sans plaisir que nous leur donnons place dans ce travail. Rien de ce qui peut montrer par combien de fibres chères les colonies tiennent à la mère patrie ne doit être négligé.

Mlle Antoinette Renaud, native de Lyon, âgée de 24 ans (en 1667) épousa M. Jean Bellon, qui en eut un fils et six filles. L'aînée de ces filles épousa M. François Riquebourg, dont la nombreuse descendance s'est répandue dans tous les quartiers de Bourbon. La plus jeune épousa M. Jean Gruchet, de Lisieux, qui compte parmi les aïeux maternels d'Esther Lelièvre, la muse de Parny, deux noms littéraires.

Mlle Marie Baudry, native de Calais, épousa M. René Hoareau, dont l'honorable famille a pullulé à Bourbon.

Mlle Marguerite Compiègne, originaire de Picardie, âgée de 15 ans (en 1667), s'est unie à M. François Mussard, dont le nom est populaire à la Réunion.

Mlle Jeanne Lacroix, native de Boulogne-sur-Mer, âgée de 15 ans (en 1667), a épousé, en premières noces, M. Henry Mollet, et en deuxièmes noces, M. Pierre Hibon. De ces deux mariages sont issus quantité de rejetons.

---

par cette phrase, précédée des mots : lorsque tout fut arrêté, saint Vincent annonça la nouvelle mission à la Compagnie, en ces termes : « *Voilà un beau champ que Dieu nous ouvre, tant à Madagascar qu'aux îles Hébrides et ailleurs.* »

Enfin, Mlle N... (son nom n'est pas resté) a épousé M. Hervé Dane-mont[1], déclaré dans le plus ancien recensement de Bourbon, comme « marié à une femme de France ». Elle lui a donné, en 1668, un premier enfant dont l'âge est constaté par un recensement.

Ce ne fut qu'après un intervalle de sept années que deux autres recrues féminines françaises furent amenées dans la colonie par les événements qui vont suivre et dont l'excellent M. Regnault ne fut malheureusement pas témoin. C'est qu'il s'intéressait à cette question du peuplement de Bourbon en vrai fondateur de colonie.

Nous en avons la preuve, dans son mémoire où il exprime sa pensée à cet égard d'une manière particulièrement touchante :

« Il serait à propos d'y envoyer des familles entièrres de ces pauvres gens que l'on trouve dans les villages, que les guerres ou les grandes charges qu'ils ont eu, ont ruiné nonobstant la peinne qu'il ont pris à gasgner leur vie. Ces pauvres personnes, estant informé de la bonté de cette isle, et du bien que l'on leur voudroit procurer, ne demanderoient pas mieux que de fairre le voyage, en espérance de convertir leur misère en un bonheur qui les suivroit dans un climat sy doux. L'on y pourroit envoyer quelques pauvres filles pour les marier avec des garçons qui y attendent des femmes depuis longtemps. »

L'idée d'obtenir des femmes pour sa colonie, afin de l'augmenter, devait engager M. Regnault à étendre aussi son domaine de fondation. La résidence de Saint-Paul ne lui suffit plus. Dès l'année 1667, il fit passer des colons « du costé de l'est, sur le bord de la rivière Sainte-Suzanne, pour défricher et commencer à travailler cette terre qui est fort bonne », et peu à peu, il y mit « des habitans auxquels il donna des places en divers lieux. »

« En 1669, trouvant l'abordage de Saint-Paul souvente fois rudde et le connoissant incommode, il quitta le dit lieu de Saint-Paul et vint s'establir au nord de l'isle sur le bord de la rivierre de Saint-Denis, en conséquence de quoy, il nomma cette habitation de *Saint-Denis*, qui est celle où il est nécessaire de commencer la première demeure du Gouverneur que lon envoyera, et d'y fairre magasins jusques à ce que l'on soit en estat et suffisamment fort pour faire d'aultres grandes entreprises... Il y a meilleur ancrage qu'à Saint-Paul et un assez doux abordage pour les chaloupes, et qu'on peut rendre plus commode. Lon y faict facilement l'eau pour les navires. Ce lieu est la *clef du beau pays* qui a 15 à vingt lieues de long, où il faut continuer de mettre les habitans. »

---

[1] Ce nom s'est modifié en Dennemont, qui a subsisté.

On voit que déjà, sous le gouvernement du premier commandant de Bourbon, la station de Saint-Denis était choisie pour être la capitale de l'île, et que les noms alors donnés aux endroits habités ou explorés (Saint-Gilles, Saint-Paul, Saint-Denis, Sainte-Suzanne, Saint-Jean) ont été fidèlement conservés.

Les appellations, laissées aux différents points de la côte, n'étaient pas un vocable de paroisse, comme on pourrait le penser. On les devait généralement au premier navire dont l'équipage avait campé à terre assez de temps pour que le souvenir de son nom restât fixé à la localité. De là viennent tous ces noms de saints dont il est impossible de trouver autrement l'origine, et qui donnent au périmètre de la colonie, sur la carte, un faux air de calendrier.

XIX.

Bien qu'il soit triste d'avoir à rappeler que l'insuccès complet des entreprises sur Madagascar put seul augmenter la population de Bourbon, il nous faut résumer, aussi brièvement que possible, les faits qui amenèrent de nouveaux colons dans l'île.

M. de Mondevergue avait écrit à Colbert, dans un de ses rapports de campagne, que le sieur Caron administrait la flotte comme en jouant. Il ne croyait pas si bien dire.

Louis XIV était, en face des Hollandais, dans la situation d'un joueur d'échecs qui aurait prié son adversaire d'agir sur l'échiquier alternativement pour les deux champions. Caron jouait pour ses anciens compatriotes et pour le roi qui l'employait. On prévoit qui devait perdre dans cette étrange partie où le commerce des Indes était l'enjeu.

Dès que le directeur-Janus eut acquis la certitude que l'expédition Mondevergue était compromise dans l'archipel indo-africain, et qu'il n'avait rien à craindre des fameux entrepôts imaginés par le roi, il se fit donner par le conseil établi à Madagascar une mission dans l'Inde, qui avait pour but apparent de procurer des vivres à la colonie.

En réalité, Caron allait entreprendre du commerce à Surate, en secret pour son compte, et ouvertement pour celui de la Compagnie, afin d'éviter les soupçons qu'il voyait poindre contre lui à Fort-Dauphin, où M. de Faye commençait à l'observer. Caron partit sur le

Saint-Jean à la fin d'octobre 1667. Le retour du même bâtiment, qui eut lieu en juin 1668, décida M. de Faye à rejoindre Caron à Surate. Parti de Madagascar en octobre suivant, parvenu à destination en mars 1669, dès son arrivée, il provoqua maladroitement son collègue à des explications au sujet desquelles la division se mit entre les deux directeurs.

Mal en prit à M. de Faye. Il tomba malade sur ces entrefaites, et mourut presque subitement le 30 avril 1660, entre les bras de Caron *qui l'avait soigné.*

Souchu raconte que les marchands français à Surate, soupçonnant celui-ci d'avoir empoisonné son collègue, demandèrent que le corps du défunt fût ouvert. Mais le directeur survivant ne voulut pas que l'autopsie fût opérée, disant : « Le pauvre homme n'est que trop bien mort, ne le défigurons point ! »

Caron, débarrassé de M. de Faye, allait avoir d'autres luttes à soutenir.

Il ne déplaisait pas à Colbert, maintenant à la fois directeur général de la Compagnie des Indes orientales et ministre de la marine (mars 1669), de voir la marine de guerre prendre sa part dans l'entreprise grandiose rêvée par le roi. C'était toujours cela de gagné pour lui que de remuer quantité d'équipages réunis par ses soins, et de vaisseaux armés au nom du pays. Le nouveau ministre voyait déjà l'émulation naître entre la marine de la Compagnie des Indes et celle de l'État, qui confinaient l'une à l'autre.

Louis XIV avait décidé qu'une escadre serait envoyée dans l'Inde, afin de donner la plus haute opinion possible de la puissance française en ces contrées, où la poudre seule parlait avec une certaine efficacité.

L'escadre, composée d'abord de cinq vaisseaux, une frégate et trois flûtes, armés ensemble de 238 canons, fut confiée au commandement supérieur du lieutenant-général Jacob Blanquet de Lahaye, qui avait fait tous ses grades sous le ministère du cardinal Mazarin, et qui venait d'être nommé, à la date du 3 janvier 1670, vice-roi des Indes.

La cour ignorait alors la mort de M. de Faye.

De Lahaye reçut des instructions semblables à celles données au marquis de Mondevergue en ce qui concernait ses rapports avec les directeurs de la Compagnie des Indes. En fait, le vice-roi devait se soumettre en tout et pour tout au sieur Caron « à moins que ce fut contraire à la sûreté de ses troupes et de ses vaisseaux ».

L'escadre mit à la voile à Rochefort le 29 mars 1670 et parvint à Fort-Dauphin le 23 novembre, après 8 mois de navigation.

Avant d'aller répandre dans l'Inde l'éclat que la cour de France attendait de lui avec son titre plus brillant que solide de vice-roi, M. de Lahaye devait liquider la situation à Madagascar où M. de Mondevergue n'avait décidément pas réussi. Accusé par la Compagnie d'avoir dissipé les fonds qu'il avait emportés pour les dépenses de son établissement à Fort-Dauphin, le marquis, à travers le désarroi des événements, s'était vu dans l'impossibilité de pouvoir se justifier. Il servit alors de bouc émissaire des fautes commises dans cette campagne.

Embarqué sur l'ordre exprès de Louis XIV et conduit, à son arrivée en France, au château de Saumur, le brave général y mourut le 20 janvier 1672, désespéré de n'avoir pu s'expliquer avec le roi qui avait péremptoirement refusé de l'entendre.

La Compagnie des Indes orientales était dévorante. Elle avait déjà fait nombre de victimes, parmi lesquelles de très marquantes. Celle-ci était de haut parage.

Par contre, les événements lui avaient dévoré la plus grande partie de son capital versé, sans que l'avenir pût lui montrer aucun profit réel en compensation. Aussi, quand on pressa les actionnaires de se libérer entièrement des fonds souscrits par eux, la plupart se rebiffèrent, et, d'une délibération orageuse, résulta ce vote, que Madagascar serait rétrocédée au roi, attendu que la possession de cette île n'était pas nécessaire à la Compagnie pour son établissement de commerce aux Indes orientales.

Mais Louis XIV, persuadé que l'avenir rendrait féconde son idée, jusque-là mal servie, réunit Madagascar au domaine de la couronne, et ne désespérant pas d'avoir le dernier mot dans cette entreprise, il dirigea la flotte de M. de Lahaye, d'abord sur Fort-Dauphin, afin que le vice-roi y étudiât la situation sur place, et ensuite sur l'Inde, à Surate, où le sieur Caron était prêt à la recevoir.

Le marquis de Mondevergue avait évité de se mettre en état de guerre contre les indigènes. M. de Lahaye ne fit pas de même. Sans raison suffisante il guerroya, réussit mal, se dégoûta de Madagascar, et, ne voulant pas perdre son temps à s'escrimer pour se rendre compte de la position particulière de M. de Champmargou, vivant presque sans trouble sur une habitation prospère, respectée des indigènes, tandis que les gouverneurs responsables se succédaient rapidement devant ce sous-ordre toujours solide à son poste, le vice-roi résolut d'aller voir à Bourbon s'il n'y aurait pas moyen d'entreprendre quelque chose de mieux, et de plus clair surtout qu'à Fort-Dauphin.

Dès que son projet fut connu, quelques Français demandèrent à passer à Mascareigne avec leurs esclaves et ce qu'ils possédaient de transportable. Cette demande flattait l'idée de M. de Lahaye. Il y consentit.

Le nombre exact de ces colons amenés de Fort-Dauphin, sur l'escadre du vice-roi, ne peut être déterminé. Les recensements conservés aux archives coloniales donnent seulement les noms suivants de personnes venues, dans ce voyage, augmenter la petite colonie :

Antoine Cadet, de la Brie; Louis Caron, de Canday, en Bretagne; Guy Royer, de Paris; Jacques Lauret, dit Saint-Honoré, de Nevers; Julien Dailleau, de Sablé, en Maine.

M. de Lahaye prit avec lui cinq vaisseaux : le *Navarre*, sur lequel était son pavillon, le *Triomphe*, le *Bayonnais*, l'*Indienne*, l'*Europe*, et deux navires de la Compagnie, le *Dunkerque* et le *Saint-Jacques*.

Fort-Dauphin les vit mettre à la voile le 14 avril 1671, et Saint-Denis mouiller dans sa rade le lundi 27 avril.

Bourbon n'avait pas encore reçu si brillante visite.

Regnault, qui remplissait au mieux son rôle de gouverneur, envoya tout de suite son canot à bord du *Navarre* « pour assurer l'admiral de ses respects, et porter quelques tortues et melons »[1].

« Avant que l'admiral sortît de son bord, il fit publier et afficher au *grand mast* des défenses à toutes personnes de descendre à terre sans ses ordres. »

« L'admiral, descendant à terre, fut salué, de son bord, de sept coups de canons et, de terre, de trois, à plusieurs temps, *attendu qu'il n'y avoit qu'une petite pièce de fer.* »

M. de Lahaye, d'après les instructions remises à son prédécesseur, ayant formé le projet, comme nous l'avons dit, de faire de Bourbon,

---

[1] Il y avait notamment 8 tortues qui pesaient 100 livres chacune.

non seulement un sérieux point de relâche pour les vaisseaux qui allaient dans l'Inde et en revenaient, mais un entrepôt de marchandises important pour la Compagnie, voulut revêtir d'un grand éclat sa présence en cette île, afin d'y attirer l'attention des navigateurs par le récit que l'on ferait de son passage à Bourbon.

Le spectacle qu'il donna à ses équipages et aux habitants n'était donc pas une vaine cérémonie d'ostentation.

Le récit, qui en est fait dans un document absolument inédit, nous paraît trop intéressant et surtout trop curieux, malgré sa forme un peu rude, pour ne pas être reproduit textuellement[1] :

« Le mardi 5 mai 1671, l'admiral accompagné de ses officiers et de messieurs de la marine, ayant ordonné que tous les habitans eussent à s'assembler, parut comme dans un trosne qui avoit été dressé à la porte de son logement, ou estant assis au milieu, M. de Thurelle (chef d'escadre) à sa droite, et son capitaine des gardes à sa gauche, le sieur Regnault, gouverneur, à sa droite en dehors, il se fit recognoistre vice-roy, admiral et lieutenant général pour Sa Majesté en tous les pays des Indes.

« Il parla longtemps aux habitans touchant l'agriculture du pays et du soing qu'ils debvoient prendre pour ensemencer les terres.

« Il leur déffendit la chasse, afin de mieux vaquer au labourage et semailles, pour fuir l'oisiveté.

« Il leur déclara la taxe qu'il avoit mis sur toutes choses, affin que le proffit leur en revint.

« Il leur recommanda l'union ; leur donna une amnistie génnérale de tous leurs crimes (2) et fautes passés, et leur dit cent belles choses sur cette matière.

« Il escouta leurs raisons, reçut leurs plaintes, appreuua quelques unes de leurs demandes, refusa celles qui estoient absurdes ; bref, il leur fit tomber les larmes de joie.

« Il fit venir le sieur Regnault, pour lors gouverneur de la ditte isle, luy fit prester le serment de fidélité au Roy sur la sainte Évangile, et à un habitant qui estoit à sa gauche, et représentoit tous les autres, tous deux à genouil, tant pour le passé que pour le présent leur fit leuer la main et à tous les habittans.

« Pareillement, pour le mesme sujet, lon fit lecture tout haut des commissions du Roy, qu'il en auoit comme vice-roy et lieutenant général de Sa Majesté.

« Bref, toutes ces choses finies, il escoutta chaque habittant en particulier et luy fit justice sur tout.

[1] Journal de M. du Tremblay, commissaire de l'escadre de M. de Lahaye (*Archives de la Marine.* — Campagnes, vol. IV, p. 80 et suiv.).

[2] Le mot *crime*, ici, n'a pas la signification grave plus tard en usage. Il suffisait jadis de jurer devant témoins « le saint nom de Dieu », pour devenir un criminel. On appelait *Libertins* en ce temps-là, les gens qui aimaient la liberté.

« Après auoir crié trois fois : Vive le Roy ! et tous les officiers de marine s'estant retirés, chacun à leur bord, le *Te Deum* fut chanté à terre.

« Sur l'entrée de la nuit, les vaisseaux saluèrent de coups de canons et la mousquetrie ensuite fit trois descharges. »

« Vendredi, 8 mars 1671,

« L'admiral s'embarqua dans la chaloupe avec MM. les officiers de marine et autres ; le sieur Regnault et le sieur de la Hure (que lon croit qui restera pour gouverneur de Bourbon). Et estant embarqués, ils furent au lieu appellé Sainte-Suzanne, où sont les habitations et les meilleures terres de lisle.

« Samedi 9, l'admiral reuint sur le soir de Sainte-Suzanne.

« Lundi 11, le sieur de la Hure, toutes troupes assemblées au port Saint-Denys, fut recogneu gouverneur de Bourbon.

« Samedi 16, l'admiral s'en alla avec le nouveau gouverneur à Sainte-Suzanne, qui sera le lieu de sa demeure pour y establir toutes choses[1]. »

Ouvrons ici une parenthèse. Le vice-roi ayant fait reconnaître M. Regnault comme gouverneur et lui ayant fait prêter serment devant les habitants avec solennité, on a lieu de s'étonner que, trois jours après, la même cérémonie est renouvelée pour un autre, sans que ce changement subit soit expliqué. Il est nécessaire de dire ici, afin que le souvenir du premier commandant de Bourbon n'en soit pas atteint, que M. de Lahaye, ayant besoin d'un officier d'administration pour un de ses vaisseaux, trouva dans Regnault l'homme instruit et intelligent qu'il lui fallait. Il l'embarqua sur son escadre, le prit ensuite pour son secrétaire, et, plus tard, il le laissa dans l'Inde avec François Martin, autre fonctionnaire d'éminente capacité, à qui nous devons la fondation de Pondichéry.

« Mardi, 2 juin (1671), après disner, l'admiral se rendit au lieu choisi pour faire quelque fortification. Il fit abattre tous les arbres qui pouvaient empêcher les alignements de la place, par trente matelots, avec des haches.

« Mercredi, 3 juin, il continua à faire abattre des arbres dans le circuit de la place et acheva d'y tracer un *pentagone* parfait ; mit des piquets à tous les angles, *fit tracer le plan sur une pierre, la mit au centre de la place bien orientée;* fit tout reconnaître au sieur de la Hure, en lui donnant un plan pour l'exécuter, quand il en recevrait les ordres. »

Ce passage nous semble particulièrement intéressant.

Il s'agit ici de la pierre de M. de Lahaye, plus tard recueillie à Saint-Denis, et qui se trouve maintenant, croyons-nous, déposée à la mairie de cette ville.

---

[1] Ce projet n'eut pas de suite. Le gouverneur resta fixé à Saint-Denis.

Cette pierre, qui porte la date de 1671 et le nom du vice-roi des Indes, n'est pas un témoignage d'orgueil bourbonnien, comme l'a pensé certain gouverneur, sous l'empire, par l'ordre duquel elle avait été dissimulée. C'est le modèle du fort — (*un pentagone*) — qui fut construit à Saint-Denis, après le départ de M. de Lahaye.

Nous donnons ici le dessin de cette pierre, dont l'original, s'il ne l'est déjà, devrait être placé bien en vue avec une inscription explicative. Ce simple monument historique, en rappelant le souvenir du passage du vice-roi des Indes à Bourbon, témoigne en même temps du haut intérêt que lui avait inspiré la situation favorable de cette île.

Le mardi, 16 juin 1671, l'escadre quitta Bourbon et mit le cap sur Fort-Dauphin, où elle parvint le 26 juin. Elle emportait MM. Regnault et Jourdié.

Dans la première moitié d'août, M. de Lahaye, ayant confié le gouvernement de l'île Dauphine à M. de Champmargou, mit à la voile avec toute son escadre et partit de Fort-Dauphin pour Suratte, où il parvint vers la fin de septembre.

Le 15 du même mois, le vaisseau du roi le *Breton*, capitaine Regnier-Duclos, qui allait rejoindre la même escadre, abordait à Saint-Paul, après avoir relâché quelques jours à Maurice.

Le journal de voyage de ce bâtiment est aussi fort intéressant. Les renseignements que nous en tirons ne sont pas favorables au successeur de M. Regnault. Le sieur Jacques de la Hure a mal reçu l'équipage du *Breton*. Les habitants redoutent ce nouveau maître « qui ne leur laisse même pas manger sans permission leurs volailles ».

« Huit Français ne pouvant souffrir cette tyrannie ont fui dans les montagnes avec des noirs que l'on appelle *Madagaches*. Ces pauvres habitants sont obligés de donner leurs denrées à fort bon marché. Le tabac qu'ils remettent au sieur de la Hure à 3 ou 4 sous la livre, celui-ci le fait revendre à 10 ou 12 sous aux matelots, et tout va pareillement. Les habitants assurent que si le sieur de la Hure ne leur donne meilleure part de l'argent qu'il tire de leurs marchandises, ils sont résolus à lui faire un méchant parti. »

Ils ne peuvent supporter qu'« après avoir pris beaucoup de peine à défricher et cultiver la terre et nourrir les bestiaux il ne leur soit pas permis d'en disposer ».

Il est plusieurs fois question, dans ce journal, du sieur Véron que M. de Lahaye avait amené de Madagascar et établi comme garde-magasin à Bourbon.

Cette fonction, créée dans l'île par l'amiral pour sauvegarder, à la fois les intérêts de la Compagnie et ceux des habitants, devint d'une certaine importance à cause de sa double utilité.

Le garde-magasin tenait place immédiatement après le gouverneur. La nature de sa responsabilité même l'obligeait parfois de résister aux exigences de celui-ci. Ce fut, paraît-il, le cas de M. Véron, si l'on en croit l'abbé Davelu[1] :

« En cette année, dit-il (1671) vinrent s'établir à Bourbon plusieurs habitants de Madagascar. Alors le sieur de la Hure fit valoir son autorité. Il se fit craindre des blancs et des noirs. Ceux-ci complotèrent de le précipiter du

---

[1] Notes de l'abbé Davelu, curé de Saint-Paul, sur l'île Bourbon, 1753. (*Archives coloniales.* — Collection, Moreau Saint-Méry, R. 1.)

haut d'un cap. En se portant de Saint-Denis à Saint-Paul, il découvrit la conspiration et en fit mourir les auteurs à l'endroit même où ils avoient projeté de lui ôter la vie. On donna à la ravine qui borne ce cap (le cap Bernard) le nom de *Ravine-à-Malheur*. Les blancs, pour éviter la cruauté du sieur de la Hure s'enfuirent vers Saint Pierre et les grands bois. Ils n'en revinrent qu'au retour de M. de Lahaye. Le sieur Véron, garde-magasin, voulut tenir tête au sieur de la Hure. Il succomba. Ce commandant le fit fusiller, et, après sa mort, son corps fut écartelé et exposé dans un endroit qui a gardé le nom des *Quartiers Véron*.

M. de Lahaye avait commis une double faute en privant la colonie de son premier commandant qui la gouvernait si bien, et en le remplaçant par un autre, à peine connu de lui, et qui la gouvernait si mal.

Il en avait commis une troisième en laissant partir M. Jourdié, curé de Saint-Paul, sans le remplacer par un autre prêtre.

Au temps où l'autorité religieuse régulièrement établie pouvait seule rendre les mariages valides, il était indispensable à toute colonie qui voulait se peupler honnêtement d'avoir un curé.

De cette omission de M. de Lahaye, résulta ce fait extrêmement fâcheux que la colonie demeura cinq ans privée du seul fonctionnaire capable de constater l'état civil des habitants.

L'absence de curé à Bourbon, le remplacement de M. Regnault par le sieur de la Hure, la mauvaise conduite de celui-ci, n'avaient pas été ignorés de la Cour.

Mais lorsque M. de Lahaye reçut à San Thomé, au sujet des affaires de Bourbon, la lettre suivante du roi, datée du 27 février 1673, l'amiral ne put exécuter que très imparfaitement les ordres renfermés dans cette dépêche, dont le contenu d'ailleurs va nous permettre d'arriver au dénouement de cette partie du récit.

« ... C'est ce qui m'a obligé, dit le roi, de prendre la résolution de renvoyer le sieur de Beauregard sur le même bâtiment... et en même temps d'embarquer sur son bord, 16 filles pour porter en l'isle de Bourbon, que j'estime très important de peupler *pour servir à tout événement.*

« J'approuve fort la résolution que vous avez prise, dans vostre retour, de passer dans l'isle Bourbon et je ne doute pas que vous n'en tiriez le nommé Lahure que vous y avez establi à vostre passage pour y commander, apprenant que la conduite qu'il a tenue n'a produit d'autre effect que de la faire déserter, au lieu d'en augmenter la colonie, et si vous n'avez point d'officier capable de la bien commander, et bien traicter le peu de François qui y sont à présent, *j'estime que vous y devez laisser le sieur Regnault,* qui y a demeuré desjà quelque temps et *qui y a bien réussi.* Et, comme mon intention est d'envoyer tous les ans quelques hommes et quelques filles dans cette isle pour continuer à la peupler, il est important que vous y laissiez les ordres nécessaires pour faire réussir cet establissement. »

On ne peut s'empêcher de faire remarquer, d'après l'ensemble de ces documents, que non seulement l'île Bourbon n'était pas négligée sous le ministère Colbert, mais qu'elle attirait souvent l'attention du roi. Louis XIV d'ailleurs, pressentant l'abandon complet de Madagascar, prépare à Mascareigne un refuge « pour servir à tout événement ». C'est une évidente allusion à la fâcheuse situation de la colonie établie à Fort-Dauphin.

A la même date (Saint-Germain-en-Laye, 27 février 1673), ordre bref à de la Hure de s'embarquer sur le bâtiment du sieur de Beauregard.

Et à la même date encore, le roi envoie les instructions suivantes à celui-ci :

« Sa Majesté veut qu'il s'en aille en toute diligence prendre 16 filles qui sont envoyées par le directeur de l'hospital général de Paris et un prestre missionnaire, pour estre portez en lisle Bourbon. Sa Majesté veut qu'il dresse sa navigation sur les lieux où il sait que le sieur de Lahaye doit toucher.

« En cas qu'il ne puisse joindre le sieur de Lahaye, Sa Majesté veut qu'il s'en aille droit à l'isle Bourbon où, estant arrivé, il rendra l'ordre au nommé Lahure qui y a esté laissé par M. de Lahaye pour y commander, y débarquer les 16 filles et le prestre missionnaire et le sieur Regnault, qui y doibt commander, en cas qu'il se soit embarqué avec lui ; sinon il choisira celuy de tous les François, qui sont dans la dite isle, qu'il estimera le plus propre pour commander aux autres, auquel il délivrera l'ordre de Sa Majesté[1] et le fera lire en présence de tous les habitans et leur ordonnera de le reconnoistre, en cas toutefois que ledit sieur de Lahaye n'y ait establi un autre commandant que le dit sieur Lahure, et en ce cas, il délivrera l'ordre de Sa Majesté au dit commandant. »

Les événements vont se charger d'éclaircir ces instructions quelque peu compliquées.

M. de Beauregard, capitaine de navire de la Compagnie des Indes, chargé de commander la *Dunkerquoise*, — mauvais bâtiment dont M. le duc de Mazarin avait hérité de son père, le duc de la Meilleraye, et qu'il avait cédé à la Compagnie, — était au port de la Rochelle au moment où il reçut ces instructions du roi.

---

[1] Nomination de commandant dont le nom, laissé en blanc, était à remplir.

Les jeunes Parisiennes dont il s'agit ci-dessus, réunies sous la conduite de Mlle de Laferrière (sœur Saint-Joseph de Paris), furent envoyées en mars 1673 audit port de la Rochelle et embarquées sur la *Dunkerquoise*.

XX.

Avant de les suivre dans leur voyage, qu'il nous soit permis de faire observer que, dans les instructions données à leur égard, une recommandation d'avoir à les traiter convenablement, à les protéger contre toute entreprise des gens de l'équipage, n'eût pas été de luxe, et qu'un mot sur la manière dont il serait procédé au sujet de leur mariage à Bourbon eût été de bonne prévoyance.

Certes, ces jeunes filles n'étaient pas du type des femmes que l'auteur de *Manon Lescaut* fait partir pour la Louisiane, dans un but semblable d'émigration. On avait demandé au couvent des Orphelines de Paris, celles qui voudraient passer à l'île Bourbon pour se marier. Quinze avaient été choisies parmi les postulantes. On leur avait donné une surveillante sous l'habit religieux. Un prêtre, destiné aussi à l'île Bourbon, partait par le même convoi. Ces mesures semblaient présenter toutes les garanties désirables. Il n'y manquait que la prescription à de Beauregard d'avoir à se conduire paternellement et honnêtement avec ses futures pensionnaires. Rien n'était plus nécessaire, ainsi que nous allons être à même de le reconnaître.

Trois documents principaux nous renseignent sur cette curieuse affaire des jeunes filles envoyées à Bourbon, en 1673.

Ce sont trois lettres de M. de La Bretesche, major à Fort-Dauphin, datées, les deux premières des 28 février et 22 août 1674, et la troisième, écrite de Daman (côte orientale de l'Indoustan) le 9 décembre 1675 [1].

Ces trois lettres autographes, qui parvinrent ensemble entre les mains de Colbert, forment au total 17 pages grande tellière, d'écriture très serrée. C'est dire combien de détails — la plupart inédits — ces pages peuvent contenir.

---

[1] *Archives coloniales.* — Madagascar, carton 1.

Ce n'était pas la première fois que Colbert faisait ainsi expédier aux colonies des orphelines ou autres femmes, en vue de les marier, ou plutôt en vue de fournir des épouses aux jeunes colons, afin de peupler nos possessions d'outre-mer.

Du côté des « Indes occidentales, » ces envois féminins étaient depuis longtemps pratiqués. Des armateurs même entreprirent, en ce genre, un commerce qui fut taxé ironiquement de « traite des blanches. » Non que l'on procédât avec ces femmes comme avec des esclaves. Loin de là. On s'y prenait plus discrètement. Le futur mari se contentait de rembourser le prix majoré du passage de la femme qu'il avait choisie, et le mariage était célébré quelques jours après.

Dans les commencements, les femmes d'origine française ainsi amenées de France étaient recherchées, malgré la simplicité de leur figure. Pas une ne restait pour compte aux capitaines. On devint ensuite plus difficile. Un gouverneur de colonie écrit bravement à Colbert : « Si les femmes du dernier convoi ne se marient pas plus vite, c'est qu'elles sont trop laides. »

Le Ministre se le tint pour dit. On peut donc croire que les 15 Parisiennes destinées à Bourbon furent aussi bien choisies que possible relativement au physique, et c'est peut-être ce qui fit leur malheur.

Sur la *Dunkerquoise*, à Fort-Dauphin, à Mozambique, dans l'Inde, partout enfin où ces jeunes filles parurent dans leur triste odyssée, elles attirèrent les convoitises et parmi celles, en bien petit nombre, qui parvinrent à Bourbon après toutes sortes de péripéties, il y en eut une qui fut mariée quatre fois, circonstance dont on peut inférer que celle-ci au moins n'aurait pas amené le reproche fait à Colbert par le gouverneur au franc langage.

Un chargement de vivres pour la subsistance pendant une année d'un équipage ordinaire et de 17 passagers, n'était pas suffisant pour remplir un bâtiment comme la *Dunkerquoise* qui jaugeait environ 300 tonneaux.

La compagnie ne rétribuant que faiblement ses équipages, tolérait que les capitaines prissent à leur compte et à celui de leurs hommes, quelques marchandises pour les vendre à leur profit.

De Beauregard, prévoyant d'après les événements passés, que les habitants de Fort-Dauphin devaient se trouver dans un pressant besoin de toutes choses, embarqua, comme pacotille, de la farine, de l'eau-de-vie et de la poudre, trois denrées qui promettaient un bon débit à Fort-Dauphin, voire à Bourbon si on ne réussissait pas à les écouler dans la première de ces colonies.

Colbert avait prescrit à de Beauregard de dresser sa navigation sur les points de relâche où M. de Lahaye devait toucher et, s'il ne pouvait le joindre en route, de s'en aller droit à Mascareigne.

En donnant cet ordre de la part du roi, le Ministre avait surtout pour but de faire embarquer, sur la *Dunkerquoise*, M. Regnault, désigné pour reprendre le commandement de Bourbon et qui, selon toute probabilité, reviendrait de l'Inde avec M. de Lahaye.

Mais, d'après ces instructions mêmes dont la rédaction brillait d'une faible clarté, de Beauregard était fondé à s'arrêter à Fort-Dauphin pour tâcher de joindre M. de Lahaye. C'était l'idée du capitaine, pour vendre sa pacotille, si ce n'était pas l'idée du Ministre qui, cependant, n'aurait rien à reprocher, puisque l'interdiction de faire escale à la baie Dauphine n'avait pas été exprimée.

En fait, si de Beauregard était parti dans des conditions normales, s'il avait été réservé dans ses allures, modéré dans ses désirs de gain, ses projets auraient pu se réaliser sans inconvénient.

Il fut loin d'en être ainsi.

Dans un mémoire, daté de Fort-Dauphin, 1er août 1671, déjà cité et qui, par parenthèse, est de l'écriture de M. Regnault, l'amiral de Lahaye écrit :

« Je ne puis concevoir pourquoi l'on fait une faute que tout le monde sçait. Les routiers, les livres, tous les navigateurs le disent. L'on le sçait en France et, pour l'esviter, il faut partir de nos costes au commencement de février. Si l'on est encore au 15 mars en France, il faut y rester et retarder absolument le voyage, sans vouloir aucunement l'entreprendre. Il est plus à propos d'attendre dans nos ports les saisons. Il s'y fait moins de dépenses, et l'on y est plus en sûreté qu'ici, où tout se ruine et consomme avant le temps où l'on en a besoin et cela infailliblement pour une flotte. Un fort bon vaisseau seul peut quelquefois surmonter ces difficultés. Mais c'est un hazard, qu'il ne faut, à mon sens, tenter que dans une nécessité et pour esviter la perte d'une flotte entière. »

Ce que tout le monde savait alors dans les ports français, de Beauregard l'ignorait moins que personne, puisqu'il avait navigué plus d'une fois dans ces parages.

Ceci ne l'empêcha pas de s'attarder à partir aux derniers jours de mars. Cette faute lui valut d'abord dix mois de traversée, ce qui était excessif pour un seul navire. La peine fut plus terrible encore... Mais évitons d'anticiper!

On peut se figurer, d'une part, combien pénible dut être l'existence de ces jeunes femmes ainsi enfermées, et secouées par les mauvais temps, durant ces dix longs mois de traversée.

A un autre point de vue, l'imagination peut suppléer au défaut de renseignements, quand on saura que de Beauregard, sans scrupules de mœurs, disposa de l'une de ces filles pendant le voyage. Après quelle lutte et quel compromis ce mauvais exemple fut-il donné à l'équipage? Quels en furent les effets? Ce ne fut certes pas sans amener un grand trouble parmi les passagères qui arrivèrent comme affolées à la baie Dauphine, où la *Dunkerquoise* parvint le 14 janvier 1674.

Voyons dans quelle situation le navire va trouver la colonie de Fort-Dauphin.

XXI.

Lorsque M. de Lahaye, quittant Bourbon en juin 1671, fut de retour à Madagascar avec sa flotte, le major de la troupe, M. La Caze, venait de mourir.

La Caze, natif de la Rochelle, officier d'abord au service de M. de la Meilleraye, — une sorte de précurseur du célèbre baron de Beniowszky, — avait rendu d'importants services à la colonie. Comme M. de Pronis, il avait épousé la fille d'un grand du pays, Dian Nong, femme de la race des Rahimina, qui devint peu après, par la mort de son père, souveraine de la province d'Amboule. Si, dans cette situation, La Caze, avait été soutenu, au lieu d'être desservi, Madagascar était, dès cette époque, entièrement à nous.

Mais, les nombreux succès remportés, par ce brave et intelligent officier, sur les tribus ennemies de notre établissement, portèrent ombrage à de Champmargou, et celui-ci, par de sourdes menées, compromit le résultat des victoires de La Caze.

Cependant Dian Nong étant morte, et La Caze n'ayant plus de raisons pour rester chef de parti, le capitaine Kergadiou, ami commun des deux rivaux, réussit à les rapprocher et La Caze devint major du Fort-Dauphin sous les ordres de Champmargou. C'est dans cet emploi que la mort le frappa.

M. de Lahaye n'avait pas ignoré les grands services rendus par La Caze. En apprenant sa mort, en voyant les filles de ce colon de génie abandonnées sans ressources, il fut touché, et sa première pensée fut de leur chercher un protecteur. Il le trouva dans La Bretesche, lieutenant d'une des compagnies d'infanterie embarquées sur son escadre.

Le vice-roi lui proposa la main de la fille aînée du regretté La Caze, et, en même temps, la charge de major que le défunt avait si bien remplie.

La Bretesche accepta. Son brevet de major fut signé par M. de Lahaye, le 17 juillet 1671, et trois jours après, son mariage fut célébré en grande pompe à Fort-Dauphin.

Le vice-roi y fut présent avec tous les officiers, et pendant la cérémonie, plus de 300 coups de canon furent tirés par la flotte.

On ne pouvait mieux remplir les intentions de Louis XIV, au sujet de l'éclat pacifique qu'il voulait produire en ces contrées.

Après le départ de M. de Lahaye, tout marcha bien à Fort-Dauphin tant que de Champmargou vécut.

Mais, depuis la mort de celui-ci, survenue le 6 décembre 1672, la situation devint de plus en plus difficile pour le major.

On était en janvier 1674. Onze mois s'étaient écoulés sans que la colonie eût reçu la visite d'un seul navire. Le dernier venu le *Robin*, capitaine Courbaçon (1er février 1673), passé dix-huit mois après la flotte du vice-roi, était un lougre de la compagnie, qui n'avait rien laissé aux magasins. Il venait d'ailleurs de l'Inde pour aller en France. Forcément tout périclitait.

Le seul avantage que La Bretesche eût retiré de la mort de son chef, avait été le séjour de Champmargou « à la campagne » ; une habitation commode et bien abritée à quelques lieues de Fort-Dauphin.

Il eut le tort grave d'y faire sa résidence habituelle. Le fort semblait ainsi à l'abandon. Il eût fallu au moins un capitaine pour commander à la pointe de Tholanghare. Mais le gouverneur intérimaire n'avait à sa disposition que deux officiers subalternes qu'il dépeint comme plus capables d'augmenter le mécontentement parmi les soldats, que de faire prendre patience à ces pauvres diables dont le sort, ainsi que celui des habitants, était à plaindre.

La Bretesche raconte qu'en octobre 1673 les soldats lui envoyèrent à sa campagne une délégation pour lui rappeler que, depuis trois ans, ils n'avaient rien reçu de leur paye et lui déclarer que si elle ne leur était pas soldée, ils allaient déserter avec les indigènes. La Bretesche raisonna les délégués. Il leur expliqua que, n'ayant que peu d'argent, il le réservait pour des circonstances d'extrême nécessité.

Ils ne voulurent rien entendre et poussèrent l'insoumission jusqu'à la menace. Le major impatienté les chassa de sa présence « à coups d'une canne qu'il tenoit à la main ; » ce qui n'arrangea pas les choses. Il fallut l'intervention de M. Roguet, prêtre supérieur de la mission, pour calmer les mutins, et encore dut-il leur promettre de solliciter pour eux un acompte sur l'arriéré de leur paye.

La Bretesche, calmé lui-même, pardonna aux soldats, en considération de leurs réelles souffrances, et, pour sceller ce pardon, il fit le sacrifice de leur distribuer un peu d'argent [1].

Tout rentra dans l'ordre et très heureusement, car chaque fois que les indigènes apprenaient qu'il y avait des troubles à Fort-Dauphin, on les voyait s'agiter et manifester des intentions hostiles.

Ce qui soutenait encore la petite colonie, c'était la partie féminine de sa population. Il est vrai que les Français n'y trouvaient un sérieux appui qu'au prix d'un péril toujours menaçant, parce que si, ménagées, les femmes malgaches étaient des compagnes très serviables et très dévouées, — trompées ou simplement dédaignées — elles pouvaient devenir dangereuses, en ce qu'elles avaient à leur service une autre partie de la population, dont nous allons parler, et sur laquelle il était connu que leur race blanche, d'origine persane, possédait en quelque sorte un pouvoir magique : celui de la couleur et de la séduction.

Chaque famille avait, à titre de domestiques, un ou plusieurs noirs que les Français appelaient « marmites » à cause de leur couleur.

Employés aux plus gros ouvrages : à cultiver la terre, à aller au loin chercher de l'eau potable qui manquait à Fort-Dauphin, etc., ces noirs entretenaient des relations avec les indigènes qui savaient par eux tout ce qui se passait chez nos colons. Il eût suffi d'une excitation un peu vive auprès de ces travailleurs, semblant d'ordinaire résignés à leur sort, pour les porter aux plus cruelles fureurs.

---

[1] Ceci nous a donné l'occasion d'apprendre que les soldats gagnaient 4 livres 10 sous par mois, les enseignes 22 livres 10 sous, et que le garde-magasin avait 800 livres de traitement annuel et le major (La Bretesche) 1900 livres.

Or, la colonie était devenue, sous La Bretesche, incapable de résister à une attaque un peu sérieuse.

Les deux raisons principales des craintes du major, à cet égard, étaient que Fort-Dauphin manquait de poudre, et que sa population, d'origine française était singulièrement réduite.

A-t-on jamais dit, au juste, l'importance numérique de la colonie au moment de la catastrophe qui l'a frappée, et dont les historiens ont parlé avec plus d'intérêt que de réalité?

Elle se composait (chiffre exact) de 127 français, débris des 4000 émigrants envoyés par les diverses compagnies qui avaient tenté de coloniser Madagascar, de 1638 à 1674.

XXII.

C'était à cette petite colonie bien pauvre, on peut le croire, que le capitaine de la *Dunkerquoise* allait essayer de vendre, aussi cher que possible, sa pacotille de farine, d'eau-de-vie et de poudre.

Voilà en quels termes La Bretesche décrit à Colbert la venue de ce bâtiment à Fort-Dauphin.

Après avoir exposé qu'à force de fermeté il avait réussi à tenir les indigènes en respect et à vivre en paix avec eux « de sorte que pour le présent, dit-il, nous sommes un peu en repos, » il ajoute :

« Mais, monseigneur, l'arrivée du sieur de Beauregard, capitaine sur le navirre la *Doncarquoise*, arrivé en cette radde le quatorzième de janvier dernier (1674), nous avait donné une allarme toutte extraordinaire. Ravy dauoir veu paroistre ce navirre depuis sy longtemps que nous nen auions eu, dont nous eussions eut quelques nouvelles, pour luy donner à cognoistre le Fort-Dauphin, voyant qu'il le quittoit, je mespuisay de la meilleure partye de si peu qu'il me pouvoit rester de poudre, — ce dont je nay pas eu grande satisfaction non plus que les François quy sont en cette isle. »

Glissons un rayon de lumière dans ces paroles exprimées d'une manière touchante, mais quelque peu obscure.

De Beauregard, à qui le roi avait prescrit, par la main de Colbert, de se rendre en droiture à Bourbon, ne voulait pas avoir l'air de contrevenir à cet ordre souverain. Il se montra dans la rade, il y parada de son pavillon et, quand il fut certain qu'on l'avait reconnu pour un bâtiment français, il fit mine de s'éloigner. C'est alors que La Bretesche, désespéré, ne comprenant rien à cette manœuvre, donna l'ordre de tirer le canon du fort, comme on tire d'un navire en détresse.

Jamais détresse, en effet, ne fut plus réelle. Ces 127 Français qui, depuis quarante et un mois n'avaient pas eu la moindre nouvelle de France, devaient avoir le cœur déchiré en voyant s'éloigner la *Dunkerquoise*. Les voit-on, s'épuisant en signaux et « de leur dernière poudre » pour crier à ce navire sans pitié : Venez-donc! et si vous n'avez rien à nous donner, dites-nous au moins si nous avons encore une patrie.

C'était plus qu'il ne fallait à de Beauregard. On l'avait appelé avec insistance. On ne pourrait pas dire qu'il était venu de lui-même. Il se rapprocha et se mit à l'ancre.

On comprend qu'il avait d'abord résolu de descendre seul à terre, ou du moins fort peu accompagné, afin de s'assurer jusqu'à quel point il pourrait débiter sa cargaison avec avantage. Il n'avait rien d'officiel à faire à Fort-Dauphin. Il aurait bien voulu n'avoir avec la colonie que des relations officieuses, en quelque sorte, afin de n'être pas gêné dans ses projets mercantiles.

Retenir son monde à bord était aussi dans ses intentions, afin que sa visite à Fort-Dauphin ne fût pas trop remarquée.

Mais les passagères ne durent pas l'entendre ainsi. Par la voix de celle qui avait pris sur lui le droit de parler, elles obtinrent que de Beauregard les fît descendre à terre « pour se rafraîchir ».

Rien ne pouvait lui être plus désagréable. Il comprenait bien que si l'ordre lui avait été donné de se rendre directement à Bourbon, c'était pour ne pas aventurer ces filles dans un pays où elles ne devaient pas s'établir. Néanmoins, malgré sa répugnance, il dut consentir à s'embarquer dans la chaloupe avec ses pensionnaires.

Quelle ne fut pas la surprise de la colonie — on peut l'imaginer — de voir arriver sur la plage ce groupe de jeunes filles effarouchées par la brutalité du capitaine. C'était à n'y rien concevoir. La Bretesche prit de Beauregard pour un pirate, ravisseur d'un couvent de femmes.

Après explication, les jeunes filles furent bien accueillies et logées séparément chez les habitants. On répéta partout qu'elles étaient destinées à la colonie de Bourbon et chacun se disputa le plaisir de les traiter.

Puis on en vint aux nouvelles de France.

— Elles sont mauvaises pour vous, dit de Beauregard; peut-être verrez-vous de temps à autre quelque navire du roi. Quant à ceux de la compagnie, il leur est défendu de venir ici. Ils ne s'arrêteront qu'à Bourbon et à Sainte-Marie pour aller à Suratte.

La Bretesche ne pouvait en croire ses oreilles. De Beauregard se contenta de lui montrer l'ordre qu'il avait d'établir un gouverneur à Bourbon; c'était ce qu'il pouvait faire de mieux pour expliquer sa mission.

On lui parla de M. de Lahaye.

— Je ne le reconnais pas, dit-il; je n'ai rien à faire avec lui.

On sut bientôt qu'il ne disait pas la vérité et que le Ministre lui avait remis des paquets pour l'amiral.

Tout cela n'était pas rassurant.

Quoi qu'il en fût, de Beauregard proposa ses marchandises, mais à des prix si peu raisonnables, que personne n'en voulut. Il avait beau répéter : — Dépêchez-vous d'en acheter, car vous n'en reverrez plus. — Aucune demande ne lui était formulée.

Pendant une quinzaine, il traîna ainsi ses propositions de maison en maison et, voyant l'inanité de ses démarches, il donna brusquement l'ordre à son équipage et aux passagères de se rembarquer sur l'heure, criant que puisque personne ne lui achetait, il allait mettre à la voile.

L'embarquement eut lieu en effet :

« A la réserve de six filles qui seschappèrent tout espouvantées de la manierre dont il les traictait. Pour moy, monseigneur, dit La Bretesche, je ny estois point présent. Mais en ayant entendu parler, aussitôt je m'y transportay et envoyay à la recherche des dittes filles, lesquelles me furent ramenées, et le sieur de Beauregard ne voullant pas les recevoir, je les garday chez moy, où je les ay fait vivre, en attendant qu'il pourroit changer d'humeur. »

Dans cette situation, après avoir tout fait, mais inutilement, pour décider de Beauregard à leur céder au moins de la poudre à un prix raisonnable, les habitants, désespérés, remirent à La Bretesche un placet au roi pour le supplier, en termes des plus pressants, de vouloir bien les faire passer dans une autre colonie avec les noirs qui consentiraient à les suivre volontairement.

Bien naïve confiance de leur part!

Cependant, le capitaine de la *Dunkerquoise* ne se décourageait pas.

Quoique très contrarié de voir jusqu'à présent l'inutilité de ses efforts pour se débarrasser de sa pacotille, il s'obstinait à séjourner dans la baie Dauphine, persuadé que c'était une question de temps et que les colons finiraient par délier les cordons de leur bourse.

Un mois se passa en pourparlers, en allées et venues qui n'amenèrent aucun résultat. Décidément on souffrirait, mais de Beauregard garderait ses marchandises s'il ne voulait réduire ses prétentions à un prix qu'ils pussent atteindre.

Le capitaine jouait avec le danger. Toute sa folle conduite devait le perdre.

Le 5 mars, pour la troisième fois, il se donna en spectacle à la colonie, en jurant qu'il partait et en ordonnant tous les préparatifs d'une mise à la voile sérieuse. Il s'éloigna même un peu, laissant toutefois sa chaloupe à terre. Un habitant, le sieur Henoq, se décida enfin à aller demander à de Beauregard quatre quarts de farine et d'eau-de-vie, et au retour de la chaloupe qui les apporta, La Bretesche se hâta d'envoyer « les six filles, la gouvernante et l'aumônier » pour les faire embarquer.

Mais malgré toutes les supplications qui lui furent adressées, de Beauregard refusa de les recevoir, sacrant, pistolet en main, que si la chaloupe approchait, avec ces gens-là, il tirerait dessus. Force leur fut de revenir à terre.

Le sieur Henoq retourna payer de Beauregard.

— « Eh bien! dit-il, en prenant cet argent, si je ne m'estois mis au large, je ne recevrois pas cela. »

Le 6 mars, vers quatre heures du soir, le vent fraîchit; le temps devint mauvais. De Beauregard aurait dû rentrer.

A dix heures, le vent souffla en tempête et la nuit fut détestable.

Le lendemain, mercredi 7 mars, à six heures du matin, la tourmente devenue terrible, emporta la troisième ancre de la *Dunkerquoise*, les deux autres ayant été perdues pendant la nuit. La dernière, à peine jetée, de Beauregard saisi d'épouvante, descendit dans la chaloupe avec deux matelots et abandonna son navire. Étaient encore sur le pont neuf passagères et une partie de l'équipage.

Animés par La Bretesche, quelques habitants courageux, dirigés par « le chevalier de Forges » allèrent au navire dans la chaloupe et réussirent à joindre les passagères et les matelots qui furent amenés à terre. Peu de temps après, le câble de la dernière ancre cassa, et la

Dunkerquoise, qui n'était plus gouvernée, fut lancée à diverses reprises par la mer contre les brisants. En quelques minutes elle se rompit et s'échoua. De Beauregard n'avait plus de navire. On sauva la pacotille, dont l'indigne capitaine n'eut pas un sou, et les agrès du bâtiment furent mis en magasin.

XXIII.

De quelque côté que La Bretesche envisage la perte de la *Dunkerquoise*, il ne voit dans cet événement qu'une source de malheurs pour la colonie. Il ne sait que faire des seize jeunes filles. Désormais abandonnées à elles-mêmes, elles sont devenues, sans le vouloir, une cause de trouble. Le major n'a ni la volonté, ni le moyen de les tenir enfermées. Les embarras causés par leur présence deviennent chaque jour plus inquiétants. Trois de ces infortunées tombent malades et meurent, dans le courant du mois de juin. Les émotions qu'elles viennent de subir ne sont pas étrangères à cette triste fin.

Les autres filles, craignant le sort de leurs compagnes, se démènent auprès de La Bretesche, toujours en villégiature, pour le supplier de vouloir bien faire quelque chose en leur faveur.

Puis les explications du major, touchant ces malheureuses, deviennent obscures. Craignant d'avouer qu'il a manqué de fermeté à leur sujet et qu'il aurait dû les tenir à couvert de toute entreprise, il les accuse de légèreté, et cherche à l'établir d'une manière bien absurde. Elles sont venues le trouver en lui disant : — Voyez notre situation. Nous sommes parties de France pour nous marier. Si l'on ne nous marie pas... — Mais le roi vous a destinées pour la colonie de Bourbon. — Eh bien ! mariez-nous et nous irons dans cette île avec nos maris, au premier navire qui s'y rendra.

Sans se prononcer, La Bretesche promet de s'occuper de leur requête, en leur faisant observer qu'il sera nécessaire d'obtenir l'agrément du sieur de Beauregard à qui elles ont été confiées.

Elles vont ensuite trouver les prêtres de la mission (et cela pas une fois, mais presque tous les jours) et leur tiennent sans cesse le même langage : « Mariez-nous ! » Pour des filles de 15 à 18 ans, nous ne voyons pas là cette légèreté dont le major les accuse, il faut bien le dire, assez injustement.

Sur ces entrefaites, à la date du 9 août 1674, arrive à Fort-Dauphin, le *Blanc-Pignon*, capitaine Baron. C'était un bâtiment de 500 tonneaux, appartenant à la Compagnie, et employé alors par le roi pour faire un voyage à Suratte. Autant la présence de Beauregard a produit un effet déplorable dans la colonie, autant celle de M. Baron ramène la confiance à Fort-Dauphin. Il a quelques malades. La Bretesche les fait descendre à terre. Les habitants leur prodiguent des soins. M. Baron assure que Fort-Dauphin n'est pas abandonné par le roi : La preuve en est, dit-il, que vous me voyez ici. L'espérance renaît dans les cœurs. On paraît s'être fait à la présence des pensionnaires de Beauregard. Le calme règne à Fort-Dauphin et aux alentours. Jamais la concorde n'a été plus parfaite. La Bretesche pense avec raison que c'est le moment de s'occuper du sort des jeunes filles. Il appelle l'ex-capitaine de la *Dunkerquoise* et lui demande son avis. De Beauregard ne veut pas se prononcer.

« Ce qui m'obligea, explique alors La Bretesche, de dire à Messieurs de la mission de les marier et que je croyois que il y alloit de la gloire de Dieu et de l'interest du Roy, que, à la vérité, son intention estoit que elles fussent pour l'isle de Bourbon, mais que le navirre qui les devoit porter estant perdu, et dans l'incertitude quand il en vienderoit d'autres, il estoit du tout impossible d'en pouvoir jouir, et que si on ne les marioit, c'estoient des filles abandonnées, et, de plus, quoique mariées en cette isle elles pouroient aller à Bourbon avec leur mary, au premier commandement de sa Majesté. Ils tesmoignerent estre fort aises et aprouuerent mon consentement, si bien que le lendemain on publia les bans de cinq, et, huit jours après, ils sespouserent. Il y en a heu aucor une de marié depuis et d'une autre que on avoit publié les trois bans, mais on n'a pas passé outre. »

Comme on le voit, La Bretesche ne paraît pas savoir exactement à quoi s'en tenir sur les dates de ces mariages, à moins qu'il ne juge à propos de les dissimuler.

Quoi qu'il en soit, nous devons faire remarquer que les renseignements ci-dessus reproduits textuellement sont contenus dans la seconde lettre de La Bretesche, écrite le 22 août 1674, date bien rapprochée de celle de la journée terrible.

Cinq jours après, le 27 août, on vient apprendre au chef de la colonie — toujours à sa campagne — que, « par une horrible trahison, » dit-il, les domestiques noirs ont massacré 75 Français disséminés aux environs du fort.

Du reste, pas un détail précis. Ni La Bretesche, ni les missionnaires — (qui y perdirent deux des leurs, les frères Guillaume Gallet et Pierre Pilliers alors à la campagne) — n'ont vu, ni su comment le fait a eu lieu.

OEuvre d'un complot ourdi depuis les premières unions bénies à la chapelle du fort, le massacre a été consommé — nous en donnerons une preuve — le jour où l'un, au moins, des mariages a été célébré. Il n'est pas douteux, pour nous, que ces mariages n'aient été la cause déterminante de cette tempête de fureur déchaînée par la jalousie des femmes malgaches.

Il est évident que La Bretesche, ni les pères de la mission n'auraient dû consentir à ce que ces unions fussent accomplies. Leur intention était bonne, mais ils ont manqué de prévision.

Ainsi que nous l'avons dit, leur petite colonie n'avait pour barrière entre elle et l'inimitié des indigènes que l'influence des femmes malgaches, qui avait arrêté le bras des assassins chaque fois que l'envie les avait pris d'en finir avec leurs maîtres.

Or, ces femmes, jusqu'alors souveraines maîtresses au foyer, voyant des étrangères prendre la place qu'elles tenaient depuis le début de la colonie, se sont brusquement tournées contre ceux qu'elles avaient protégés de leur dévouement. Elles se sont vues trompées. On leur avait d'abord déclaré que les jeunes passagères étaient envoyées par le roi à la colonie voisine. Puis successivement, six de ces françaises sont mariées et ce n'est que le commencement ; il y en a six encore, et après celles-là, d'autres viendront... La colère fut plus forte que l'affection qui attachait les femmes malgaches aux Français. Le lien brisé, la colonie fut condamnée et les « noirs domestiques » soulevés firent œuvre de bourreaux.

Les colons survivants, redoutant le sort que venaient de subir 75 de leurs compatriotes, obligèrent M. La Bretesche à quitter au plus tôt Fort-Dauphin avec le reste de la colonie pour aller chercher un refuge sur la côte d'Afrique.

Le major dut consentir à ce sacrifice qui lui était commandé, au surplus, par une situation absolument désespérée, aussi bien que par la présence du *Blanc-Pignon* dans la baie Dauphine, occasion qui ne se représenterait peut-être pas de longtemps.

Le 9 septembre 1674, La Bretesche fit enclouer les canons du fort et mettre le feu aux magasins. On chargea le bâtiment de tout ce qu'il était possible d'emporter. Puis, à onze heures du soir, à l'abri des regards des indigènes, soixante-trois personnes s'embarquèrent et, quand il fut certain que personne ne demandait plus à passer, le chef de la colonie, accompagné de sa femme, de ses belles-sœurs et de ses enfants, prit place le dernier sur le *Blanc-Pignon*.

On se demande comment le capitaine Baron n'eut pas l'idée de transporter les réfugiés de Fort-Dauphin à Bourbon. Avec la mousson S.-O. qui soufflait encore, il pouvait gagner cette île en quelques jours. Rien ne dit qu'il y eût songé. Baron fit une navigation inexplicable. Il mit le cap vers le sud et s'engagea dans le canal où, surpris par la mousson N.-E., il employa sept mois à parvenir à Mozambique, après avoir relâché à la rivière de « l'Icongue. » Trente-huit Français provenant de Madagascar moururent pendant ce long voyage, et il se fit en ces deux endroits une telle dispersion des autres passagers, que La Bretesche allait bientôt se voir presque seul des anciens habitants de Fort-Dauphin. Quelques-uns attendirent le départ du *Blanc-Pignon* qui séjourna à Mozambique jusqu'au 30 juillet 1675. D'autres partirent avec lui sur un navire portugais qui les conduisit, après un voyage des plus compliqués, à Diû et de là à Daman (Indoustan, côte de Malabar), où il parvint le 9 décembre 1675. Du moins, c'est à cette date que La Bretesche écrit à Colbert pour la dernière fois. Nous extrayons de sa lettre les lignes suivantes qui sont comme la morale de cet épisode :

« Quant aux filles qui estoient destinées pour lisle de Bourbon, il y en a 3 qui se marièrent avec des Portugais quelque temps après que nous fûmes arrivés à Mosambiq. 2 autres de celles qui sestoient mariées au Fort-Dauphin, que *je croy* qu'elles ont esté tuées avec leur mari par les noirs. 2 autres, qui sont avec leur mari l'une à Sena, l'autre à Monbaza (côte d'Afrique). La gouvernante est à Chaul (Indoustan, côte de Malabar).

3 autres de ces filles et 2 autres veufves, le gouverneur de Mosambiq na jamais voulu permettre que elles sembarquassent, quelque instance que nous luy aions fait, et voyant cela, après luy avoir représenté que jen informerois le Roy et vous, monseigneur, et que il les fist donc subsister puisque il ne leurs vouloit pas permettre de sen aller, il me fit responce que il les mariroit avec des soldats de la forteresse, et que absolument elles ne sembarqueroient pas, et fit deffence aus capitaines des navires qui estoient en rade de ne les poin prendre en leurs bord et que puisque la place de Saint-Thomé nestoit plus aus François, et que monsieur De Labaye estoit mort et que il ni avoit plus de François aux Indes, elles seroient mieux à Mosambiq que non pas aux Indes où faudroit que elles sabandonnassent. »

Il est certain que, dans son désarroi, La Bretesche s'était inccm plètement renseigné. Il résulte, en effet, de différents documents, que, sur les quinze Parisiennes dont nous venons d'esquisser l'odyssée, deux parvinrent à Bourbon et y restèrent établies, ce sont :

Mlle Nicolle Coulon, née à Paris, vers 1656, âgée de 18 ans en 1674, qui avait épousé, à Fort-Dauphin, M. Pierre Martin [1], lequel sauvé du massacre, sauva sa jeune épouse et la compagne de celle-ci :

Mlle Françoise Chatelain, née à Paris, vers 1659, âgée de 15 ans en 1674, mariée à Fort-Dauphin, avec M. Jacques Lièvre, enseigne de compagnie, qui fut tué dans le massacre, de telle façon qu'elle fut veuve aussitôt que mariée, ainsi que le prouve cette mention que nous trouvons en regard de son nom sur un tableau généalogique ancien qui nous a été communiqué par un de ses nombreux arrière-petits-fils.

« Mlle Françoise Chatelain n'avait été que fiancée à M. Lièvre qui fut massacré au Fort-Dauphin avant la célébration du mariage. Elle se sauva à Bourbon avec ceux qui échappèrent au massacre. »

La vérité est que le premier mari de Mlle Françoise Chatelain — qui fut trois fois veuve et qui eut dix enfants de ses trois vrais maris, — périt avant la consommation du mariage célébré à Fort-Dauphin. Mlle Chatelain a été l'une des arrière-grand'mères des meilleures familles de la colonie de Bourbon.

63 personnes s'étaient embarquées à Fort-Dauphin ; 38 étaient mortes pendant la traversée jusqu'à Mozambique ; restaient 25. Pour la plupart elles prirent passage, à la rivière de « l'Icongue », sur le navire le *Rubis*, capitaine de Lestrille qui, après avoir été dans l'Inde, les conduisit à Bourbon où elles ne parvinrent qu'en 1676. Quelques autres réfugiés embarqués pour l'Indoustan avec La Bretesche, passèrent à Bourbon sur le *Saint-Robert*, commandé par le sieur Auger, chargé spécialement d'y conduire le père Bernardin, dont il sera ci-après parlé.

Voici les noms des personnes sauvées du massacre de Fort-Dauphin et parvenues à Bourbon.

---

[1] « Pierre Martin est un Bordelais, de 76 ans, qui passa à Madagascar sur l'escadre de M. de Lahaye, et se réfugia à l'isle de Bourbon après la déroute de Madagascar et le massacre que l'on y fit des François. Il a pour épouse une Parisienne. Il est fort laborieux, vigoureux autant qu'il est possible de l'estre dans un âge aussi avancé. 3 garçons et une fille. » — *Archives coloniales.* — Recensement de Bourbon, 1711.

Pierre Nativel, sa femme et une fille; Antoine Payet et sa femme; Françoise Rivière; Lezin Rouillard; Jacques Maillot; François Grondin, sa femme et son fils; Noël Tessier; Georges Damour; Samson Lebeau; Jean Jullien et sa femme; François Duhamel; Jean Perrot; Pierre Martin et sa femme et Dlle Françoise Chatelain. Cette dernière ne tarda pas à épouser M. Michel Esparon, dont elle eut un premier enfant en 1678.

Notre sujet ne comportait pas de suivre, si peu que ce fût, le « vice-roi des Indes » dans sa campagne. Tout ce que nous pouvons dire, c'est que le sieur Caron paralysa si bien et avec tant d'habileté l'action de la belle escadre commandée par M. de Lahaye, que rien ne lui réussit complètement. Le fait marquant de cette campagne a été, à la date du 26 juillet 1672, la prise de San Thomé, sur la côte de Coromandel. Mais, après 26 mois d'occupation, M. de Lahaye, assiégé lui-même et non secouru, fut obligé de capituler le 6 septembre 1674. A la fin du même mois, il repartit pour France avec son armée navale bien réduite. 500 hommes environ, officiers, soldats et matelots, furent embarqués sur un grand vaisseau batave nommé le *Velse*, qui, aux termes de la capitulation, avait été fourni au vice-roi par les Hollandais.

A la fin de novembre, l'amiral relâcha dix jours à Mascareigne. Il y était arrivé à temps, pour remplacer utilement M. de la Hure, qui, pour sa détestable conduite, allait être compromis dans un soulèvement des colons. Après avoir signé la veille une ordonnance de police générale, dont nous parlerons, M. de Lahaye quitta Bourbon le 2 décembre 1674, et disparut bientôt du théâtre des événements pour aller mourir en Allemagne, sur un champ de bataille, à la tête d'un corps d'armée français, et non « sur son banc de quart » comme nous l'avons vu imprimé dans un travail sur Bourbon.

ORDONNANCE DE M. DE LAHAYE. — M. D'ORGERET. — M. DE FLEURIMOND. — LE PÈRE BERNARDIN. — DROUILLARD. — L'ABBÉ CAMENHEM (1674-1688).

XXIV.

Nous avons vu combien il a fallu de péripéties pour que la petite colonie de Mascareigne s'enrichît de sept « femmes de France ». Si cette modeste conquête sur les événements nous offre matière à réflexion, c'est que pareil avantage ne devait pas sitôt se renouveler. Il faut, en effet, descendre à une époque relativement rapprochée de la nôtre, pour constater la venue successive, à Bourbon, d'autres « femmes de France », d'ailleurs en très petit nombre.

Les colons, qu'une perspective d'union avec des femmes d'origine malgache ou indienne, séduisait modérément, furent donc obligés d'attendre que les filles provenant des mariages entre Français et Françaises, eussent atteint l'âge nubile. Au total, 23 filles issues de ces unions se marièrent, partie avec des Français venus de France et non encore pourvus ; partie avec les garçons créoles issus, au nombre de 17, de ces mêmes unions. *(Recensements de Bourbon.)*

C'est ainsi que le nombre d'individus des deux sexes, de pure race française, put tenir tête, sans l'égaler, à celui des créoles provenant du mélange des autres races.

De ce qui précède, sans qu'il soit nécessaire d'aller plus loin, il résulte que la population actuelle de la Réunion est d'origine plus métropolitaine qu'elle ne le croit généralement. Il fut un temps où l'on disait communément à Bourbon, et où l'on croyait en France, que la colonie ne s'était peuplée qu'à l'aide de femmes natives de la province d'Anossi, voisine de Fort-Dauphin. On doit reconnaître que cette assertion n'est pas exacte. Il a suffi de la venue à Mascareigne de sept « femmes de France », pour établir dans l'île un noyau de population purement français, dont il est impossible de ne pas tenir compte dans l'histoire des origines de la colonie.

Évidemment, M. de Lahaye, à son dernier passage à Bourbon,

devait être édifié là-dessus. Autrement il n'aurait pas glissé dans sa fameuse ordonnance un bref article interdisant les unions des blancs avec des femmes de couleur et *vice versâ*.

Comme elle a passé pour avoir été là cause principale du marasme dans lequel Bourbon a végété pendant le règne de Louis XIV, il n'est pas inutile de mettre le lecteur à même de juger jusqu'à quel point la première loi, imposée aux premiers habitants de la colonie, a mérité la réputation qu'on lui a faite.

On lui a reproché d'avoir — à travers quelques sages dispositions — proscrit toute liberté, encouragé l'esprit de délation, provoqué à l'inimitié des habitants entre eux, déconsidéré les unions précédemment accomplies, autres qu'entre Français et Françaises.

On verra si réellement le signataire de cette charte primitive avait entaché son œuvre de ces défauts majeurs.

La plupart des auteurs qui se sont occupés de Mascareigne ont dit quelque chose de l'ordonnance de M. de Lahaye. Les uns en ont précisé la date et donné l'analyse. D'autres en ont cité quelques articles tronqués, tirés d'un document mutilé par le temps, figurant jadis aux archives de Bourbon. Mais aucun n'a publié le texte de cette ordonnance.

Envoyé en 1778 au Dépôt des chartes des colonies à Versailles, en exécution de l'édit de juin 1776, créateur de ce dépôt, classé aux Codes des colonies, ainsi qu'il devait l'être, nous l'y avons découvert en expédition authentique, vierge de toute marque dénonçant le passage d'un fureteur.

L'étendue seule de ce document, composé de 25 articles, aurait pu nous faire hésiter à l'insérer dans ce travail, si nous n'avions pensé que l'enterrer de nouveau, après l'avoir si heureusement exhumé, serait commettre une faute de lèse-origine bourbonnaise. Nous donnerons donc *in extenso*, dans sa naïve rigueur, cette ordonnance de M. de Lahaye. Sa lecture démontrera, peut-être, à ceux qui, l'esprit chagrin, ne craignent pas de nier le progrès, que les deux cent treize ans qui nous séparent du jour où elle a été signée par celui qui n'était déjà plus « vice-roi des Indes », n'ont pas été perdus pour l'avancement de la prospérité coloniale.

Certes, M. de Lahaye, en écrivant cette loi draconienne, était animé des meilleures intentions. Toutefois, on ne pourra s'empêcher d'avouer que, pour un premier joug imposé à des Français alléchés par l'appât des promesses à quitter leur pays en vue d'aller coloniser un « paradis terrestre », c'était un peu raide. Il y avait de quoi leur faire reprendre le chemin de la montagne, refuge assuré contre les duretés de M. de la Hure.

Cet ex-capitaine, prenant trop à la lettre les sévères recommandations de l'amiral, lorsque celui-ci le quitta en mai 1671, avait traité les colons avec un tel sans-façon que la plupart préférèrent la vie de nature en tanière à l'existence toujours inquiète sous la férule de ce maître redouté.

De Lahaye ne fut pas surpris; il avait été prévenu. Se reprocha-t-il intérieurement d'avoir été un peu la cause de cet isolement infligé à son brutal sous-ordre? Rien ne le dit. Toujours est-il que de retour à Bourbon, après quarante et un mois d'absence, il trouva ce chef de colonie sans colonie, situation étrange qui nous autorise à imaginer ce court dialogue !

— La Hure, où sont vos hommes ?

— Dans la montagne, amiral.

— Comment peuvent-ils vivre dans ces lieux inaccessibles?

— Ils chassent, amiral, et je soupçonne qu'un des leurs, resté ici pour cause, leur fait passer à la fois des nouvelles et des vivres.

— Qui est-il?

— Gilles Launay.

— Faites-le venir!

L'homme parut.

— Allez apprendre à vos compagnons ma présence ici et dites-leur que M. de la Hure n'est plus gouverneur et qu'ils peuvent revenir sans crainte dans leurs habitations où les attend mon entier pardon.

Launay partit, et, dès qu'il eut gagné la montagne, il sonna, dans une sorte de coquille en forme de cornet, un signal convenu. Qui a vu le *Pardon de Ploërmel*, de Meyerbeer, peut se figurer poétiquement la scène. Comme les chasseurs disséminés dans la plaine viennent se grouper à l'appel du cor sonné par le piqueur « les déserteurs de la montagne », disséminés dans les réduits, se rendirent à l'appel amical de leur camarade de confiance. Une fois tous réunis, la déclaration d'amnistie leur fut communiquée. Tout joyeux, sous la conduite de Gilles Launay, ils revinrent à Saint-Denis, et c'est alors que M. de Lahaye publia l'ordonnance qui suit, après avoir fait reconnaître M. Henri d'Orgeret pour nouveau gouverneur.

Du premier décembre mil six cent soixante-quatorze.

DE PAR LE ROY.

ORDONNANCE POUR L'ISLE BOURBON.

Art 1ᵉʳ. Il est ordonné que tous les officiers, soldats et matelots feront serment de fidélité sous le chef qui les commande ; qu'ils ne feront aucun refus de ce qui leur sera commandé pour le service du roy, quelques risques, périls et fortunes qu'ils puissent encourir.

Art. 2. Veut aussi que les articles cy-dessus mentionnés soient observés par tous ceux qui sont tant à terre que sur mer ; enjoint expressément aux gouverneurs, capitaines, consuls et autres officiers de les faire observer, sous peine d'en répondre en leur nom.

Art. 3. Que personne ne jurera le nom de Dieu, sous peine d'être attaché à un poteau, et être châtié corporellement [1].

Art. 4. Que l'on ne sortira point du camp ni du quartier sans congé du commandant.

Art. 5. Qu'aucuns soldats, matelots, habitants et autres ne se rébelleront, menaceront, ni feront tort à aucuns officiers, soit de terre ou de mer, sur peine de la vie.

Art. 6. Que tous les officiers et autres seront obligés de répondre de ce qui est sous leur charge.

Art. 7. Il est très expressément deffendu à toutes personnes de piller, voller, faire aucuns torts, ni prendre quelque chose pour petite quelle soit ; battre ni molester en leurs biens aucun des habitants, sur peine d'amende en cas léger, de punition corporelle en cas grief, et de vie en cas d'excès et récidive.

Art. 8. Que nul ne sortira rien de terre pour porter à la mer sans permission du gouverneur ou commandant, ni ne fera aucun commerce, à peine de vingt écus d'amende, applicable, moitié pour le roy, un quart au dénonciateur, et un quart pour l'hôpital, et à faute de payement dans la huitaine restera six mois dans l'isle, à servir sans aucun gage ni salaire ; mais apporteront toutes leurs denrées et marchandises au commis ès magasin du roy, établi, pour ce faire, où elles leur seront payées suivant les taxes qui en auront été faites.

Art. 9. Que le sel et toutes autres marchandises seront portées aux magasins établis par le Gouverneur, et qu'il ne sera permis à aucun d'en trafiquer sous quelques autres prétextes que ce soit, sous les peines ci-dessus, et donneront déclaration de ce qu'ils ont de hardes et marchandises du dehors, sous peine de confiscation et amende.

Art. 10. Ouï bien pourront les dits habitans trafiquer, vendre et débiter entr'eux, et commercer de toutes denrées et marchandises de leur crû, sans

---

[1] Le châtiment corporel était la flagellation.

pouvoir en aucune manière en livrer, débiter ni commercer avec les gens des navires françois, ni étrangers quels qu'ils soient ; mais les livreront aux magasins, d'où ils en retireront le payement au prorata de ce qu'ils auront fourni.

Art. 11. Que des magasins du roy il en sera fourni moitié, et l'autre des habitans, chacun au prorata de la quantité qu'ils en auront, afin qu'ils profitent plus, à mesure qu'ils travaillent davantage.

Art. 12. Que personne n'ira à la chasse des oiseaux, bêtes à quatre pieds, ni autre gibier tel qu'il soit, sur peine de vingt écus d'amende, moitié pour le roy, un quart au dénonciateur, et un quart pour l'hôpital ; ou, à faute de payement, six mois de service sans gage ni salaire pour la première fois, et en cas de récidive à peine de la vie — et cet ordre exécuté ponctuellement, attendu que nous avons observé que la liberté de la chasse rend les habitans paresseux et fainéans, ne se souciant de cultiver les terres, ni d'avoir des bestiaux pour leur nourriture, et détruisent le pays au lieu de l'établir.

Art. 13. Que chaque habitant nourrira et dressera deux bœufs, ou un au moins, pour le labour ou pour porter, eu égard aux lieux où ils seront, le tout pour son service particulier, à peine de dix livres d'amende, six mois après la publication des présentes, applicable comme dessus, attendu que c'est leur avantage particulier et public, puisque c'est le meilleur moyen pour avoir facilement des grains et légumes, et les porter aux navires promptement, et ainsi attirer un bon et avantageux commerce dans l'isle.

Art. 14. Que nul ne tiendra chiens ni chiennes, sans ordres exprès du gouverneur, et par écrit, sous peine de dix écus d'amende pour la première fois, et de punition corporelle en cas de récidive.

Art. 15. Ne détruiront les mouches à miel, ni n'en prendront sans permission sous peine de douze livres d'amendes. Ouï bien leur sera permis d'en prendre pour les nourrir et élever dans des ruches et à la mode de France, dont ils se serviront à leur usage.

Art. 16. Que personne ne tuëra ni ne prendra tortuë de terre, soit pour sa nourriture ou de ses porcs, ou pour quelqu'autre raison que ce soit, sans permission par écrit du gouverneur, de la quantité qu'il permettra, et les prendront en présence de monde.

Art. 17. Que chacun fera des efforts de bonne volonté pour prendre et châtier les déserteurs de la montagne, étant l'intérêt public et même qu'il sera donné récompense à ceux qui les pourront prendre vifs ou morts.

Art. 18. Que personne n'aura commerce ni pourparler avec les dits déserteurs, sur peine de punition, à moins d'en donner avis à toute diligence au gouverneur, eu égard à la distance des lieux.

Art. 19 Ordre à chaque habitant d'avoir, au moins par tête, deux cents volailles, douze porcs et six milliers de riz, trois milliers de légumes et grains et des bleds, ce qu'ils pourront au plus, eu égard, par le gouverneur, aux habitations, tous les ans.

Art. 20. Deffense aux François d'épouser des négresses, cela dégoûterait les noirs du service, et deffense aux noirs d'épouser des blanches ; c'est une confusion à éviter.

Art. 21. Que tous ceux qui ont déserté et fait les *quivis*[1] dans la montagne, seront exclus et privés de toutes récompenses, sallaires et payemens et leurs biens confisqués au roy.

Art. 22. Et par une grâce toute particulière que nous espérons faire agréer à Sa Majesté, que nous accorderons à ceux qui resteront présentement dans l'isle, ils seront remis dans des terres et possessions, dont ils jouiront comme devant en leur propre, comme les autres bons habitans, sans qu'ils puissent être aucunement recherchés, cy-après pour ladite désertion passée, attendu qu'il sont revenus de leur bon grez et qu'il leur a été pardonné.

Art. 23. Que l'on assemblera des notables *pour condamner* les criminels lors qu'il s'agit de la mort, qui répondront à Sa Majesté ou à ses lieutenants généraux de leur avis et en *seront châtiés*, s'ils ne les donnent selon droit et raison, et s'ils ne font aussi punir les crimes selon le mérite, et signeront leurs dits avis.

Art. 24. Qu'ils seront obligés d'avertir des caballes, pratiques et malversations contre le service du roy, et mauvais desseins dont il auront eu connaissance, à peine d'en être châtiés comme complices.

Art. 25. Qu'il sera commis des chasseurs, les quels seront obligés de fournir dans les magasins aux commis établis pour cet effet, les viandes et gibiers qui seront nécessaires pour la nourriture des habitans et étrangers, suivant les ordres qui leur seront donnés. Deffense à eux de trafiquer, commercer, vendre ni porter de gibier ailleurs qu'aux magasins, entre les mains des commis, qui seront distribués suivant les dits ordres, sur peine, pour la première fois, de cent livres d'amende, la moitié applicable au dénonciateur et l'autre à l'hôpital ; — et de rester dans l'isle deux ans à leurs dépens, sans aucuns gages ni sallaires, et, en cas de récidive, d'être pendus et étranglés.

Donné à l'isle Bourbon, à Saint-Paul, le premier décembre mil six cent soixante-quatorze, par nous Jacob de Lahaye, lieutenant général des armées du roy, admiral, gouverneur et son lieutenant général dans toute l'étendue des mers et pays orientaux de son obéissance.

DELAHAYE.

« Pendus et étranglés! » voilà deux mots qui font très bien à la dernière ligne d'une ordonnance de ce genre. On voit du reste que de Lahaye n'était pas tendre pour les habitants de Bourbon. Obligations excessives, suppression de la chasse, si chère aux colons; pas de chiens; pas de commerce extérieur! Une sorte de jury *pour condamner* ; menace aux juges indulgents; châtiments corporels, le fouet pour un juron, et toujours la mort en cas de récidive, même pour les délits de chasse, qui devenaient crimes : rien n'était oublié.

---

[1] Qui vive ? cri poussé par les déserteurs quand ils entendaient venir quelqu'un.

XXV.

Heureusement pour les colons, M. de Lahaye quitta Bourbon aussitôt son ordonnance rendue, et d'Orgeret, assez bon homme, peu jaloux, en prenant la place de La Hure, de lui succéder en même temps dans la haine qu'il avait récoltée en semant la terreur autour de lui, — laissa de côté la plupart des 25 articles mis à sa disposition pour sévir, et souhaita tout haut de vivre d'accord avec les habitants.

De Lahaye ne s'était pas contenté d'établir un commandant à Bourbon. Il avait mis sous les ordres de celui-ci un lieutenant, M. Germain de Fleurimond, tous deux provenant du personnel d'officiers revenus de San-Thomé.

On n'attendait plus qu'un curé, pour remplacer le Père François Malard, depuis quelque temps à Bourbon, mais « si incommodé » qu'il ne pouvait même plus dire la messe.

Il nous faut maintenant revenir un peu en arrière pour expliquer et mettre à leur date précise certains détails sur lesquels nous avons dû passer rapidement, désireux que nous étions d'amener de suite à Bourbon les « débris de Madagascar », après le récit de la catastrophe survenue à Fort-Dauphin.

Disons d'abord que de Lahaye, au sortir de Bourbon, étant venu jeter l'ancre dans la baie Dauphine et n'apercevant que des ruines autour de lui, avait envoyé prendre des informations à terre sans y descendre lui-même, et n'avait pu savoir au juste ce qui s'était passé. Les noirs firent entendre qu'une flotte hollandaise ayant abordé la presqu'île inopinément, avait saccagé Fort-Dauphin et emmené la colonie prisonnière. Sur ce, de Lahaye, remettant à la voile, avait repris tristement route pour France.

On était mieux renseigné à Suratte, où le *Blanc-Pignon* venait de parvenir avec le sieur de Beauregard à son bord.

M. Baron, directeur de la Compagnie des Indes, qui avait succédé à M. de Faye (et qu'il ne faut pas confondre avec le capitaine de navire, son homonyme) écrit à Colbert, à la date du 23 décembre 1675 :

« Le mauvais succez du voyage du sieur de Beauregard et le blasme que le monde donne au sieur de la Bretesche d'avoir abandonné si mal à propos lisle de Madagascar, sont des sujets de desplaisir bien sensibles pour les véritables serviteurs du Roy, qui sont en ces pays. Je n'entretiens pas Votre Grandeur de ces deux affaires, par ce que je ne les ay sceu apprendre jusques à cette heure à fond. Je prends seulement la liberté de représenter à Monseigneur qu'un peu d'exemple fairoit les gens plus sages. Comme le sieur de Beauregard s'est embarqué sur l'*Heureuse,* il peut rendre compte de ses actions. Quant au sieur de la Bretesche, il s'est retiré sur les terres des Portugais, et a achepté, dit-on, une terre entre Daman et Bassains, marque qu'il n'a pas envie de retourner sitôt en France.

« Le navire du Roy le *Rubis,* qui retourne en France avec le *Blanc-Pignon* et l'*Heureuse,* leur servira d'escorte. Le sieur de Lestrille, qui le commande, a souhaité quelque renfort que la Compagnie luy a très gayement donné, s'agissant du service de Sa Majesté. Il est de 50 bons hommes. »

Ces trois bâtiments partirent de Suratte le 31 décembre 1675, et, comme ils firent escale à Bourbon deux mois après (sans toutefois y séjourner), de Beauregard profita de l'occasion pour remettre à M. d'Orgeret la commission (en blanc) dont il était porteur, destinée au commandant établi ou à établir en cette île.

Cependant M. Baron — qui avait ignoré cette circonstance — voulut réparer, autant qu'il était en son pouvoir, les fautes de l'ex-capitaine de la *Dunkerquoise.* Il chargea M. Auger, capitaine du *Saint-Robert,* de conduire à Mascareigne les colons de Fort-Dauphin, arrivés à Suratte par divers navires, et, dans le cas où M. de Lahaye n'aurait pas établi de commandant à Bourbon, M. Auger devait se faire reconnaître en cette qualité et prendre la placé; autrement il laisserait celui qui aurait été mis en pied. M. Auger devait aussi conduire à Mascareigne le Père Bernardin, capucin de Quimper, nommé à la cure de Bourbon, à défaut du prêtre envoyé de France par la *Dunkerquoise,* lequel était mort pendant la traversée.

Le tout ainsi réglé, le *Saint-Robert* partit de Suratte le 5 avril 1676. Il parvint à Bourbon à la fin du mois de mai, et comme il se trouva que le Père Bernardin avait connu M. d'Orgeret, servant à San Thomé « en qualité de capitaine des lasquarins, qui sont les soldats du pays » et qu'il avait conçu de son caractère une opinion extrêmement avantageuse, tout fut pour le mieux dans les présentes circonstances. MM. d'Orgeret, de Fleurimont et le Père Bernardin, qui s'étaient rencontrés dans l'Inde sous les ordres de M. de Lahaye, allaient vivre en parfait accord dans leurs nouveaux emplois.

« Et par ainsy, ayant trouvé touttes choses bien établies, nous ne fismes semblant de rien touchant le gouvernement. L'on deschargea seulement les commoditez que le capitaine avoit eu ordre dy laisser, tant pour les habitans que pour le soulagement de ceux que l'on y menoit actuellement sur ce vaisseau et *qui s'estoient sauvez du massacre de Fort-Dauphin* [1]. »

Ce qui précède, relativement au capitaine du *Saint-Robert*, explique en partie pourquoi figure, sur certaines chronologies des gouverneurs de Bourbon, le nom de M. Auger, bien qu'il n'ait pas un seul instant occupé cet emploi.

Au moment où le *Saint-Robert*, après avoir séjourné un mois à Bourbon, allait remettre à la voile et se rendre à Mozambique « afin d'y chercher quelques filles et hommes que M. Baron, capitaine du *Blanc-Pignon*, y avait laissés du débris de Madagascar », le navire le *Vautour*, de la Compagnie des Indes orientales, parti de France le 1ᵉʳ février 1676, gagna Saint-Denis, après quatre mois de traversée « jour pour jour », ce qui était magnifique.

Pour accomplir cette belle navigation, que le capitaine du *Vautour* se plaît à célébrer, il lui avait suffi de quitter les côtes de France dans les délais recommandés par M. de Lahaye.

Nous aurions trop à faire de reproduire tout le bien que dit l'auteur du journal de ce bâtiment, sur la situation avantageuse de Mascareigne. Il s'étend là-dessus avec un charmant abandon. Nous ne prenons ici extrait que du passage concernant spécialement la colonie, lequel est absolument inédit :

« La colonie de toute l'isle est d'environ 200 ou 250 personnes, tant François que noirs. Tous les François qui y sont, sont très résolus, et c'est dommage qu'il n'y ait point de moyen pour peupler cette isle. Car à tant d'hommes, *il n'y a que 7 ou 8 femmes blanches*, quoiqu'il n'y en ait pas un qui ne souhaitât estre marié. Les enfants y viennent fort bien, beaux, bien faits, forts et fort blonds. Il ne manque rien aux habitants quant à la vie. Ils sont gouvernés, quant au spirituel, par un bon père capucin qui est venu cette année de Suratte, et, quant au temporel, par un gentilhomme de Saintonge nommé d'Orgeret, qui est un très galand homme, dont les habitants se louent fort. Il fut laissé par M. de Lahaye à son retour de San-Thomé où il commandait les dehors de la place, et y a donné des preuves remarquables de son courage.

« Il y a trois principaux endroits dans l'isle. Saint-Denis où loge le gouverneur. Sa maison, que j'ai appelée *le Fort*, est assez bien bâtie de pierre et assez spacieuse. Elle est revestue par dehors de trois rangées de palissades

---

[1] Mémoire du P. Bernardin. *Archives coloniales*. Bourbon, carton 1.

fort hautes et fort épaisses, avec 6 pièces de canon. Il y a dans cet endroit 15 ou 20 maisons assez bien bâties. Tout le rivage est de galet. »

Le *Vautour* quitta Bourbon quelques jours après le *Saint-Robert*, et le rejoignit à Mozambique où il parvint le 17 août 1676.

On voit que c'est principalement par des échappées de lumière dues à des journaux (manuscrits) de voyages maritimes, que nous sont venus les renseignements les plus intéressants sur les progrès de la colonie de Bourbon.

Voici maintenant Saint-Denis — fondé par Regnault — avec une habitation du gouverneur, dite « *le Fort* », bien palissadée et défendue par six pièces de canon. Nous sommes loin de l'unique « petite pièce de fer » qui, en 1671, répondait modestement au tonnerre de l'escadre de M. de Lahaye. Evidemment cette habitation fortifiée, qui fait si bonne figure dans l'extrait que nous venons de lire, a été construite sous le gouvernement de Jacques de La Hure. Il n'est pas douteux non plus que ces pénibles travaux imposés aux colons ont dû provoquer un vif mécontentement parmi les habitants, beaucoup plus attachés à leurs propres affaires qu'à celles du gouvernement. Ce que l'on peut reprocher à de La Hure, à travers les exagérations des légendes, c'est de n'avoir pas su faire exécuter ces travaux, ordonnés par le vice-roi, sans donner lieu à la population de se soulever contre lui. C'est un talent que de savoir obtenir de ses administrés de grands sacrifices sans les exaspérer. De La Hure n'eut pas ce talent. Il réussit à faire construire une confortable demeure au gouverneur, sans bourse délier, quant à la main d'œuvre. Mais, pour plus de vingt ans, il aliéna si profondément la population de Mascareigne contre ceux qui furent chargés de la gouverner, que leur autorité en souffrit cruellement. Il suffisait de toucher à cette blessure mal fermée pour renouveler leurs douleurs et leurs colères. On comprend que noirs et blancs ne pouvaient entrer dans « le fort » de Saint-Denis sans que le souvenir des peines qu'ils avaient endurées pour le bâtir ne les prît à la gorge. Ces magasins, ces épaisses palissades, ces maisons de pierre proclamaient les fatigues que leur construction avait causées. Pour empêcher ces amertumes de s'accroître au point de faire déserter la colonie, il eût suffi à de La Hure de prodiguer les encouragements parmi les travailleurs, et de leur distribuer à propos quelques-unes de ces douceurs qui font renaître les forces et la patience au moment où de rigoureuses exigences les feraient succomber.

De La Hure ne pratiqua pas cette politique. Il fit exécuter de grands travaux ; mais toute une légion de gouverneurs en payèrent les frais, les uns du côté des noirs, les autres du côté des blancs, au grand détriment d'ailleurs de la colonie elle-même qui faillit périr après une série de luttes sauvages.

Le Père Bernardin nous apprend, dans le mémoire qui nous est resté de lui, que les noirs malgaches « quoy quen assés petit nombre », ayant su le désastre de Fort-Dauphin, complotèrent d'infliger à la colonie de Bourbon un massacre de ce genre, avec cette réserve, dit-il, « qu'ils vouloient garder les femmes et le chirurgien pour les soigner et moy pour leur administrer les sacremens ».

Ces révoltés « se persuadant avoir assés de ruses et de forces pour avoir les mêmes avantages sur les François de l'isle Bourbon, et s'en rendre les maîtres, ont pris occasion, par trois ou quatre fois différentes, d'attenter leur destruction totale ».

M. d'Orgeret fut donc obligé de se mettre à la tête des blancs afin de combattre cette insurrection colorée, et « pour le repos public, de faire pendre une partie de ceux qui avaient conspiré la perte des François ».

On fut tranquille pendant plusieurs mois. Mais la lutte devait recommencer après la mort de M. d'Orgeret, qui s'éteignit le 17 juin 1678, « au grand regret de tous », dit le Père Bernardin. Il avait gouverné 42 mois et demi.

Avant de parler de son successeur, il nous est agréable de nous arrêter un instant pour donner un extrait contenant un renseignement relatif à une origine locale. C'est un acte fait par M. d'Orgeret, un an avant sa mort, — le seul écrit que nous possédions portant sa signature.

Peut-être ignore-t-on, à Bourbon, l'origine du nom donné à l'un des sites de l'île les plus remarqués des touristes, et que M. Lacaussade a dépeint en si jolis vers[1]. Nous voulons parler du Bernica. C'est

---

[1] Ondes du Bernica, roc dressé qui surplombes,
Lac vierge où le cœur rêve à de vierges amours,
Pics où les bleus ramiers et les blanches colombes
Ont suspendu leur nid comme aux créneaux des tours,
Roches, que dans son cours, lava le flot des âges,
Lit d'un cratère éteint où dort une eau sans voix,
Blocs nus, ondes sans fond, site âpre, lieux sauvages,
Salut !

le nom d'un habitant de Bourbon qui vivait en l'année 1677, ainsi que le prouve l'acte suivant, d'autant plus précieux que c'est le seul où ledit nom soit relaté.

« Je certiffie, Henry Esse, escuyer, sieur d'Orgeret, gouverneur pour le Roy en lisle Bourbon, fais à sçavoir, à tous qu'il apartiendra, avoir vendu à François Mussard, habittant demeurant en son habittation à Saint-Denis, une habittation size et scittuée à Saint-Paul, joignant du cotté du ouest à la chapelle, et du cotté de l'est, bornée de la rivière qui la sépare de l'habitation *où demeure Berniqua*, appartenant au Roy, la dite habittation ajant esté estimée par les habittans soussignés à la somme de cinquante livres tournois, que le dit Mussard a payé en argent comptant dont je le quitte.

« Fait au dit Saint-Paul, ce premier jour de juin 1677.

« Orgeret, Hervé Danemont. (+ Contremarque de Robert Vigoureux.)
« Fleurimond et F. Mussard. »

M. d'Orgeret, se voyant sur le point de mourir, avait assemblé la colonie et fait reconnaître M. de Fleurimond pour son successeur, en attendant les ordres du roi pour confirmer cette nomination ou envoyer un nouveau gouverneur.

XXVI.

Du mois de juin, temps de la mort de M. d'Orgeret, au mois de novembre 1678, Bourbon n'a reçu la visite d'aucun navire. Mais à cette dernière époque, on a la preuve qu'un bâtiment venant de Suratte pour retourner en France a fait escale à Mascareigne.

Nous trouvons, en effet, deux lettres écrites à quatre jours l'une de l'autre : la première, par 19 habitants de Bourbon ; la seconde, par M. de Fleurimond, lesquelles sont arrivées ensemble entre les mains de Colbert à qui elles étaient adressées.

Ces deux lettres, dans un style très caractéristique, dépeignent si bien la situation fâcheuse de la colonie après la mort de M. d'Orgeret, qu'il serait vraiment dommage de ne pas les mettre en entier sous les yeux du lecteur.

De quel ton humble et honnête les colons et leur chef réclament les secours de la mère patrie ! Tout leur manque pour se vêtir et préparer leur nourriture. Ils s'en plaignent avec modération. On leur a reproché d'avoir marché nu-pieds, d'avoir profité de la douceur de la température pour éviter d'user le peu d'étoffes qui arrivaient dans l'île. Il faut être juste. Le reproche à cet égard est facile à qui n'a pas souffert de l'absolue privation des choses les plus nécessaires à la vie de famille.

La supplique des 19 habitants de Saint-Paul fut écrite par François Ricquebourg, qui, dès le gouvernement de Regnault, était à la fois et fut longtemps encore le secrétaire du commandant, le greffier, le garde-note, et le maître-chantre de la colonie.

On remarquera que, parmi les noms des pétitionnaires, il en est de complètement inconnus à Bourbon, et que nous n'avons pu retrouver sur aucune autre pièce que celle dont voici la fidèle copie :

« Monseigneur,

« Pierre Hibon, François Mussard, Jacques Fontaine, Pierre Collin, Claude du Chauffour, François Ricquebourg, Gille Launay, Réné Houarault, Nicolas Prou, Hervé Danémont, Guillaume Girard, Jean Bellon, Pierre Nativelle, Jacques George, François Penaoüet, George Piolant, Jean Presien, François Vallée. Robert Vigoureux.

« Tous habitants de l'isle Bourbon, supplions très humblement Monseigneur de Colbert, protecteur spécial de la dicte isle de Bourbon, d'avoir esgard à la nécessité où elle se trouve présentement, estant dégarnie de toutte commodité nécessaire, tant pour l'entretien des familles que pour le cultivement de la terre ; et surtout, ce qui nous des courage entièrement du service, est le mauvais traictement des commandants qui se saisissent de la plus grande part, du meilleur et du plus beau des petits secours qu'on y envoie, soit pour eux, soit pour leurs valets ; comme aussi de considérer qu'ils nous empeschent entièrement le commerce que nous pourrions faire avec les navires qui passent dans ces quartiers (ce qui n'arrive que très rarement). Néanmoings, nous aurions quelque consolation, si l'on nous permettoit d'eschanger les fruicts que nous cultivons en petite commodité qui nous sonts de la dernière nécessité. Monseigneur, espérant que vous aurez quelque charité *pour le pauvre peuple de Mascareigne*, nous vous pouvons assurer que, de nostre costé, nous contribuerons aussi de nostre meilleur à donner toute la satisfaction que peut souhaiter nostre bon Roy, que Dieu conserve et vostre excellence.

« Les matériaux qui nous seroient plus de besoin, ce sonts : fer, acier, meulle, avec un bon taillandier ; quelque toile bien forte pour le travail, avec des marmittes et poisles.

« Monseigneur, en passant, nous prendrons la liberté de vous dire qu'il y a icy quantité de ieunesse que les navires ont laissé comme malades, et qui sonts plustost tous soldats, que dans le dessin de s'arrester dans ces quartiers, qui maudissent tous les iours le moment quils ont mis pieds à terre. Ce seroit une grande charité que de les en retirer, comme aussi de nous donner la liberté de nous deffaire des Madagascarins qui sonts icy, qui sont gens traictes et turbulant ; car, pendant qu'il y en aura, au lieu de cultiver nos terres, il faut que nous leurs allions faire la guerre pour les esloigner de nos habitations.

« C'est de rechef la supplique que vous font vostres humbles et obéissants serviteurs.

« De Sainct-Paul, en lisle de Bourbon, ce 16ᵉ iour de nouembre mil six cent septante huict. »

(Suivent les signatures.)

Comme on le voit dans cette supplique, ce qui tenait surtout au cœur des habitants, c'était de ne pouvoir communiquer directement avec les vaisseaux qui venaient s'arrêter à Bourbon. On ne peut se figurer combien cette interdiction leur était cruelle, et quels singuliers effets produisit cette défense qui provenait de M. de Lahaye. Le plus remarquable fut d'attirer des forbans sur les côtes de l'île. Les habitants ne pouvant obtenir « de douceurs, de commodités » (c'étaient leurs termes), d'argent même (ils n'osaient le dire) des navires de la compagnie, qui seuls pouvaient régulièrement aborder l'île, tâchaient de se les procurer par les écumeurs de mers, qui, ayant besoin de vivres, d'eau, de bois, payaient toujours bien, sans marchander, ou donnaient en échange des étoffes, des bijoux, des ustensiles de ménage ou autres objets nécessaires aux habitants. C'était de la contrebande évidemment. Mais ces relations secrètes, d'ailleurs extrêmement rares, avec le dehors, soutinrent la patience, la bourse, la vie peut-être des habitants de Mascareigne pendant quarante années, et sa population, en fin de compte, y gagna un renfort d'une importance considérable.

La Compagnie des Indes, au sujet de Bourbon notamment, entendait fort mal ses intérêts. Elle y voulut faire du commerce par force. Elle n'y gagna jamais rien au delà des vivres pour ses « rafraîchissements ». Si la liberté commerciale pour le dehors avait été laissée aux colons, dans une certaine mesure, Bourbon seule aurait pu rapporter beaucoup d'argent à la compagnie.

Mais les tripotages des transports de produits, des habitations aux magasins, et des magasins aux vaisseaux qui ne donnaient presque rien en échange, paralysaient toute industrie, toute culture, tout commerce. On eut beau faire, on ne put obtenir que les colonies devinssent des fermes, et les colons des fermiers. Il fallait donc changer de système. On n'en changea pas. Il fallait donner la liberté. On ne la donna pas, et la compagnie, de faiblesse en faiblesse, s'achemina lentement vers sa ruine.

Voici maintenant la lettre de M. de Fleurimond, qui n'est pas moins touchante que celle des habitants :

St-Paul de lisle Bourbon, 20 novembre 1678.

« Monseigneur, je prend la liberté de vous donner advis de lestat de lisle de Bourbon, qui est que le gouverneur que M. de la Hay y avoit establis, et depuis confiermé d'une commission de Sa Majesté à luy rendüe par M. de Beauregard, est decedez le 17e juin dernier, et, ce voyant fort mal, a voulu pouruoir aux afaires du roy, consernant lisle ; pour set efet, il a fait asembler les habitants et autres et leurs a ordonné de me reconnoitre et obéir en calité de commandant, comme ayant estay lessé pour son lieutenant par mon dit sieur de la Hay. Sest pourquoy, Monseigneur, je vous suplie très humblement de me confiermer lelection quil a faite de moy.

« Pour alesgard de lisle, vostre grandeur saura que les gens sonts dans vne grande dizette de toutes commodités, comme de toille forte pour faire des habits ; de linge, de poterie de fer ou de cuivre pareillement, des fermants (ferrements) et houtils de toute façcons pour trauailler aux bois et a la terre. A legard des gens nécessaire icy cesseroit des gens de trauaill et ceroit mieus a rendre seruisse à Sa Majesté. Monseigneur, vous saurez pareillement que de pui 3 ans quil sest gette une sy grandes cantité de rats dans la terre que l'on ne puis rien faire que ses miserable animaux ne gastte et perd tout, même jusque dans les lieux le plus inabite. Mais, par une grace toute particulière de Dieu, ils ne fonts pas tant de degast presatem^t quils onts fait par le passé[1].

« Monseigneur, je vous diras semblablement que dant cet isle il y a quelques noirs de la terre de Madagascar qui ayant apris le dezastre arivez aux François du fort Dauphin, lesquelles onts voulus immiter leurs compatriottes et nauoients pas resolus moing que de ce rendre maitre de la terre et de tuer tous les François, ce que Dieu na permis, par la bonne recheche que nous auons faitte des principaux auteurs, qui onts estay chatiez de mort et

---

[1] Ce passage nous amène à dire que jadis on a laissé courir dans la colonie cette légende singulière qu'il n'était pas possible que les rats vécussent à Mascareigne. Suivant divers auteurs (Dellon, notamment, 1711) la « vertu balsamique » du terroir et des plantes répandait un parfum mortel à ces rongeurs. On voit que c'est une pure fable. Si les rats n'étaient pas originaires de Bourbon, amenés par les vaisseaux de l'Inde, où ils pululent, ils se propageaient très bien dans l'île et la prétendue vertu balsamique du terroir n'y pouvait rien.

d'autres qui se sonts sauvez dans les montagnes et fonts tous les jours quelque brigandage; même, ces jours dernier, sonts venus à limpourveu a la bittation du roy à Sainte-Suzanne, onts surpris le commis, lonts mis a mort et un autre François qui estoit malade, et ont tout enleué ce quil ont rencontré; ce qui moblige de me metre a leurs poursuitte imcessammant afin dempecher ce desordre.

« Monseigneur, nous implorons tous vostre secour. Quil vous plaize nous enuoyer quelque escleziastique pour nous consoler et nous départir les sacrements. Il y a bien un pere capucin. Mais sest un homme fort incommodé qui ne puis pas vaquier partout; et puis il ne veut point demeurer et natant qvne ocazion pour se restirer.

« Monseigneur, je vous escrirois bien plus au long. Mais le respec et la crainte de vous estre importun impose le cilence, en esperant tout de vostre Bonte, et suis obligé de prier Dieu eternelement pour la continuation de vostre santé et bonne prospérité, comme estant en tout et à jamais vostre très humble et très obeissant et tres fidelle serviteur.

« **Fleurimond.** »

En janvier 1680, M. de Fleurimond, frappé d'apoplexie, fut trouvé mort dans une ravine où il était allé chasser, et qui, pour ce fait, a conservé le nom et fixé le souvenir de ce commandant intérimaire, qui n'avait pas un seul instant pensé à interdire la chasse à ses administrés. Avant de le quitter, remercions-le de nous avoir prouvé, comme l'avait fait son prédécesseur d'Orgeret, que les colons bourbonnais n'étaient pas ingouvernables, et qu'il suffisait de les traiter avec intelligence et douceur pour en faire des hommes faciles à diriger. Le père Bernardin va nous procurer le même avantage.

XXVII.

Les habitants, embarrassés de savoir par qui se faire commander en l'absence de tout officier capable de prendre ce poste, obligèrent « par une contrainte générale » le Père Bernardin à les gouverner en attendant les ordres du roi.

Le Père expose dans son mémoire qu'il lui fallut consentir à prendre la place de M. de Fleurimond, « quoyque je n'eusse que trop de la mienne, pour quelque résistance que je fisse comme incompatible à ma profession et à mon estat ». Ce qui n'empêcha pas l'intelligent pasteur de s'acquitter au mieux de cette mission difficile. Son principal mérite a été d'avoir concouru beaucoup à rétablir le calme dans la colonie en forçant les noirs marrons à se tenir tranquilles dans la montagne ou à rentrer soumis et repentants chez leurs maîtres respectifs.

Un fait particulier est à noter pendant le temps de son commandement.

En 1681, Louis XIV, alors très désireux, comme on sait, d'entrer en relations étroites avec le royaume de Siam, avait décidé le roi de ce pays à envoyer une ambassade à la cour de Versailles.

Les ambassadeurs et leur suite nombreuse, partis de Bankok sur le vaisseau le *Vautour*, s'arrêtèrent à Bantam, où ils séjournèrent quelques mois. Là ils furent installés sur un plus grand bâtiment, le *Soleil-d'Orient*, afin d'être mieux à même d'accomplir le voyage avec toutes leurs aises. Peut-être ne cacha-t-on pas assez à Bantam que ce navire partait chargé des plus riches présents pour le roi de France et toute sa cour. Toujours est-il que Bourbon le vit arriver le 1er octobre 1681. Le *Soleil-d'Orient* fit escale à Saint-Denis pendant un mois.

Ce qui donne occasion au Père Bernardin de parler de cette circonstance, c'est le fait suivant, de date antérieure.

Le directeur de la Compagnie des Indes, Caron, en rentrant en France sur le vaisseau le *Jules* (qui, ainsi que nous l'avons dit, périt dans la rivière de Lisbonne en 1673), avait touché à Bourbon et laissé dans l'île douze soldats indiens embarqués à son bord comme prisonniers de guerre faits à San Thomé.

Ces malheureux avaient supplié les ambassadeurs siamois de solliciter leur liberté auprès de Louis XIV. Ils attendirent en vain la réponse et finirent par rester dans la colonie.

On a cru généralement que le *Soleil-d'Orient*, parti de Bourbon le 1er novembre 1681, périt dans un ouragan survenu le même jour à l'Est de Madagascar. Le père Bernardin, que la nouvelle de ce naufrage avait frappé, déclare que le navire avait quitté l'île par un temps superbe, et considère comme improbable la cause attribuée à sa perte. Il fait entendre que le *Soleil-d'Orient* aurait été dévalisé par des forbans et ensuite incendié en mer avec tout l'équipage et le personnel de l'ambassade siamoise. Le Père Bernardin, paraît-il, aurait surpris une indiscrétion à cet égard parmi des marins hollandais, lorsqu'il passa au cap de Bonne-Espérance, en 1687.

Quoi qu'il en soit, il est certain qu'à partir du 1er novembre 1681, on ne revit plus le *Soleil-d'Orient*, ni aucune des personnes embarquées sur ce navire. Malgré toutes les recherches opérées à la côte orientale de Madagascar, par les ordres de M. le directeur de Pondichéry, François Martin, les circonstances de ce drame maritime ne furent pas autrement connues.

Pendant les 6 ans et 11 mois que gouverna le Père Bernardin, l'île ne reçut que trois visites : celle du *Soleil-d'Orient*, celle du *Président*, capitaine Senault, qui fit, en 1683, des recherches sur la perte dont nous venons de parler, et enfin celle du *Saint-François-d'Assise*, capitaine Désormas-Jonchée, de Saint-Malo, parti de Pondichéry le 2 octobre 1686.

Le Père Bernardin voulut profiter de ce dernier navire pour aller implorer lui-même l'administration centrale de la Compagnie des Indes, au nom de la colonie bourbonnaise, qui semblait absolument oubliée en France. Son but était d'obtenir, pour Mascareigne, un gouverneur nommé par le roi et des secours de toute espèce pour les habitants privés des choses les plus nécessaires.

Seulement, son départ n'était guère possible si quelqu'un ne consentait, avec l'agrément des habitants, à gouverner la colonie pendant son absence. Le capitaine Désormas-Jonchée, qui voulait bien se prêter aux vues du brave curé en l'emmenant en France, lui proposa de persuader à l'un de ses passagers de se laisser élire à titre provisoire.

Bourbon, qui avait eu successivement un commis, deux capitaines, un lieutenant et un curé pour la gouverner, allait avoir maintenant pour chef un pilote de la Compagnie. Cet homme, qui avait « roullé toute l'estendue des Indes orientales » se nommait Jean Baptiste Drouillard.

Nous le voyons marié à Pondichéry, vers l'année 1677, avec une femme d'origine portugaise nommé Maria Diès, et ayant eu d'elle deux filles, baptisées, la première en 1678, la seconde en 1680. Femme et enfants meurent, et Drouillard, dégoûté de la vie coloniale, malade, usé par de longues navigations, ayant d'ailleurs amassé quelque argent, obtient congé de M. François Martin, et se résout, bien que jeune encore, à rentrer dans sa famille en France, afin d'y goûter le repos.

C'est lui qu'il s'agit de décider à s'arrêter en chemin pour commander une colonie dont il était absolument inconnu.

Ce ne fut pas chose facile, et l'on peut dire que le jour où l'on obtint péniblement son aveu, se représenta, sur la plage de Saint-Denis, une comédie que l'on aurait pu appeler « le gouverneur malgré lui », par analogie avec celle de Molière, connue déjà depuis vingt ans.

Drouillard, dans ses lettres et rapports, se plaint assez du rôle qui lui fut imposé à Mascareigne, pour qu'il soit possible de reconstituer les différentes scènes de cette comédie. A travers toutes sortes de péripéties, elle finit par tourner au drame, ainsi que la suite du récit va le prouver.

En fait, les colons de Bourbon recoururent au suffrage pour se donner un chef, et, suivant acte du 23 novembre 1686, Drouillard fut élu par tous les habitants, et débarqué officiellement du *Saint-François-d'Assise*, qui reçut à sa place le Père Bernardin.

Le navire mit à la voile le 30 novembre, et c'est de ce jour que l'ex-pilote de la Compagnie des Indes, installé « au fort de Saint-Denis », qu'il appelle aussi « nostre hautel », commença à exercer le pouvoir, ou plutôt sa patience.

Sans deux événements inattendus, qui vinrent se mettre à la traverse de son gouvernement, Drouillard n'aurait pas eu à se repentir beaucoup de s'être laissé enlever à ses rêves de retour en France.

Avant d'arriver à ces événements, où le comique se mêle parfois au sérieux, il est nécessaire de montrer de quels éléments se composait la colonie à l'époque où le Père Bernardin l'a quittée.

Son mémoire nous renseigne à cet égard, et d'autant plus à propos que la petite population de Bourbon, sortant de l'enfance, entre dans cet âge juvénile où la turbulence est tout à fait de saison. La comparaison qui nous amène à le dire est obligée. Ce sont mêmes défauts. Comme le jeune garçon, il lui faut briser ses jouets : la chasse est là pour lui donner matière à détruire. Il lui faut contrarier ses maîtres : l'honnête Drouillard va lui servir de plastron. Il lui faut gaspiller ses friandises : la tortue, considérée avec raison — « comme une manne céleste que le seigneur avoit si bien répandue sur toute lisle qu'elle en étoit aussi couverte que de pierres », — fut tellement prodiguée par le créole bourbonnais, qu'il n'en conserva même pas de quoi assurer la reproduction de l'espèce.

Tout a son temps. Cette prodigalité des richesses naturelles amena l'impérieuse nécessité du travail. Les plantations, bien soignées, se multiplièrent. Le tabac, le café, la canne, améliorés par la culture, couvrirent peu à peu le sol de l'île entière, et finalement elle devint plus riche encore que l'opulente nature ne l'avait présentée aux premiers Français arrivés à Bourbon.

En attendant ce beau résultat, voyons les éléments des forces humaines qui le produisirent.

En décembre 1686, la population de Bourbon se composait de :

1° Français et Françaises, 10 familles, comprenant....	53 personnes.
2° Français et Portugaises des Indes, 12 familles, comprenant.	66 —
3° Français et femmes de Madagascar, 14 familles, comprenant.	78 —
4° Nègres et négresses de Madagascar, 8 familles, comprenant.	40 —
5° Deux Hollandais, dont l'un avait épousé une Française créole, et l'autre une négresse créole.	4 —
6° Seize noirs de Madagascar.	16 —
7° Douze noirs indiens.	12 —
Total.	269 personnes.

C'était donc à 269 personnes, établies à Saint-Paul, à Saint-Denis et à Sainte-Suzanne, que Drouillard allait avoir à commander. A peu de chose près, l'élément français était pour moitié dans cette population. En effet, si l'on veut bien additionner le premier chiffre avec la moitié du second et celle du troisième, on verra que le total s'approche beaucoup de 134, moitié de 269, sauf une unité.

XXVIII.

Drouillard a envoyé en France, à la fin de son exercice, un journal écrit par lui, contenant — avec pièces à l'appui — le récit de tout ce qui s'était passé dans la colonie pendant son commandement.

Ce document très curieux, bien que très confus, encombré de phrases inutiles, extravagantes parfois, forme un tableau saisissant de ce que devait être Bourbon à cette époque.

Les noms, les prénoms, les surnoms des acteurs (nous voulons dire des habitants), apparaissent à chaque ligne dans les scènes racontées.

Drouillard, par exemple, se montre, on dirait aujourd'hui, *natura-*

liste. Les mots lui viennent trop facilement à la plume. Rien ne le retient pour dire ce dont on l'accuse et ce dont on accuse les autres. Ironiquement on le soupçonne de galanterie, il s'emporte. Il bataille contre un mot plaisant, devenu pour lui grosse injure. Il écrit des lettres pour se défendre et souffle la tempête quand le silence aurait suffi pour apaiser bien des murmures. Tantôt il se grise de son pouvoir et prend des manières despotiques; tantôt il se familiarise avec les habitants et va sans façon dîner chez eux. Alors, après boire, on le taquine, on lui demande des comptes. Il s'exaspère et rentre chez lui désolé d'avoir à gouverner une colonie si peu facile à conduire. Il jure qu'il ne remettra plus les pieds dans tel quartier, ce qui ne l'empêche pas d'y revenir bientôt après.

Mais cette période singulièrement troublée fut précédée, entre Drouillard et sa colonie, d'une lune de miel, en quelque sorte, qui dura pendant six semaines, et si ce commandant débonnaire fût resté calme dans son « fort », avec un milicien montant la garde à la grand'porte, avec un secrétaire pour société et un courrier chargé de porter de petits ordres sans conséquence; s'il eût fermé les yeux sur bien des choses, reçu et rendu de rares visites, son bonheur fût demeuré sans mélange, jusqu'au moment où la cour aurait envoyé à Mascareigne un gouverneur plus sérieux avec une compagnie de soldats bien armés pour appuyer son autorité.

Il n'en fut pas ainsi. Le 15 janvier 1687, la lune de miel se leva dans les nuages. Drouillard eut la malencontreuse idée d'aller déterrer l'ordonnance de M. de Lahaye, au fond du coffre laissé par M. d'Orgeret. S'il n'avait fait que la rappeler ingénument aux habitants pour les retenir un peu, ils lui auraient passé cette fantaisie. L'esprit d'innovation poussa Drouillard à transformer cette ordonnance en une autre rendue par lui, assurément bien adoucie, mais où les châtiments corporels, en sus des amendes pécuniaires, n'étaient pas ménagés. Vouloir flageller ses électeurs, même dans le but de les rendre plus sages, était une idée bizarre. L'excuse de ce pauvre Solon était qu'à cette époque les châtiments corporels étaient partout en honneur.

Cependant Drouillard, convaincu de l'utilité de son œuvre, fit afficher l'ordonnance qu'il venait de rédiger.

Alors éclata le premier orage. Les habitants consternés venaient de lire l'écrit suivant, et s'ils n'avaient vu le nom de Drouillard au bas du papier collé « sur la porte de la chapelle du quartier de Saint-Paul », ils auraient pensé qu'on les avait changés de gouverneur pendant la nuit.

Encore un texte si bien resté jusqu'ici dans l'ombre que personne n'en a même indiqué la date. Nous reproduisons l'original dans son intégrité :

« DE PAR LE ROY,

« Il est ordonné à tous les habitans du cartier de Saint-Paul, et autres, daller deux fois la semaine à la chasse au cabrit et une fois à la tortüe de terre.

« Deffences leurs sont faittes de ne point passer la rivierre de Saint-Gilles, sous peinne destre corporellement chasticz.

« Que tous les dits habitans pourront faire de laloys (aloès) où ils pourront, excepté dans les caz (cases) qui ont tousiours esté sy devant reservez pour le roy, sous peine de confiscaō., y estant atrapé, et de vingt escus damande payable dans la huictaine pour la premierre fois, et, en [cas] de residive, seront rigoureusement chasticz, et serviront le roy six mois sans aucun sallaire, et se, pour voulloir anticiper sur les droits de son prince.

« Mais ouy bien pourront les dits habitants enplanter un chaicun dans leurs habitassions autant quil pourront, pour en recueillir en la saison.

« Quil pourront aussy faire du miel et de la cire sans destruire les mouches à miel et en aporteront le huictième au magasin, sous peine de confiscaō. et de dix escus damande et servir le roy quattre mois sans auquns sallaire.

« Que le tabacq quil feront sera bon et bien conditionné pour le débitter au vaisseaux qui abordront dans lisle soit françois ou estranger, et sera visité pour voir sil est bon, et, ne lestant pas, sera brullé pour celuy aqui il cera et payera vingt liures damande, et ce, pour ne pont (point, desacrediter lisle comme estant la marchandises de lisle où il en veut sortir le plus en quantité.

« Quils pourront entreux commercer et negossier de louttes leurs danrrée sans se faire au qun tort les uns au autres soupeine de cinquante liures damande, et, en cas de residive, serout corporellement chasticz et serviront le roy trois mois sans auqun sallaire.

« Deffances leur sont faitte absolument de ne point aller abord dauquns vaisseau qui abordera dans lisle, soit françois ou estranger pour y commercer, sans la permission du chef ou commandant, sous peine de cent liures damande et estre corporellement chasticz en cas de residive.

« Donné à nostre hautel, au cartier de Saint-Paul, le 15ᵉ janvier 1687, le jour et an que dessus. »

« DROUILLARD. »

Ainsi qu'il est compréhensible, après une lecture bien attentive de cette ordonnance (car la rédaction n'en est pas riche), Drouillard avait surtout en vue de limiter la liberté de la chasse. Les habitants étaient intraitables sur ce chapitre. Sans chasse pas de colons! On n'en pouvait plus rien tirer. C'était une passion chez eux que d'aller traquer les cabrits dans la montagne. Suivre les bonds de ces bêtes dans les roches, leurs escalades des pentes à pic, leurs dégringolades dans les ravines, formait un exercice de haut goût pour les intrépides qui faisaient assaut de souplesse avec ces animaux dont l'agilité est proverbiale. Les difficultés mêmes de cette chasse assaisonnée de périls, lui donnaient un attrait sauvage tout particulier. On s'explique l'émoi des jeunes colons quand ils virent que la liberté d'user de ce profitable amusement subissait certaines restrictions, à leurs yeux, paraît-il, d'une importance capitale.

Mais le récit, fait par Drouillard, des scènes qui suivirent la publication de son ordonnance, est trop curieux pour que la parole ne lui soit pas donnée, au moins un instant, à titre de spécimen :

« Au jourd'huy ving cincquiesme jour du mois de janvier mil six cent quatre vingt sept, François Mussard et Jacque Fontaine ayant faict une caballe aveq tous les habitans, mont inssollamment a tacqué à la porte de l'église, *au sortir de la prierre* [1], en me demandant lexplicastion des ordre que javoy fait afficher — (par le sieur Anthoine Royer, chirurgien major au cervice du roy et de la royalle compagnie de cette isle de Bourbon despuis lespace de vingt ans ou environ jusque cy devant), — pour le bien et utillité de tout le commun peuple, lesquelles ordres ont esté autée et deschirée par les dits François Mussard et Jacque Fontaine pendant le temps que jaytoy mallade, et me dirent qu'ils voulloyent avoir la chasse gèneralle qui est dan naller chercher là où ils en pourroyent atraper.

« Voyant leurs cédission et audasse, qui ne se peut faire que par des rebelles, de collère je leur my la bride sur le col et man fu pour me reposer à la maison de Renaud Houaraud, qui estoit proche, où les dits Mussard et Jacque Fontaine, chefs de la caballe, aveq Gille Launay, et tous les autre habitans, sanvindrent de rechef me poursuivre et me demander compte des effets du roy et de la compagnie, en nataquant led. sieur Royer et luy mettant les points au nez ....

« Sur ce, genvoyé cherché led. Mussard et le fy mettre aux fers pour savoir cequestoit devenus les ordres que javay fait afficher à la porte de l'église, et voullant faire de la resistance après l'avoir saisy, je fu obligé de tirer lespée pour lobliger à flaichir, ce quil fit aussy tost, et comme jattanday quil fussent un peu plus tart pour en faire de même aud. Jaque Fontaine, demeurant un peu esloigné, la femme dud. Mussard arriva sur ses entretaitte qui

---

[1] Bourbon était alors sans prêtre ; mais il était d'usage que la prière fut récitée chaque jour en présence des habitants.

nous vaumit beaucoup de parolles désagréables,.. et s'en fut advertir la caballe.

« Fontaine, principal hauteur, tout aussy tost sanvient marchant à la teste de sa troupe; Champagne Descocombres, Jacque Lauret dit Saint-Honoré, Jullien Dalliot dit la Rose, Pierre Hibon et Gille Launay.

« En les voyant venir, je vins à la porte du logis, audevant deux, en leur demandant ce quils souhaittoyent.

— D'où vient, dit Fontaine, que javoy fait mettre cette homme-là aux fers; que viste on heust à le mettre hors.

— Je ne veux rien faire, je leur dy; et quils nestoyent pas tous assemblez.

— Ils respondoient pour toute lisle, dit Fontaine.

« François Vallée, habitant de Sainte Suzanne, arrivé le dit jour à Saint Paul, dit aussy quil respondoit pour tous ceux de son cartier...

« Ayant dit de rechef que je n'en voullois rien faire, ils lautèrent malgré moy, voyant que jaytoy seul...

« Ce voyant, je leur demandé la grace de sortir hors du gouvernement, pour vivre en repos comme estant homme incomodé et incapable doccuper un sy digne employ.....

« Or est-il, selon leurs raports et la liberté de la chasse, que jamais les gouverneurs, qui ont gouverné lisle par le passé, ne leurs ont accordé qune fois la chasse la semaine ny envoyant que un homme de chaque maison seullement.

« A présent ils en nanvoyent deux et trois quy viennent chargez à flaichir sous le faix.....

« Le douzieme jour du mois de feburier, Anthoine Payet dit La Roche et plusieurs habitans mayant dit, touchant la tortüe de terre, que, sy un chaicun y alloit deux fois par semenne, l'on en verroit bien tost le bout. Jacque Fontaine, et ceux de sa caballe, me dirent quil voulloyent faire le caresme et aller deux fois à la tortüe de terre toutes les sepmenne, et que cela aveq du poisson sacomodoit. Ce que je ne leurs peu accordé que par force et contrainte. »

Voilà donc la partie engagée entre Drouillard et les habitants. Trente mois environ il gouverna sur ce pied-là. Les « cabaleurs » lui imposaient leurs volontés, et quand il faisait mine de vouloir résister, on menaçait de le ranger, ce qui n'empêchait pas que, lorsque poussé à bout, il voulait se démettre, Messieurs les « cabaleurs » étaient aux cent coups, tant il est vrai que le besoin de se faire gouverner quelque peu est instinctif chez l'homme vivant en société.

Nous parlons de « cabaleurs ». Il ne faut pas croire que les habitants de Bourbon justifiaient tous ce terme employé par Drouillard. Les Ricquebourg, les Touchard, les Damour, les Daillau, les Payet, et bien d'autres laborieux colons, ne prenaient nulle part à ces assemblées de mauvaises têtes, qui voulaient faire marcher le gouverneur à leur guise et n'y réussissaient qu'à moitié; car Drouillard se montrait têtu parfois, et déclarait tout haut qu'il portait sur lui six pistolets chargés dont le conseil et l'assistance pouvaient être excellents dans certains cas; et il prouva bien un jour où sa vie fut menacée, que ce n'était pas là une vaine parole.

Cependant Drouillard ne perdit pas l'occasion de réparer l'échec que son autorité avait subi au sujet du règlement sur la chasse. Le 12 mars 1687, Saint-Paul ayant reçu la visite du vaisseau l'*Oriflamme*, venant de Suratte, Drouillard se plaignit au capitaine des graves difficultés survenues entre lui et les habitants, et le pria publiquement de vouloir bien le ramener en France. Il lui montra l'acte par lequel les colons s'étaient formellement engagés à le laisser partir dès qu'il ne lui conviendrait plus de les gouverner. M. du Chesnay ne voulut pas se rendre à son désir, par la seule raison qu'il ne savait par qui le remplacer. Drouillard lui demanda alors d'obliger les habitants à renouveler solennellement le serment de soumission qu'ils lui avaient déjà prêté.

Le capitaine y consentit. Le 15 mars, il fit assembler les colons sur la place de l'église; puis, accompagné de son état-major, entouré de l'équipage de l'*Oriflamme* sous les armes, ayant d'ailleurs Drouillard à sa droite, il se rendit solennellement au même lieu, et ordonna aux habitants de lever la main, pendant que l'un de ses officiers lirait la formule d'un serment de fidélité au roi, et au gouverneur de l'île, élu pour Sa Majesté. Cette formalité remplie, chaque individu passa devant Drouillard et répéta, main levée : « Je le jure ».

Pourquoi le capitaine du Chesnay voulut-il faire payer ce service en se débarrassant d'un aumônier qui le gênait à son bord!... Ayant appris, à l'occasion de cette solennité, que Bourbon était privée d'ecclésiastique, avec un semblant d'intérêt pour la colonie, il proposa de lui donner son aumônier. Drouillard, qui déplorait de voir ses administrés sans prêtre pour consacrer les mariages et baptiser les enfants, accepta avec empressement l'offre de M. du Chesnay. Sans plus d'explications, M. Georges Camenhen, prêtre séculier de l'évêché de Vannes, fut débarqué et installé au presbytère de Saint-Paul.

Quelques jours après le départ de l'*Oriflamme*, le 1er avril 1687, en l'absence de Drouillard, resté à Saint-Paul, un lougre portugais, nommé le *Saint-François-Xavier*, vint s'échouer à Saint-Denis, au moment où une grosse voie d'eau, dont on n'avait pu se rendre maître, allait le faire sombrer. L'équipage débarqua au plus vite en appelant au secours; les habitants accoururent pour l'aider à sauver le contenu du bâtiment, et, l'opération à peine terminée, le *Saint-François-Xavier* coulant bas, s'abîma dans la mer.

Le capitaine, nommé Domingo Luis de Olliveira, adressa de suite une lettre à Drouillard pour lui apprendre son malheur et lui demander assistance. Celui-ci, en qualité d'ancien pilote, entendait et parlait plusieurs langues, notamment le Portugais. Aussitôt qu'il eut pris connaissance de la lettre du capitaine naufragé, il s'empressa de retourner à Saint-Denis et reçut bien l'équipage. Les gens du navire furent logés chez les habitants les plus aisés; ceux de Saint-Paul en eurent leur part.

L'introduction de Camenhem dans l'île et l'arrivée de ces Portugais amenèrent dans la colonie des troubles que Drouillard eut bien de la peine à conjurer.

XXIX.

Camenhem était un de ces aumôniers de l'ancienne marine (nous sommes en 1687), qui n'engendraient pas la mélancolie à bord des vaisseaux. Celui-là, bon prêtre à jeun, mauvaise tête à la fin des repas, main leste, coude léger, langue affilée, aimait par-dessus tout à ce qu'on s'occupât beaucoup de lui.

Au premier abord, dans l'île, il fit bonne figure et gagna tous les suffrages. Drouillard, charmé de le posséder, eut la faiblesse de lui déléguer une partie de son pouvoir pour tenir l'ordre à Saint-Paul. Cela lui donna de l'ambition; il se crut tout permis.

Ayant appris que le Père Bernardin, qui avait laissé tant de bons souvenirs à Bourbon, avait gouverné la colonie pendant six ans, il rêva d'obtenir le même avantage. Drouillard ne demandant qu'à se retirer, semblait ouvrir un horizon à ses vues ambitieuses.

Dès le 13 avril 1687, il écrit à Drouillard une lettre mielleuse, l'assure de son entier dévouement plus qu'il n'est besoin, et l'avertit de prendre garde aux Portugais logés à Saint-Paul. Ils auraient, dit-il, l'idée de s'emparer de Mascareigne, sous prétexte que l'île a été découverte par un navigateur de leur nation.

Drouillard ne voyant là qu'une parole en l'air et mal rapportée peut-être, ne s'en inquiète pas, et il a raison.

Le 28 avril, nouvelle lettre de Camenhem, pleine de douceureuses perfidies, dans laquelle il déplore de ne pas se trouver logé et servi comme devrait l'être une personne de son caractère.

Drouillard apprend en même temps qu'un Hollandais, demeurant chez Gilles Launay, vient d'y mourir sans avoir fait de testament, et que cet habitant veut s'emparer de ce que le défunt a laissé, déclarant que le tout lui appartient.

Drouillard fait observer que, dans ce cas, la succession appartient au roi, et en réclame le montant.

Camenhem prend la défense de Launay. Carré-Talloit, garde-magasin à Saint-Paul, soutient le droit du gouverneur. L'abbé dit à Talloit qu'il n'a pas à intervenir et l'insulte. Celui-ci va se plaindre au gouverneur qui, le 8 mai, envoie à Camenhem, pour être transmis aux habitants, l'ordre écrit d'avoir à saisir Launay et à l'amener prisonnier à Saint-Denis. Ceux-ci viennent déclarer à Drouillard « qu'ils ne sont ny sergens ni archers pour prendre personne ». Ils apportent du reste une lettre de Camenhem, datée du 9 mai, qui renferme ces aménités : « Monsieur, je croy que vous estes possédé de tous les diables et que Dieu n'a plus de part en vous. Jay receu la lettre d'un sot fieffé. Avez-vous jamais eu une commission du roy pour créer des sergens et recors. Allez commender à ceux qui vous doivent reconnoistre ! car pour moy je ne vous reconnois que pour un sot indigne de la plasse que vous tenez. »

Sur ces entrefaites, Talloit écrit à Drouillard que les Portugais logés à Saint Paul abusent de la chasse à un tel point, qu'ils s'appliquent en quelque sorte à la détruire. On a trouvé des chèvres ayant les mamelles coupées et quantité de tortues décapitées. Drouillard indigné fait afficher, à Saint-Denis et à Saint-Paul, un ordre, rédigé en Portugais, interdisant absolument la chasse aux étrangers.

Un nommé Manoël Pereira, marin du navire échoué, proteste grossièrement, et vient arracher les placards contenant cet ordre. L'aumônier du *Saint-François-Xavier*, logé à Saint-Denis, devant qui le fait se passe, adresse des remontrances à ce furieux. Celui-ci le soufflette en présence de Drouillard, qui donne ordre de saisir cet homme et de l'enfermer. L'ordre est exécuté. Quelques heures après, Pereira, qui a trouvé moyen de desceller un barreau de sa prison, s'échappe. Drouillard entendant crier : aux armes! se précipite dehors.

Pereira se porte sur lui le barreau de fer levé : c'en est fait du gouverneur. Un coup de feu du milicien de garde, heureusement tiré, abat le Portugais. Il n'est que blessé. On le voit se redresser menaçant. Drouillard l'achève d'un coup de pistolet. L'habitant qui lui sauva ainsi la vie s'appelait Jean Bloqueman.

Ce n'est pas tout. Camenhem, apprenant ce qui s'est passé, perd toute mesure. Il excommunie Drouillard comme meurtrier et déclare qu'il va le déposer. Le dimanche au prône, en chaire, il somme Talloit d'avoir à quitter, dans les vingt-quatre heures, l'habitation et le magasin du roi, dont il doit prendre possession.

Talloit écrit à Saint-Denis pour avertir le gouverneur des visées de son curé. Drouillard envoie, par Robert Duhal, une injonction aux habitants de Saint-Paul d'avoir à prêter main forte au commis du roi. Ceux-ci n'ayant pas obéi, Talloit, battu et chassé par Camenhem, à la tête des « cabaleurs », est obligé de fuir, laissant là sa femme et ses enfants, réfugiés dans une autre partie de l'habitation. Camenhem prend un temps de repos après ce premier exploit.

Trois jours après (3 juin 1687), il s'agit de faire déguerpir Mme Talloit. Elle tient bravement tête à l'abbé et aux « cabaleurs », avec ses quatre enfants. Mais battue et chassée, ainsi que son mari, elle va le rejoindre à Saint-Denis, et peut montrer ses bras meurtris de coups à Drouillard[1].

Après ce second exploit, Camenhem, prenant toutes les allures du commandement, s'établit dans l'habitation du roi avec les « cabaleurs », qui lui forment une sorte de cour. On dévalise le magasin. On fait grande chère; et, Camenhem, afin de marquer son triomphe par un éclat, flambe une douzaine de cases à nègres qui entourent l'habitation.

Le 11 juin, Jean Courtoreille, esclave de Léveillé, vient à Saint-Denis trouver Drouillard et lui apprend que Mussard, Fontaine et Champagne Descocombres veulent reconnaître Camenhem comme

---

[1] Cette dame était Françoise Chatelain, veuve de M. Michel Esparon, ancien garde magasin, assassiné par les noirs. Elle avait épousé, en deuxièmes noces, M. Carré Talloit qui avait succédé au défunt.

gouverneur, et entreprennent des menées pour décider les autres à suivre leur exemple.

Cette folie ne pouvait durer.

Le lendemain, 12 juin, Drouillard rassemble les habitants de Saint-Denis et de Sainte-Suzanne qui lui sont restés fidèles et leur expose la situation. Ils sont d'avis que Drouillard doit aller à la tête d'une troupe composée de ceux qu'il voudra choisir parmi eux, pour arrêter Camenhem avec ses « cabaleurs » et les amener au fort. Drouillard méfiant, refuse de quitter son poste, à cause des étrangers qui sont dans l'île.

On parlemente jusqu'au 21 juin, et, ce jour, les habitants choisis par Drouillard et bien armés, partent de Saint-Denis, en compagnie de quelques Portugais, pour se rendre à Saint-Paul, avec ordre écrit du gouverneur d'arrêter Camenhem et sa bande.

Cet ordre est exécuté sans trop de peine. L'expédition est de retour le 26 juin, et les « rebelles sont enfermés au fort de Saint-Denis ».

Drouillard, comprenant qu'il ne lui est pas loisible de laisser traîner cette affaire, fait immédiatement réunir les notables, en vertu de l'article 23 de l'ordonnance de M. de Lahaye, et, après une rapide instruction, les rebelles passent en jugement. Ils sont condamnés chacun à 15 livres tournois d'amende, peine dérisoire assurément pour tant de méfaits. Mais le pauvre commandant ne pouvait se montrer plus sévère en l'absence de tout pouvoir émanant du roi.

Le 12 juillet, Camenhem, singulièrement radouci, écrivit à Drouillard pour solliciter son pardon et demander la liberté, en promettant la plus entière soumission aux ordres du gouverneur.

Le 25, Drouillard le rendit à ses fonctions curiales, et, le dimanche suivant, l'abbé célébra la messe à Saint-Paul, comme si rien ne s'était passé.

La fin de l'année 1687 fut meilleure que le commencement.

Mais, dès les premiers jours de 1688, la conduite de Camenhem provoqua de nouveaux troubles. Certains colons trouvaient récréatif de flatter ses goûts d'intempérance, et si bien, que Drouillard, s'étant assuré par lui-même que l'abbé méritait les reproches qui lui étaient adressés, se crut obligé de publier une ordonnance défendant aux habitants, — sous peine de 20 écus d'amende — de donner à Camenhem « toute boisson qui puisse faire varier l'esprit de l'homme » (30 mai 1688).

Cette défense, rendue publique en ces termes, amena de nombreux ennuis au commandant, qui, peut-être, eût mieux fait de s'abstenir, afin de les éviter.

Il était bien temps, pour la colonie, et pour Drouillard lui-même, que l'excellent Père Bernardin revînt avec le gouverneur qu'il était allé chercher en France et demander au roi. Souhaitons-lui bon voyage, car il ne va pas tarder à se mettre en route!

XXX.

Il nous semble aujourd'hui si étrange de voir le pauvre « gouverneur malgré lui » lutter contre les ennuis de toute espèce, suscités par l'intervention de Camenhem, encourageant la mutinerie des « cabaleurs », et par celle des naufragés portugais tendant au même but, que nous sommes tenté de faire connaître comment Drouillard a pu sortir d'une situation aussi embarrassante que périlleuse.

Ce ne fut pas sans maugréer plus d'une fois contre la destinée qui l'avait dirigé vers l'île, à son retour de l'Inde, et sans penser qu'un simple coup de vent lui faisant manquer Mascareigne, en novembre 1686, le rendait aux douceurs du foyer natal dont il jouirait à cette heure, tandis qu'au même moment les frasques d'une poignée d'écervelés lui faisaient la vie si dure qu'elles l'exposaient à mourir oublié à 5,000 lieues de son pays [1].

Peut-être n'auraient-elles pas eu sur son esprit une influence aussi troublante, sans la présence accidentelle des Portugais à Bourbon, et celle « de 22 hollandois sortis d'un navire anglois corsaire qui y avoit relasché pour se rafraischir ». Tous ces étrangers, la plupart désœuvrés, vivaient aux dépens de la colonie, et, beaucoup, dans le nombre, abusaient de l'hospitalité qui leur avait été si généreusement accordée.

Rien ne leur avait manqué. Drouillard avait prêté, aux marins du *Saint-François-Xavier*, des fonds qui se trouvaient hypothéqués sur une faible espérance : celle de voir arriver un navire portugais, dont

---

[1] Nous avons lieu de croire que Drouillard était de Saint-Malo.

le capitaine voudrait bien entreprendre de recueillir ses compatriotes pour les ramener à Lisbonne, et de payer leurs dettes avant de quitter Bourbon.

En attendant, il avait fallu subvenir à l'existence de ces intrus.

Les colons, se traitant bien eux-mêmes, nourrissaient grassement leurs pensionnaires. La chasse d'ailleurs, malgré les défenses illusoires du gouverneur, fournissait, aux uns et aux autres, les moyens de satisfaire à l'envi leur goût excessif pour la bonne chère. D'autant mieux, nous assure un journal de voyage [1], que « l'air de Bourbon est tellement subtil » et de nature à donner un violent appétit, que vingt livres de viande n'effrayaient pas certains gros mangeurs en un seul festin de gala. Nous citons comme curiosité, car il faut supposer que le conteur a bien exagéré les effets de « l'air subtil » de Bourbon.

Quoi qu'il en soit, nous tenons d'un capitaine de la Compagnie des Indes [2], que deux années de ce régime avaient singulièrement réduit les ressources comestibles de Mascareigne, mal défendues contre les écarts d'une grande partie des réfugiés.

Une crainte, assurément exagérée, avait mis Drouillard en contradiction avec lui-même au sujet de cette population exotique.

Par trop méfiant de ses propres administrés, il s'était laissé entraîner à utiliser, pour sa défense, quelques-uns des Hollandais et des Portugais. Les premiers le servaient pour la garde de son hôtel; aux seconds, il devait l'arrestation et l'emprisonnement des « cabaleurs » et bien d'autres services qu'il serait trop long de détailler.

Ces faits avaient incité le malicieux Camenhem, qui ne perdait jamais l'occasion de piquer au vif son ennemi, à lui écrire un jour par ironie : « A monsieur Drouillard, gouverneur pour messieurs des Estats généraux de Hollande et pour le roy de Portugal dans lisle de Bourbon. » Cette mauvaise plaisanterie lui avait paru d'autant plus amère que ses plus graves inquiétudes lui venaient de ces réfugiés de l'une et de l'autre nation, d'abord à cause de leurs mœurs relâchées, d'un mauvais exemple pour les habitants ; mais surtout à cause de leur nombre relativement considérable.

---

[1] *Journal du Vautour. Archives de la Marine.* Campagnes, 1676.
[2] Le capitaine Houssaye du navire les *Jeux*.

Le navire naufragé avait jeté 200 Portugais environ sur les bras de la colonie. La population française de Bourbon n'atteignait pas alors ce chiffre. On peut juger des transes du commandant, quand il apprenait que l'esprit de révolte grondait parmi les réfugiés.

Si, à Saint-Denis « sous nostre pavillon », les gens de l'équipage, retenus par la présence des officiers que Drouillard avait conservés près de lui avec le « le moine blanc », aumônier du *Saint-François-Xavier*, s'étaient montrés supportables, les naufragés, confiés aux habitants de Saint-Paul, avaient agi tout autrement. Drouillard était trop bien renseigné, par les colons qui lui restaient dévoués dans cette partie de l'île, pour ignorer ce qui se passait au delà du grand étang.

Les Portugais avaient trouvé drôle de favoriser les excentricités du « frocard », ainsi que Drouillard appelle Camenhem. Ses ridicules prétentions au pouvoir, ses manières soldatesques quand il avait humé le « frangorin[1] » en leur bruyante compagnie, les mettaient en folle gaieté. On y tenait les propos les plus saugrenus : pour ne citer que deux exemples : Camenhem « menassoit les femmes ensaintes (peu dévotes) de leur faire enfanter des monstres », par contre, on lui reprochait de laisser « le très Sainct-Sacrement de l'autel exposé à tout moment en danger d'estre mangé par les fourmis ou quaquerlats[2] ».

Quel chagrin pour le pieux Drouillard, bon catholique (il le répète assez souvent pour être cru sur parole), que la conduite surprenante de cet abbé, dont il dit pour conclure : « bouteille bretonne bonne à casser[3] ».

Ces billevesées et mille autres ne suffisaient pas à user l'ardeur de ces esprits. Le *vieux Saint-Paul* (car déjà, en 1688, cette expression paraît dans les documents), le vieux Saint-Paul et sa colonie portugaise se donnaient à cœur-joie de la rébellion. Le souvenir de la punition infligée l'année précédente aux « cabaleurs » s'était complètement effacé. On complotait plus que jamais dans ce coin de l'île après boire. On y rêvait tout haut de renverser le commandant « esleu », pour « reconnoistre » Camenhem.

Drouillard même apprit par le garde-magasin que sa vie n'était

---

[1] Vin de cannes.
[2] Cancrelas.
[3] Dossier Drouillard. *Archives Coloniales*. Bourbon, carton 1.

pas en sûreté. Talloit, ayant eu connaissance de conciliabules très échauffés, le prévint d'avoir à se tenir bien gardé.

Jacques Fontaine, un Parisien, enragé veneur « principal hauteur de toutes les caballes », se montrait des plus animés contre le commandant, et cela, sans autre motif que l'ordonnance relative aux abus de la chasse.

Toutes ces causes de dégoût réunies avaient fait à Drouillard une existence si lamentable et l'avaient jeté dans un si profond découragement, que le pauvre gouverneur se répétait chaque jour : comment sortirai-je de cette galère ?

Un fait qu'il raconte assez ingénument lui souffla une bonne idée à cet égard.

On était « aux avent de la présente année » (fin novembre 1688).

Drouillard, qui se trouvait alors en villégiature chez des amis à Sainte-Suzanne, avait renvoyé son bagage pour retourner à Saint-Denis le même jour. Au moment de partir, il aperçoit un navire s'approchant de l'île et manœuvrant pour arriver à mouiller. Un petit bateau s'en détache et accoste avec quelques hommes. Le navire était anglais et venait de Bourbon ; il avait séjourné deux mois à Maurice. Le capitaine désirait savoir où il était et où se trouvait « le pavillon ».

Drouillard répond : Bourbon, Sainte-Suzanne, mouillage à quatre lieues d'ici, à l'ouest. Le bateau retourne au navire porter la réponse et revient bientôt avec un Français embarqué à Maurice, lequel dit : Le capitaine demande seulement un homme pour lui montrer le mouillage, ne voulant pas s'arrêter « à une coste comme celle-là ».

Drouillard pense qu'il peut tout aussi bien aller par mer à Saint-Denis, en servant lui-même de guide à ce bâtiment. Sans plus de réflexion, le voilà s'embarquant à bord de l'anglais qui le reçoit « assés honnestement ».

Mais, pendant la nuit, le navire ayant dérivé à l'Est, se trouvait au point du jour vis-à-vis de la *rivière du Mât*[1], « par de là la pointe de lestang de l'Assomption ».

---

[1] Ce nom date de l'époque des « 12 gueurs » envoyés à Mascareigne par M. de Pronis. Ils avaient dû placer à cet endroit de l'île un mât accompagné d'un signe quelconque de nature à fixer l'attention des navigateurs pour les attirer.

Passons maintenant la parole à Drouillard. Son récit n'est pas à dédaigner :

« Estant demeurez là en calme par malheur nayant point de vent qui ne fut contraire lorsquil en faisoit, le dit capitaine, voyant cela, sinpatiantoit beaucoup, si bien quil me dit avoir peur de quelques coups de vent de terre, qui pourroyent le mettre au large et lempêcher de rattraper lisle, et comme cela il ceroit contraint de manmenner aveq eux. Ce qui ne ceroit pas dans la raison, dautant que cela ne lacomodoit pas, ny amoy encore moing, qui navoy pour tout pottage que mon *gentil corps*[1], de mode que (de sorte que) je luy dy que, puisque il ne voulloit pas patianter, quil me fît mettre à terre à la plus proche qui se pourroit ; que je manniroy par le bord de la mer à Sainte-Suzanne, dautant quil ny avoit pas loing et que javoy encore assé de jour pour sela. Il me fit présant dune paire de gros soulliers, pour marcher sur le gallet, qui me servirent beaucoup et comme sela man vins coucher à Sainte-Suzanne sur les quattre heures du soir, estant monsieur le bien mouillé.

« Je ne fay nulle doute que lon crust que le vaisseau ne fut forban et quil ne must emmené. Javouë que je ne devoy point y aller moymesme et que gy pouvoy envoyer quelque homme. Je peux dire aussy que gy pouvoy aller, dautant que le vaisseau estoit marchand et de la Compagnie mesme, et que, d'autre part, je nay point de marché avec les habitans de lisle, pour prendre congé de eux, quand je man voudroy aller, croyant davoir mon franc et libéral arbitre de le faire, lorsque loccasion san présantera, et que jauroy cette vollonté-là, veu que les deux sermans de fidellité quils mont passé le portent ainsy.... Cest là, la désertion que monsieur le curé de Mascarin, aveq son confraire Fontaine et bien d'autre, de leur partiallité, disent que jay voullu faire. »

Drouillard, rentré chez lui à Saint-Denis, dut réfléchir profondément. Il avait goûté de la liberté. A la rigueur, il aurait pu s'échapper. Il lui fallait faire ses préparatifs pour se mettre en mesure de profiter d'une occasion semblable.

Le même jour peut-être, à la date du 30 novembre 1688, il écrit une longue lettre dans laquelle se trouve résumée la série de tous ses déboires à Bourbon. Cette lettre, sans adresse, était destinée au capitaine espéré, mais inconnu, sur le navire duquel il parviendrait à prendre passage incognito.

On lit au dos de ce document :

« Monsieur, en cas douverture et de tromperies, cette lettre aveq le paquet

---

[1] Justaucorps (?)

des mémoires que jay laissé dans lisle (en double), sont cachetés de cire rouge aveq mon cachet qui est *gravé de sept estoilles.* »

Sept étoiles pour un pilote ! juste le nombre d'astres composant deux des principales constellations, n'était-ce pas bien trouvé ?

On lit encore au-dessous de ladite inscription, en manière de post-scriptum :

« Je vous diray, Monsieur, que le sieur Camenem, prestre haumonnier de cette ditte isle, a voullu atanter sur ma vie par plusieurs fois, ayant fait une caballe aveq quelques habitans et quelques portugays quil avoit voullu engagé de faire le coup dans ce lieu de Saint-Denis, ainsy que vous le verroy dans toutes les informations que je vous laisse pour que vous ayez la bonté de les voir icy. »

Dans la lettre dont il s'agit et qui commence par les mots : « Après avoir rendu grâce à Dieu de ce qu'il luy a pleu vous avoir amené icy, » on remarque cette phrase que nous trouvons touchante :

« Je mesttoy embarqué à Pondichéry pour passer en France où je suis appellé par un petit reste de mes parents que Dieu veut peut-estre bien concerver jusqua ce quils ayent la satisfaction de me voir encore une fois devant que de mourir. »

A quel moment Drouillard réussit-il à exécuter son projet d'évasion ? Son journal n'allant pas au delà du 15 décembre 1688, nous ne saurions le dire au juste.

Ce qui n'est pas douteux, c'est que l'infortuné commandant s'échappa de Bourbon, un peu avant le départ des Portugais, et vers le milieu de l'année 1689 ; que le navire qui l'emmena fit escale au Brésil et vint aborder à Lisbonne, où vraisemblablement il trouva les naufragés du *Saint-François-Xavier*, qui, recueillis sur un autre navire, l'avaient dépassé en route.

Là, Drouillard en les voyant ne se gêna pas assez pour leur réclamer son argent. On lui chercha querelle alors. On lui rappela la mort tragique de Manoël Pereira. Il fut accusé d'avoir tué un marin portugais à Mascareigne, et le pauvre homme fut livré au gouvernement français, comme un insigne malfaiteur.

Nous voyons ensuite Drouillard en prison au château de Brest, dès le 1er mai 1690. Il y resta treize mois environ, et ce ne fut qu'à force de prières, qu'après avoir écrit mainte lettre à M. de

Pontchartrain, Ministre de la marine, et à M. de Lagny, directeur général de la Compagnie des Indes, qu'il put obtenir que sa cause fût examinée. Encore fallut-il l'arrivée à Brest du navire de la Compagnie des Indes les *Jeux*, venant de Bourbon, et dont l'équipage, interrogé à la requête de Drouillard, rendit à son sujet un parfait témoignage, pour que l'ex-commandant de Mascareigne fût mis en liberté. A ce moment, 8 juin 1691, il réclama le paiement d'une lettre de change de 866 livres, venant de Lisbonne. Lui fut-elle payée en récompense des 3,000 livres qu'il disait avoir prêtées à l'équipage du *Saint-François-Xavier* ? cela est probable. Son compte, ayant donné lieu à discussion, comme il arrive trop souvent en pareil cas, avait sans doute été réduit.

Avant de quitter Brest, il eut la satisfaction d'apprendre, par le capitaine des *Jeux*, que les habitants de Bourbon le regrettaient sincèrement et se reprochaient de ne pas l'avoir apprécié. Seul, Jacques Fontaine, l'enragé veneur, ne lui pardonnait pas son ordonnance relative à la chasse.

Si Dieu avait conservé à Drouillard le « petit reste de parents » dont il parle dans sa longue lettre, jeune encore, il a pu voir l'existence lui sourire. C'est ce que nous souhaitons au souvenir de ce brave homme qui a, pendant 30 mois, beaucoup souffert pour Mascareigne, sans l'avoir mérité autrement que par un peu de faiblesse de caractère.

XXXI.

Nous avons laissé le père Bernardin quittant Bourbon, sur le *Saint-François-d'Assise*, le 30 novembre 1686. Ce navire, après avoir relâché à Table-Bay, au cap de Bonne-Espérance, dut faire bien d'autres escales; car toute l'année 1687 fut employée à son voyage. Le mémoire que le P. Bernardin adressa à M. de Seignelay, en arrivant en France, est daté de 1688. Quelques extraits de cet intéressant document ont été déjà mis en œuvre dans le cours du récit. Ces légers emprunts ne l'ont pas épuisé.

Ce qui domine tout le long des seize grandes pages rédigées au profit de Bourbon par le capucin, c'est l'esprit de dévouement.

On aurait pu croire, en le voyant partir, qu'il n'avait qu'une idée, celle de se débarrasser sur autrui d'un emploi qui lui pesait. Il n'en était rien. Le P. Bernardin avait déclaré qu'il allait en France chercher une administration pour Mascareigne et diverses denrées pour la colonie. Il ne manqua pas de le faire. Il avait promis d'amener à Bourbon un garde-magasin, un chirurgien, un armurier, un taillandier, deux ou trois bons prêtres « tant pour la consolation de l'un et de l'autre que pour secourir le peuple dans les occasions ». Sa promesse, il la réalisa de son mieux, et cela au prix de sa vie.

Chaque paragraphe de sa requête est accompagné d'une réflexion avisée, dont on n'a malheureusement pas tenu compte autant qu'il était désirable.

« Il faut aussy, dit-il, un gouverneur authorisé de Sa Majesté, craignant Dieu, et zélé pour le service du roy, et marié sy faire ce peut, affin qu'il puisse plus facilement y porter ses inclinations et se consoler de cette grande privation qui s'y trouve de toute société, ce qui est le plus grand supplice que l'on puisse ressentir, à moins d'avoir du sçavoir de par ailleurs auquel on s'occuppe ».

Il justifie son désir de n'être pas seul prêtre dans l'île par cette « crainte, dit-il, qu'en voulant perfectionner les autres, je ne devinsse moi-même réprouvé en y restant plus longtemps tout seul. » Même exprimée ainsi, cette préoccupation du pasteur, qui, chargé d'absoudre ses ouailles, ne peut se faire absoudre lui même, dut paraître si légitime qu'il fut impossible de ne pas en tenir compte.

Le P. Bernardin, descendant de cette hauteur de pensée, entre ensuite dans les plus infimes détails. Il demande pour sa colonie des ustensiles de cuisine qui font absolument défaut à Bourbon. « Ce qui est cause que, pour l'ordinaire tout ce qu'on y mange est cuit dans des brochettes de bois, ou rosty sur les charbons. » Les sauvages ne procèdent pas autrement.

Le P. Bernardin termine cette première partie de son mémoire où est dépeinte la misère des habitants, par cette considération qui prouve chez eux un réel désir d'utiliser le produit de leurs cultures, et l'intelligent capucin y joint, à l'adresse de Louis XIV, ce grain de flatterie qui n'est jamais sans effet :

« Dans l'espérance de quelque navire françois, les habitants ne manquent pas tous les ans de préparer leurs petites denrées et rafraichissemens. Mais comme cela est rare, et qu'il n'en aborde que fort peu, ils se dégoustent du travail, et croyent que l'on ne fait plus aucun estat de l'isle, comme les passans le leur ont persuadé. De là, ils prennent occasion de faire quelquefois comme ils l'entendent, aydez qu'ils sont de *l'éloignement du Soleil : Je veux dire de nostre incomparable monarque*, à raison de quoy on a de la peine à les remettre en train de continuer leurs travaux. »

Est-il possible de mieux définir une situation fâcheuse ! c'est bien là le langage paternel du pasteur dévoué à son troupeau.

Mais la douce flatterie ne suffit pas pour intéresser à une bonne cause, il faut de solides raisons. Alors le rédacteur du mémoire vante l'excellence de l'île et de ses produits. La bonté de l'eau et de l'air y est justement célébrée.

« Je ne crois point qu'il se trouve de meilleures eaües dans tout le monde, et qui se conservent mieux sur la mer, et faciles à faire aux navires qui y passent ; comme aussi le bois, quand ils en ont besoin, avec les autres commoditez que lon va chercher aux terres estrangères et qui coustent beaucoup. »

L'histoire naturelle même trouverait à glaner quelques renseignements dans les pages du P. Bernardin. Il se plaint de chauves-souris extraordinaires qui mangent le raisin. « Il n'y a point d'homme qui ne puisse qu'avec peine atteindre aux deux extrémités des aisles de ces chauves-souris, tant elles sont grandes, et pour quelque extension qu'il donne à ses bras[1]. »

L'hydrographie aussi n'est pas oubliée :

« Il y a un petit lieu appelé la *Rivière d'Abord qui est assez facile à bonifier*, pour y faire hiverner quelques barques de 50 tonneaux. Ce qui seroit d'un très grand soulagement pour l'isle, sy l'on permettoit aux habitans de transporter leur denrées aux terres circonvoisines : comme tabac, froment, riz, et, en échange de ce qu'ils ont de besoin. Le gingembre et la *Terra merita*[2] y viennent aussi fort bien et très bons. »

Ainsi, du temps du P. Bernardin (1686) l'idée de faire un port à Saint-Pierre était déjà venue aux habitants, et il a fallu près de deux siècles pour qu'elle arrivât à complète réalisation.

[1] C'est probablement la chauve-souris de Madagascar appelée *Fany*, apportée à Bourbon dans les voiles des navires. Flacourt la décrit ainsi : « C'est une grande chauve-souris qui est grosse comme un chapon. Le jour, elle se pend par le moyen de deux crochets qui sont au bout de ses aisles, à des arbres secqs. Il semble que ce soit des bourses, et elle s'enveloppe tout le corps avec ses aisles. Elle ne couve ny ne pond point d'œufs. Elle enfante ses petits entre ses aisles et les allaicte ainsi qu'une chienne ses petits. Elle a le corps tout velu et a le museau pointu comme un renard. De tous les volatilles, il n'y en a point de si gras. Elle ne mange que des fruicts et ne vit d'aucun gibbier ny charongne. » Flacourt, p. 166.

[2] Racine de curcuma ; safran des Indes.

M. DE VAUBOULON. — LE PÈRE HYACINTHE. — LE RECENSEMENT
DE 1689 (1689-1697).

XXXII.

Tout ce que le P. Bernardin demanda pour l'île Bourbon lui fut accordé par la Compagnie des Indes et par le roi.

Mais quand il s'agit de nommer un gouverneur, il y eut compétition auprès du Ministre. Trois candidats étaient sur les rangs. M. Etienne Regnault, comme on sait, avait demandé à retourner à Bourbon.

M. de Lestrille, capitaine de vaisseau, commandant en dernier lieu le *Rubis*, et qui était passé à Bourbon en 1676, avait sollicité la place. Et enfin M. le chevalier de Ricous, lieutenant de vaisseau, descendu à Mascareigne avec M. de Lahaye, en 1671 et en 1674, et qui avait particulièrement étudié l'île, dont il avait dressé une carte, brûlait du désir d'aller commander à Bourbon. Plusieurs mémoires furent adressés par lui à cet effet à M. de Seignelay, qui parut s'y intéresser. De Ricous était plein d'ardeur et de bonne volonté pour aller coloniser Bourbon en grand. A notre avis, le choix aurait dû s'arrêter sur cet intelligent officier. Aucun des trois ne fut nommé. Regnault n'était plus à Paris. M. de Lestrille était protestant. On ne voulut pas accorder à de Ricous, lieutenant de vaisseau, ce qui avait dû être refusé à un supérieur en grade.

Quand M. de Lestrille vit qu'il ne serait pas nommé, il médit de Bourbon autant que l'enthousiaste Ricous en célébrait les avantages. Cette rivalité donna lieu, entre les deux officiers, à des scènes plaisantes. Tous deux étaient du port de Brest, et quand ils se rencontraient dans la ville, volontiers ils s'attaquaient amicalement sur Bourbon. « Consolez-vous, mon cher, dit un jour le capitaine au lieutenant, on m'a conté que les rats y mangent les habitants ! »

M. de Lestrille faisait allusion à ce qu'il avait entendu dire en 1676 à M. d'Orgeret, sur les dégâts que ces rongeurs causaient aux plantations.

Au surplus, il n'est pas indifférent de rappeler ici que, suivant la déclaration du roi (août 1664), c'était à la Compagnie des Indes elle-même à présenter des sujets pour les emplois à instituer dans les colonies de son ressort. La nomination seule appartenait au roi.

La Compagnie ne se fit pas faute d'user de sa prérogative. Elle déterra — (on ne sait ni où ni comment) — un quatrième candidat que le roi nomma de confiance sur la présentation qui en fut faite à M. de Seignelay par M. de Lagny. C'est donc à la Compagnie qu'il faudra s'en prendre si le choix n'avait pas été heureux, et non à Louis XIV, ni à son ministre, qui n'y étaient pour rien.

M. Henri Habert de Vauboulon était un intendant de grande maison dont le maître, en relation avec M. de Lagny, avait évidemment voulu se débarrasser. Nous lisons à son sujet : « il a quelques humanités et sçait quelque routine de chicane ».

Nous le verrons à l'œuvre !

Déjà, le 7 mars 1689, M. Michel Firelin avait reçu commission pour aller à Bourbon en qualité de garde-magasin, chargé d'y gérer les intérêts de la Compagnie, et le lendemain, 8 mars, le P. Bernardin, parti à Lorient, recevait une lettre de M. de Lagny qui l'informait de sa nomination de curé à Bourbon, et le priait de désigner deux capucins pour l'y accompagner.

Le Père, quoique malade et bien affaibli, n'hésita pas à retourner à Mascareigne et choisit pour compagnons le Père Hyacinthe, de Quimper, dont nous aurons à parler amplement, et le frère Antoine, de Lannion, beaucoup plus modeste sous tous les rapports.

Ce fut le 20 mars 1689 qu'eut lieu la signature des ordres du roi, relatifs à cette affaire.

Le premier nomma le sieur de Vauboulon gouverneur de Bourbon; le second l'institua grand juge de l'île; le troisième lui donna des instructions détaillées pour remplir son emploi; par le quatrième, Drouillard fut invité à remettre le commandement à Vauboulon ;

Le cinquième ordre enfin contenait une lettre gracieuse adressée par le roi aux habitants de Bourbon.

Les instructions remises à M. de Vauboulon (document inédit comprenant six grandes pages) débutent par les lignes suivantes :

« Le roy prenant une entière confiance en la sagesse, valeur et expérience de M. Habert de Vauboulon, Sa Majesté espère que les habitans de la dite isle ressentiront les effets du soin particulier quelle a résolu de prendre deux, particulièrement pour les faire vivre chrestiennement, et pour les entretenir en paix et union, les discipliner, les engager à cultiver les fruits et denrées de la dite isle, rechercher les choses qui y croissent, et qui si trouvent, dont ils peuvent faire le commerce et en fournir à la Compagnie des Indes, affin de se mettre en estat d'augmanter leurs commodités, et de se pouvoir défendre contre les entreprises des ennemis. »

Vient ensuite une brève relation de ce qui s'est passé à Bourbon, depuis le gouvernement de M. d'Orgeret, jusqu'à celui « du nommé Drouillard » et le texte continue en ces termes :

« Sa Majesté espère, sur l'assurance qu'on lui a donnée de leur piété, et de la doctrine des dits pères Bernardin et Hyacinthe qu'ils rempliront leurs devoirs de bons ecclésiastiques et de bons religieux, tant pour leur application et assiduité au service divin, l'administration des sacrements, que pour l'instruction de tous les habitants, et particulièrement des enfants dans la religion et pour tout ce qui peut servir à leur édification.

« Il exortera ces religieux, de la part de Sa Majesté, à employer et augmenter leur zèle, pour leurs fonctions, et *il rendra compte à Sa Majesté, de leur conduite.*

« Et comme il n'y a que des catholiques dans la d. isle, il ne souffrira point qu'il en demeure d'autres.

« Il fera convenir les dits habitans de ce qu'ils auront à fournir raisonnablement aux dits capucins pour leur subsistance et besoins, au-delà de la somme de 300 livres que Sa Majesté leur fera payer annuellement.... »

Le reste des instructions peut se résumer ainsi.

M. de Vauboulon prendra possession de la maison du roi à Bourbon. Il fera inventaire de tout ce qui appartient au roi. Il s'efforcera de faire construire par les habitants un réduit, une sorte de fortification.

« Il tâchera de prévenir tous sujets de contestations entre les habitants, et lorsqu'il y en aura, il fera tout ce qui sera possible pour les terminer amiablement, sinon il rendra ses jugements suivant l'usage de la prevosté et vicomté de Paris, et *le règlement de M. de Lahaye, pour les cas sur lesquels il a esté pourveu, et il envoyra le dit règlement pour estre examiné.* Il jugera pareillement tous les malfacteurs suivant l'exigence des crimes et cas et conformément aux ordonnances et règlements, et il pourra choisir parmy les habitants les personnes les plus convenables pour faire les fonctions de procureur du roy, de greffier et de sergent. »

Il organisera une milice. Il veillera aux entreprises séditieuses des noirs de Madagascar. Il embarquera les 22 Hollandais qui sont dans l'île pour les en faire sortir. Il excitera les habitants à cultiver les terres, à construire des navires pour aller faire du commerce à Mozambique et îles adjacentes. On cultivera le coton. Les filles et les femmes le fileront. On essaiera d'élever des vers à soie. Les habitants ne devront pas vendre leurs marchandises aux vaisseaux étrangers. Ils les réserveront pour les navires de la Compagnie.

« M. de Vauboulon fera un recensement exact de tous les habitans, distingué par familles, par tête, sexe et aage, ensemble de leurs bestiaux, esclaves et armes, pour l'envoyer après son arrivée. »

Comme on le voit, sauf pour la préoccupation religieuse exagérée, maladie de l'époque, beaucoup de ces instructions étaient empreintes de sagesse. Mais, prises à la lettre avec rigueur, elles pouvaient devenir détestables dans l'exécution. Si le gouverneur usait avec intelligence et modération du droit absolu qui lui était confié, la prospérité de la colonie résulterait de son administration prudente. S'il se montrait excessif, la colonie elle-même souffrirait cruellement des abus et retournerait, une fois encore, à l'état primitif.

XXXIII.

Le *Saint-Jean-Baptiste*, navire de la Compagnie des Indes, jaugeant 600 tonneaux, armé de 36 pièces de canon et frété au port de Lorient pour la circonstance, mit à la voile à destination de Bourbon, le 5 mai 1689.

En scrutant les documents relatifs à cette affaire, nous avons pu établir ici le rôle d'équipage de ce bâtiment, au moins pour la partie qui intéresse le récit.

L'état-major se composait de MM. Guillaume Dubois des Sablons, capitaine; Jean-Baptiste-Robert Constantin, Bachelier de Bouillon, lieutenant; François Jouault, chirurgien-major; Fleurville et Mesureur, premier et second chirurgiens; Jean Pradau, écrivain; Fin, premier pilote; Lamanière, premier canonnier.

Cet état-major implique un nombreux personnel de gens de mer, dont l'importance n'a pu être déterminée.

Les passagers étaient MM. Henri Habert de Vauboulon, gouverneur, Chauvigny, son secrétaire; Michel Firelin, garde-magasin; les PP. Bernardin et Hyacinthe, de Quimper; le frère Antoine, de Lannion, tous les trois capucins. Plus le sieur Leroy, chirurgien particulier du gouverneur et le nommé Laciterne, valet de chambre, attaché à la personne de M. de Vauboulon.

Faisaient aussi partie des passagers un certain nombre de colons qui allaient s'établir à Bourbon : une vingtaine, a-t-on dit ; mais ce nombre est exagéré. Nous n'avons pu découvrir, d'après les recensements de Bourbon, que quatre personnes ayant sûrement accompagné M. de Vauboulon dans son voyage à titre de colons. Ce sont MM. Pierre Gonneau, du Nivernais; Jean Gruchet, de Lisieux; Jacques Aubert, d'Angers; et Augustin Panon, de Toulon.

Ce dernier est celui qui fit souche de la grande lignée des Panon des Bassayns de Richemont, dont le nom s'est illustré à Bourbon, dans l'Inde et en France même.

Pour nous renseigner sur le voyage du *Saint-Jean-Baptiste* et sur les événements qui l'ont suivi, nous possédons :

1e Une lettre du P. Hyacinthe, en date du 13 septembre 1690, adressée à M. Céberet, directeur de la Compagnie des Indes à Lorient. Ce document, d'écriture très touffue, comprenant 18 pages format coquille, à 50 lignes en moyenne la page, renferme une foule de détails curieux sur les personnes ayant pris une part quelconque au drame dont Bourbon devint le théâtre à cette époque;

2º Les actes de M. de Vauboulon comme gouverneur (décembre 1689 à mai 1690);

3º Un journal de Michel Firelin (août et septembre 1690);

4º Le mémoire de M. Houssaye, capitaine du navire les *Jeux* (septembre 1690);

5º La déposition des équipages des navires le *Saint-Jean-Baptiste* et les *Jeux* (mai 1691);

6º Les ordres du roi et dépêches ministérielles (1689-1697);

Le tout, conservé aux archives de la marine et des colonies, excepté toutefois l'article suivant :

7º Enfin, les pièces du procès dans l'affaire Vauboulon (1697) qui se trouvent aux archives de Rennes.

Ces documents, tous intéressants à quelque titre, et de nature à se corroborer les uns les autres, permettent de suivre pas à pas les différentes phases, au nombre de six bien distinctes, du gouvernement de M. de Vauboulon : son voyage, ses ordonnances de police, ses contrats fonciers, sa lutte d'influence contre le P. Hyacinthe, sa conduite au moment du séjour à Bourbon du navire les *Jeux*, et enfin sa chute.

Mais la *pièce de résistance* est sans contredit le journal du P. Hyacinthe, écrit sous le feu des impressions, d'un style original mordant, souvent passionné, parfois spirituel, sans beaucoup d'ordre d'ailleurs, bien qu'avec une certaine méthode de paragraphes numérotés de 1 à 41 et auxquels il renvoie pour appuyer ses dires. Dans cet écrit vivant au possible, Vauboulon est peint d'une manière frappante. On y voit les ressorts qui le font agir, les passions qui le poussent, qui le travaillent. Par contre, on y voit aussi poindre l'ambition du capucin dont le désir constant est d'entreprendre lui-même le bonheur du peuple de Mascareigne, aux lieu et place de Vauboulon.

XXXIV.

A peine le *Saint-Jean-Baptiste* fut-il en mer que le futur représentant de la Compagnie des Indes à Bourbon se montra sous un vilain jour. Pour lui, officiers, matelots et passagers étaient devenus les sujets de son île, flottante pendant les sept mois que dura le voyage. Il régentait tout le monde ; il critiquait à tort et à travers ; sa conversation était injurieuse pour les présents, comme pour les absents ; des propos malsonnants lui partaient de la bouche avec une facilité surprenante et l'on ne tarda pas à s'apercevoir que la Compagnie avait placé sa confiance dans un homme jugé « habile » parce qu'il était pervers, et de bonne façon, parce qu'il était soigneux de cacher en temps utile les mauvais côtés de son naturel.

Les défauts qui trahirent d'abord le caractère de M. de Vauboulon furent une excessive taquinerie, une grande avidité d'argent, une hâblerie continuelle, une défiance maladive de toute personne autour de lui.

Sans motif apparent, il manifestait une aversion profonde, haineuse contre les prêtres, et cela au point que les Pères capucins se sentirent mal à l'aise en face de ce grincheux personnage.

Le P. Bernardin, silencieux, calme et visiblement souffrant, lui imposait un peu. Mais le P. Hyacinthe, au sang vif et mal endurant, fut tout de suite le point de mire des attaques de M. de Vauboulon.

Dès le début du voyage, on vit clairement qu'une lutte s'engageait entre ces deux hommes qui se sentaient antipathiques l'un à l'autre.

L'influence théocratique dirigerait la haine du capucin, le fol orgueil celle du gouverneur. Qui succomberait à la fin dans ce combat de tous les instants? Rien ne le démontrait encore. Mais d'ores et déjà l'observateur attentif aurait pu juger que si M. de Vauboulon laissait au P. Hyacinthe le temps de développer les ressources de son esprit à la fois ardent et délié, l'avantage ne resterait pas à celui qui, d'après son dire, jouissait de la toute-puissance spirituelle et temporelle en tout ce qui concernait Bourbon.

La vivacité des entretiens permit bientôt aux deux adversaires de se faire connaître à l'un et à l'autre, avec plus ou moins de vérité.

Ce que le P. Hyacinthe écrit à M. Céberet, avec une certaine satisfaction, a dû lui échapper évidemment, sous une autre forme peut-être, en présence de Vauboulon.

Nous citons textuellement. — « Comme jay veu, en une lettre de M. de Lagny, qu'il s'informoit de ma famille, je vous diray que je suis fils d'un conseiller au présidial de Quimper qui s'appeloit M. de Kerbiguet de Kerguelen, et qui mourut en 1674. Le R. P. Verjus, jésuite, compagnon du R. P. de la Chaise, et le R. P. Tachard, aussi jésuite, connoissoient mon père qui a eu l'honneur d'estre aimé et estimé de tous les R. P. jésuites qui ont demeuré à Quimper. M. de Quimper, qui est de la maison de Coëtlogon, vous en pourra porter témoignage; et pareillement Madame la marquise de Nevet, sœur de Madame la marquise de Seignelay. Il y a encore M. de Bienassis, gouverneur de Quimper, qui nous connoit fort bien, mon frère ayant espousé la fille du baron de Hainant, cousine germaine de Madame de Bienassis, gouvernante de Quimper. » — « Moi, lui dit un jour de Vauboulon, je suis parent des ducs de Coislin et de Sully. Moi et mes ancêtres nous avons commandé dans les armées et rempli les premières charges du royaume. Il y a même eu des chanceliers de France. Les seigneurs qui m'ont présenté au roi ont assuré Sa Majesté que j'étais non seulement capable d'être gouverneur de l'île Bourbon, mais bien plus, d'être chancelier de France. »

On comprend que, sur ce ton-là, de part et d'autre, les prétentions pouvaient aller loin.

Au sujet du P. Tachard, dont l'intervention venait d'être si funeste dans l'affaire de Siam, il était bien possible que Vauboulon eût entendu dire quelque chose de peu avantageux en écoutant aux portes; car le P. Hyacinthe raconte qu'un jour ayant prononcé le nom de ce jésuite devant le gouverneur, celui-ci fort excité s'écria : « Vous osez parler de « ce frippon de P. Tachard, ce coquin de P. Tachard, cet ignorant » ! et le correspondant ajoute : « Voilà, monsieur, comme il traittoit, tous les jours, les religieux en ses entretiens, nous présents. De cela, nous pouvions facilement conclure qu'il ne nous traittoit pas plus honnestement en notre absence. »

Le P. Bernardin et le frère Antoine assistaient silencieusement à ces parades. Seul, le P. Hyacinthe raisonnait avec Vauboulon et lui tenait tête, chaque fois que celui-ci risquait une raillerie de mauvais goût.

Pour accentuer l'antipathie que ce trio de capucins lui inspirait, le gouverneur affecta de se familiariser avec l'aumônier du navire, très honnête homme sans doute, mais, dit le P. Hyacinthe, « sans aucune naissance et intempérant à ce point qu'on l'avoit trouvé trois ou quatre fois estendu entre les deux ponts et qu'on estoit obligé de le porter à quatre dans sa cabane. »

Vauboulon dit un jour à ce pauvre aumônier : « je vous ferai l'évêque de mon île, dont je suis le pape », et l'autre de célébrer le verre en main sa prochaine élévation.

Toutes ces inconvenances affligèrent profondément le P. Bernardin, déjà peu valide avant de s'embarquer. C'était lui qui avait sollicité un gouverneur pour Mascareigne et voilà l'étrange personnage qu'il lui amenait. L'espérance d'avoir concouru à faire le bonheur de la colonie aurait pu soutenir le bon Père ; le chagrin l'abattit. Il mourut quelques jours avant l'arrivée du *Saint-Jean-Baptiste* à la Baie-de-tous-les-Saints (côte du Brésil), où le bâtiment devait faire escale.

A peine les derniers devoirs lui furent-ils rendus que Vauboulon prétendit hériter, comme gouverneur, de ce que le défunt avait pu laisser. Le capitaine et M. Chauvigny eurent beau faire semblant de ne pas comprendre pour le détourner de son dessein, Vauboulon exigea que la cloche fût sonnée et que l'inventaire du coffre du P. Bernardin fût dressé publiquement sur le pont devant l'équipage.

Le contenu du coffre laissé par le pauvre Père, qui avait gouverné Bourbon pendant six années, « ne valoit pas dix écus ». Les cent livres payées à Lorient par M. Céberet à chacun des trois capucins ne s'y trouvaient pas. Avant d'expirer, le Père en avait disposé, de la main à la main, au profit de ses deux compagnons. Néanmoins, le P. Hyacinthe, « pour trancher court à cette grande passion que M. de

Vauboulon faisoit paroistre pour avoir l'argent, fut obligé de leur porter l'aumosne du roy, enveloppée en un linge, qu'ils délièrent et comptèrent », et la part du P. Bernardin fut remise au capitaine, le représentant de la Compagnie n'osant pas sans doute jouir ostensiblement de ses droits de deshérence.

Cette misérable somme, arrachée au P. Hyacinthe, coûta bien cher à Vauboulon.

Le gouverneur profita de l'occasion qui lui était offerte pour éclairer l'assistance sur l'étendue de ses pouvoirs. « Il nous dit que nous estions ses sujets, et lui ayant répondu que nous estions comme luy-même sujets du roy, il s'emporta là-dessus, et, tout en colère, menaça de nous ranger lorsqu'il seroit dans son isle. — Oui, disoit-il, vous êtes mes sujets ; vous me devez obéissance. Je vous empêcheray d'aller où il vous plaira. Je prétends que vous ne puissiez aller en aucun endroit sans ma permission, — et avons même eu dispute à cet égard. »

La circonstance était trop favorable à ses vues pour que Vauboulon n'en abusât pas. Il déclara que « dans ses ordres secrets on le faisoit juge en dernier ressort et toute matière à l'isle de Bourbon ».

Sur le doute que paraissait manifester à cet égard son contradicteur ordinaire, il exhiba un papier où le P. Hyacinthe lut avec stupeur :

« 20 mars 1689.

« Sa Majesté estant informé que le sieur Habert de Vauboulon, gouverneur de l'isle Bourbon, a les qualitez requises et nécessaires pour faire les fonctions de juge dans la dite isle, Sa Majesté l'a commis et commet à cet effet pour, en la dite qualité de juge, connoistre en dernier ressort au dit païs de toutes matières, tant civiles et criminelles que de police, commerce et navigation, suivant les us, coutumes et ordonnances de son royaume et de la prévosté et vicomté de Paris, et jouir et user des honneurs, prérogatives, fruits, profits, revenus et émoluments apartenant à la dite charge, tant qu'il plaira à Sa Majesté [1]. »

« Oui, mon père, me dict-il, je serai tellement puissant en cette isle que si quelqu'un vous venoit accuser à ma iustice, *quoyque faussement*, si i'avois néanmoins deux témoins, ie ne me pourois exempter de vous faire pendre. Oui, père, ie vous ferois pendre. Vous auriez beau appeler de mon iugement en France, et me recuser pour iuge,

---

[1] *Archives coloniales.* Extrême Orient. Ordres du Roi. Registre 27.

disant que ie suis iuge et partie, nonobstant tout cela, *pater*, je passerois outre, vous ferois vostre procès et en serois approuvé, parce que ie suis iuge en dernier ressort et en toute sorte de matière[1]. »

Le P. Hyacinthe comprit que s'escrimer avec un homme capable de tenir un tel discours, c'était jouer avec le feu. Faisant taire les bonnes raisons que l'envie de répondre lui mit aux lèvres, il parut se résigner. Mais quand le *Saint-Jean-Baptiste* fut parvenu à la Bahia-de-Todos-os-Santos, où se trouvait un couvent de capucins, il débarqua en cet endroit, et déclara qu'il était décidé à ne pas continuer le voyage, voulant saisir l'occasion la plus prochaine de retourner en France « pour éviter, dit-il, les mauvais traitements dont M. de Vauboulon nous avoit menacés, et les troubles que ie prévoiois en son gouvernement ».

Vauboulon, craignant que de cette détermination ne sortît une méchante affaire contre lui, pria le capitaine, et les capucins de Bahia eux-mêmes, d'engager le P. Hyacinthe à reprendre sa place à bord du *Saint-Jean*, les assurant que sa façon d'agir en chemin n'était que pour l'agrément, et qu'il allait changer de manières, puisque le Père avait pu s'en fâcher.

M. Dubois et les capucins consentirent à s'interposer ; mais ce ne fut pas sans peine qu'ils réussirent à persuader au P. Hyacinthe de revenir sur sa résolution. Le *Saint-Jean-Baptiste* remit donc à la voile avec tous les ferments de discorde que la Compagnie avait jetés, sans le savoir, dans le personnel du navire.

« Et, dit notre chroniqueur, dès que nous fusmes en mer, M. de Vauboulon recommença ses mêmes discours, sema la dissention parmy les officiers, mit le trouble dans le navire. »

Une chose qu'il est à propos de ne pas laisser oublier, parce qu'elle est de nature à expliquer certains faits ultérieurs, c'est que, parmi les passagers, on comptait des émigrants, des colons qui, témoins de tout ce qui se passait pendant la traversée, allaient se mêler bientôt à la population bourbonnaise et lui dépeindre les étranges dispositions de leur nouveau maître.

« Monseigneur » (Vauboulon se faisait appeler ainsi par les gens de l'équipage) se distrayait à taquiner, à menacer les uns et les autres, bien que l'on s'appliquât à l'adoucir par des attentions.

---

[1] Lettre du P. Hyacinthe.

Le capitaine s'y prêtait de bonne grâce. Le 15 juillet, par exemple, jour de la Saint-Henri, dont Vauboulon portait le nom, le personnel entier du bâtiment lui souhaita sa fête; un festin fut donné à cette occasion, ce qui le flatta sans l'humaniser beaucoup. Le Frère Antoine lui portant bravement un toast au milieu du repas : « Me voilà bien honoré, dit-il, qu'un mien sujet boive à ma santé! »

Cette manière de répondre à la civilité du religieux passa comme une boutade. Mais, le plus souvent, il cherchait à vaincre les longs ennuis de la traversée par des amusements les moins récréatifs pour les autres. C'est ainsi que le 2 octobre, le soir, au sortir de table, il trouva plaisant de faire battre le lieutenant par l'aumônier du bord, après avoir excité celui-ci outre mesure, et comme le premier protestait vivement contre cette fantaisie injurieuse, Vauboulon « porta la main fermée jusqu'à la bouche du lieutenant, luy disant qu'ailleurs que là, il luy ferait connoître qui il estoit, et le respect qu'il luy devoit sans que cet officier luy eut jamais rien faict, estant un très honnête jeune homme et fort vigilant à sa charge ».

Tel fut le personnage que la colonie de Bourbon eut à reconnaître pour gouverneur, le 1er décembre 1689, jour de l'arrivée du *Saint-Jean-Baptiste* à Saint-Denis.

XXXV.

Que s'était-il passé à Bourbon, depuis l'évasion de Drouillard ?

Quand le navire de la Compagnie des Indes les *Jeux*, allant de France à Suratte, relâcha pour faire des vivres à Mascareigne, vers le mois de mai, les Portugais avaient déjà quitté l'île. Une circonstance de leur départ avait indigné la colonie qui s'était montrée si hospitalière envers eux. Au moment de mettre à la voile, ils s'étaient rendus coupables d'une tentative criminelle, qui montrait surabondamment combien il aurait fallu se défier de ces naufragés ingrats.

« En se retirant pour leur retour en Portugal, ils firent une traînée de poudre à dessain de faire saulter la maison du Roy, ce quils auroient effectivement fait, sy les dits habitants ny avoient remédiés à temps [1] ».

Camenhem et les « cabaleurs », inquiets de la disparition de leur

---

[1] Déposition à Brest de l'équipage du navire les *Jeux*, 2 mars 1691.

gouverneur élu, dont ils avaient lieu de redouter les plaintes en France, étaient provisoirement rentrés dans l'ombre ; on n'entendait plus parler d'eux. Les colons avaient prié le capitaine Houssaye de les gouverner le temps qu'il pourrait séjourner à Bourbon, en attendant l'arrivée du *Saint-Jean-Baptiste* annoncé par lui avec M. de Vauboulon à bord.

Il y avait consenti, et, pour les bien disposer à l'égard du nouveau gouverneur, il en avait parlé si avantageusement que, plus tard, M. de Vauboulon, — juste une fois en sa vie — « s'en loua et advoüa quil luy estoit fort obligé, tant de l'estime quil en avoit faict concevoir à ses habitants, que de la manière honnête dont il les avoit traitté, et des bons règlements quil leur avoit donné en attendant sa venüe, et de vray le peuple estoit et est si satisfait de M. Houssaye quil le compare à M. Sénault (du navire le *Président*) comme celuy de tous les capitaines qui les a le plus pleinement contenté. »

M. Guillaume Houssaye a donc gouverné Bourbon par intérim, pendant quelques mois de l'année 1689 ; et, pour le récompenser, peut-être, d'avoir si bien rempli sa mission, de courte durée, les habitants avaient donné son nom à l'un des endroits de la côte de l'île, les plus en vue à l'ouest. On voit, en effet, sur les cartes de Bourbon, à la rade de Saint-Paul, le cap *Houssaye*, où le navire commandé par ce capitaine a plusieurs fois séjourné.

Les bons habitants croyaient bien avoir fini avec Camenhem et les trois « cabaleurs », qui avaient fait le désespoir de Drouillard. Grande était leur erreur. Dès l'arrivée du *Saint-Jean-Baptiste* on les vit descendre de Saint-Paul avec assurance et se hâter d'aller rendre hommage au nouveau gouverneur, dont ils devinrent aussitôt les « conseillers ».

Vauboulon, charmé de pouvoir se faire rendre compte de tout ce qui s'était passé dans l'île avant lui, accueillit avec empressement les récits, les confidences de Mussard, de Fontaine et de Loret dit Saint-Honoré, joints aux commentaires dont Camenhem, passé maître en l'art de médire, pouvait les accompagner.

En quelques jours, le gouverneur fut assez au courant de la situation morale et matérielle de la colonie pour être à même d'en raisonsonner avec aplomb.

A peine installé, il rédigea d'abondance et publia la singulière proclamation qui va suivre.

Ce document, dont la forme jure avec la lettre du roi, que Vauboulon tint provisoirement en réserve, ne semblait pas de nature à calmer les appréhensions des habitants éprouvés par tant de déboires.

Cette première communication eût certainement gagné à être conçue en termes plus mesurés, moins hypocrites et surtout moins menaçants.

Si, d'ailleurs, Vauboulon avait eu connaissance du passé de Camenhem, peut-être n'eût-il pas cédé au désir de parler de l'abbé dans sa proclamation. Mais, suivant la maxime politique : diviser pour régner, il crut habile, en donnant la priorité au P. Hyacinthe dont il appréhendait l'esprit ombrageux, de flatter aussi son nouveau partisan, afin d'opposer les deux religieux l'un à l'autre, au profit de ses prétentions.

Nous devons cette justice au P. Hyacinthe que, pénétrant les vues de son ennemi, il tint Camenhem soigneusement à distance et demeura très prudent à son égard.

Voici maintenant le texte inédit de la proclamation du seigneur de Vauboulon. C'est un pastiche de langage royal au début, de sermon dans le corps de l'œuvre, le tout assez bien tourné pour un commençant. Mais à elle seule la phrase de courtoisie nous paraît un bijou littéraire. Le « très affectionné serviteur » demandant, à ceux qu'il menace de faire pendre, de prier pour lui en attendant sa visite, est d'une plaisante inspiration.

« 5 décembre 1689.

« Aux habitants de Bourbon,

« Messieurs,

« Quoique les ordonnances du Roy très chrétien notre maître, et le devoir de notre charge nous obligent indispensablement à faire le procès et à punir tous les sujets qui se trouvent atteints et convaincus de crimes, toutes fois ayant reconnu que vous êtes presque tous coupables, et nous, par un penchant naturel que nous avons à vous faire grâce, et nous servant du pouvoir que le roy nous a mis entre les mains d'absoudre aussi bien que condamner selon que nous le jugerons à propos ; en actions de grâce que nous devons à Dieu pour notre heureuse arrivée en cette isle, et dans l'espérance que, par les bons avis du P. Hyacinthe, vous vous repentirez de vos fautes passées, que vous les confesserez de bonne foy, et que vous n'y retournerez plus à l'avenir, nous vous accordons une amnistie et pardon général de tous vos crimes, nous réservant seulement de punir ceux que nous découvrirons qui, contre leur conscience, retiendront nos droits et autre chose à nous appartenant.

« Nous vous exhortons à honorer le dit P. Hyacinthe, suivant que son caractère et sa profession l'exigent de tous les bons chrétiens.

« Nous voulons aussi que vous demandiez pardon au sieur Camenhem d'avoir perdu si souvent le respect que vous lui devez, et vous exhortons tous à oublier les haines et inimitiés qui durent depuis si longtemps entre vous, voulons que vous viviez à l'avenir en paix et union, et qu'il règne entre vous une parfaite intelligence, tant pour l'intérêt commun de toute l'île que pour votre intérêt particulier, autrement nous aurons recours aux peines portées par les lois du royaume, que nous observerons dans toute leur rigueur.

« En attendant que j'aille vous voir, priés Dieu pour moi, et me croiez, Messieurs, votre très affectionné serviteur.
« VAUBOULON ».

On peut maintenant comparer ce document avec la lettre gracieuse du roi adressée aux habitants de Bourbon, et qui fut lue, quelques jours après, au prône de la messe paroissiale de Saint-Denis. Le langage de Louis XIV, à la fois simple et bienveillant, toucha si profondément les colons, ainsi que nous l'apprend le P. Hyacinthe, qu'ils exprimèrent le désir de témoigner leur reconnaissance directement à Sa Majesté. Mais Vauboulon fit la sourde oreille à cette proposition et ne jugea pas utile d'y donner suite.

« 20 mars 1689.

« Lettre du Roy aux habitants de Bourbon [1].

« Chers et bien amez, nous avons receu la lettre que vous nous avez escrit et nous avons esté bien aise de voir les assurances que vous nous donnez de votre fidélité et de votre obéissance. Nous avons veu par cette lettre les besoins dans lesquels vous estes, et la demande que vous faites d'un gouverneur par lequel vous puissiez aprendre nos intentions et qui veille au bien général de ladite isle pendant qu'un chacun de vous est apliqué aux affaires particulières de son commerce, et voulant vous donner en cette occasion des marques du soin particulier que nous voulons prendre de vous à l'avenir, nous avons ordonné aux directeurs de la Compagnie des Indes de vous envoyer les ouvriers, les ustensiles et les denrées que vous demandez, nous avons aussi chargé le provincial des capucins de la province de Bretagne de vous envoyer trois religieux capables par leur science et leur vertu de vous mettre dans la voye du salut, et nous avons fait choix du sieur Habert de Vauboulon pour estre votre gouverneur, et comme nous luy avons expliqué nos intentions pour tout ce qni nous a paru convenir à votre bien et à votre utilité particulière, nous désirons que vous suiviez exactement ce qu'il vous marquera estre de notre volonté, et que vous luy obéissiez comme vous pourriez faire à nous-même, sy ny faites faute.
« LOUIS. »

[1] *Archives des colonies.* Extrême-Orient. Reg. de Siam, **27**.

Pourquoi ces premiers éléments d'organisation administrative, partis de France sous des auspices aussi favorables, tournèrent-ils absolument contre la pensée qui en avait conçu l'envoi à Bourbon ?

La faute en fut au chef de l'entreprise, mal choisi par la Compagnie des Indes.

Le premier acte de son incapacité causa la perte du *Saint-Jean-Baptiste*. A peine ce navire avait-il débarqué les marchandises, denrées et ustensiles dont la Compagnie l'avait amplement pourvu, qu'un coup de vent, déchaîné sur l'île, l'attaqua d'une manière si violente et si malheureuse qu'il fut broyé sur la côte.

Vers le 15 décembre, aux premières menaces de l'ouragan, le capitaine Dubois avait voulu gagner le large, afin de diminuer les chances de péril.

En refusant obstinément de le laisser mettre à la voile, Vauboulon causa la perte de l'un des plus grands navires de la Compagnie des Indes. Ce malheur était d'autant plus à déplorer qu'il allait faire regretter à Lorient que l'on eût entrepris cette expédition; ce qui ne manqua pas d'arriver. Six années se passèrent sans que Bourbon revît un navire venant de France.

XXXVI.

La série des actes du gouvernement de M. de Vauboulon commença à la date du 18 décembre 1689.

Par sa première ordonnance, il défendit aux habitants, *sous peine de la vie*, de s'absenter du lieu de leur demeure plus de quinze jours, sans permission par écrit du gouverneur, et aux nègres, plus d'un jour.

Sa seconde ordonnance, du 23 décembre, enjoignit aux habitants, sous peine de 30 livres d'amende, d'envoyer leurs enfants comme apprentis, aux ouvriers arrivés de France. En troisième lieu, le 28 décembre, M. de Vauboulon recommanda la culture des terres.

Le 9 janvier 1690, il rappela un règlement du 15 mars 1687 par lequel les colons s'étaient engagés à payer annuellement 6 livres par tête, pour l'entretien de leur curé.

Le 16 janvier, il publia un ordre qui limitait la chasse à un seul jour par semaine, et défendait de tuer plus de deux tortues de mer dans le même temps.

Le 27 mars enfin, il rappela l'ordonnance mollement exécutée du 23 décembre précédent, relative à « l'éducation de la jeunesse ».

Ces diverses mesures ne semblèrent pas causer, dans le moment où elles furent édictées, un grand effet parmi les colons. Il ne semble pas d'ailleurs que M. de Vauboulon y insistât beaucoup. Une autre question, plus intéressante pour lui, l'occupait davantage.

Jusque-là, paraît-il, les commandants avaient distribué des terres aux habitants, gratuitement mais sans titres. Vauboulon imagina de les forcer à prendre des contrats moyennant finance. L'opération présentait une grande difficulté pour cette raison que les Bourbonnais possédaient alors fort peu d'argent et que le peu qu'ils avaient était soigneusement dissimulé.

Il s'agissait pour Vauboulon de faire sortir cet argent avaricieusement caché. Voici comment procéda le noble représentant de la Compagnie des Indes.

Pendant que Michel Firelin, garde-magasin, présidait au débarquement de la cargaison du *Saint-Jean-Baptiste*, Vauboulon, contre tout usage, avait fait serrer dans sa cave, une partie du vin et de l'eau-de-vie de la Compagnie. Il en sut bientôt trouver l'emploi.

A tour de rôle, il faisait venir chaque habitant et lui tenait ce langage : « Mes prédécesseurs n'ont jamais esté vray gouverneurs et par conséquent n'ont pu donner des terres à défricher, mais seulement soufrir qu'on en eut défriché.

« Mais, moy, je vous donne des contrats qui rendront ces terres héréditaires à vos enfants ; ce que mes prédécesseurs n'ont pu faire. »

Et si l'habitant semblait ne pas comprendre, Vauboulon tout de suite en courroux, ajoutait dans un beau langage :

« Allons ! confesse-toi ! crache au bassin ! »

Le bassin était sans doute un de ces plats argentés servant aux quêtes dans les églises.

L'habitant silencieux continuant à ne pas deviner les intentions de son maître, Vauboulon reprenait :

« Tu es bien froid ! tiens ! prends cela pour t'échauffer ! Allons trinquons ensemble ! »

Les spiritueux de la Compagnie entraient alors en scène, et forcément il fallait trinquer.

« Maintenant, parle, que veux-tu donner? »

Et le colon moins défiant se laissait aller à mettre « au bassin » de 25 à 100 écus, pour rester possesseur de ce qu'il croyait être son bien légitime.

Il arrivait parfois que le plaisir de l'extorsion, la joie de palper de l'argent, causaient à Vauboulon une émotion de gaieté toute paternelle.

« Un nommé Vulman, hollandois, fort honnête homme, luy ayant compté, pour sa terre, 35 escus sur sa table, pour avoir son contract, Vauboulon versant cet argent de dessus sa table dans la main gauche avec la droite, luy dict, en esclatant de rire : Ah ! mon enfant, cet argent t'incommodoit [1] ».

Seize titres de concession furent ainsi délivrés du 16 janvier au 12 mai 1690. Vauboulon en tira 2,400 livres environ. Voici les noms des concessionnaires :

16 janvier, Pierre Hibon ; — 20 janvier, Louis Caron, Athanase Touchard, Antoine Payet, Julien Dailleau ; — 24 janvier, Lézin Rouillan, René Hoareau ; — 30 janvier, Gaspard Lautret, Gilles Launay ; — 15 février, Emmanuel Texere de Motte, Pierre Nativel ; — 17 février, Jacques Fontaine ; — 1er mars, Antoine Cadet ; — 2 mars, Antoine Bellon, Isaac Beda ; — 12 mai, Gilles Dennemont.

XXXVII.

On ne peut se figurer combien les exactions de Vauboulon furent douloureuses aux habitants. En les obligeant à se munir d'un titre de concession, dont la valeur resta problématique, il avait forcé chacun d'eux à sacrifier son petit trésor secrètement amassé. Aux récalcitrants (car il y en eut), Vauboulon n'avait pas crié : La bourse ou la vie. Plus pratique, il leur avait dit : Le contrat ou la prison ; et, de fait, plusieurs habitants très honnêtes furent mis sous les verrous jusqu'à ce qu'une rançon suffisante à son gré lui eût été payée par leur famille ou leurs amis.

[1] Lettre du P. Hyacinthe, § 23.

A cette époque, nos colons prisaient d'autant plus l'argent que, pour eux, c'était en quelque sorte le fruit défendu.

Ainsi que nous l'avons dit, la Compagnie des Indes ne payant qu'en marchandises les denrées apportées par les colons aux magasins, ceux-ci auraient dû se résigner à demeurer indéfiniment la bourse vide. Mais comme cette résignation, ailleurs inconnue, n'était pas non plus dans les mœurs des Bourbonnais, le besoin impérieux de numéraire les aurait poussés à profiter de tous les moyens moralement acceptables pour se procurer de l'argent. Un seul s'était offert à eux : le commerce étranger ; c'est-à-dire le commerce avec les bâtiments soit étrangers, soit français, les uns ou les autres, non autorisés par la Compagnie des Indes. Indistinctement, à Mascareigne, tout navire, obligé de cacher à l'autorité ses relations avec la colonie, était forban.

A travers les détails disséminés sur ce sujet dans les documents, on entrevoit de quelle manière avait lieu ce mystérieux trafic. C'était bien simple, et (il y avait tant de raisons plausibles pour le pratiquer alors, que l'on oserait presque ajouter) bien innocent.

Le forban rôdait au crépuscule du soir, par temps calme, devant quelque crique, à petite distance des habitations. Dès qu'à certains signes, il se voyait invité à s'approcher, il envoyait sa chaloupe à terre et entrait en communication la nuit avec les habitants qui voulaient bien lui apporter « du riz, des poules, des chapons, des cochons, des tortues, etc. », tout cela pour quelques écus sonnants, vite resserrés dans la cachette familiale, pendant que le navire remettait à la voile avant le jour levé.

Il arrivait aussi parfois que le colon, tenté par la vue, à bord, de quelque objet longtemps désiré, bien utile ou bien séduisant, prenait moitié « commodités », moitié numéraire, en payement de ce qu'il livrait au forban pacotilleur. Les anciens inventaires après décès prouvent que la colonie n'était pas dépourvue, dans les familles relativement aisées, non seulement d'agréments de toilette pour les femmes, mais de tout autre superflu d'or ou d'argent pour les hommes, ou de meubles pour l'intérieur de la maison.

Ces raretés étaient introduites dans l'île par les forbans.

Les « cabaleurs », devenus les « conseillers » de Vauboulon, le voyant d'abord si arrangeant, avaient eu l'imprudence de lui révéler ces opérations encore plus rares que lucratives, et l'homme sans scrupule, fermant les yeux sur la contrebande, devenue, pour ainsi dire, sa toile d'araignée, avait profité de ces confidences pour emplir sa cassette, en imposant les délinquants d'un titre de concession.

Vauboulon était d'autant plus répréhensible d'agir ainsi que, ces titres, il n'avait pas le droit de les signer. On le sut plus tard. En effet, l'île appartenant à la Compagnie, elle seule pouvait céder partie de sa propriété. Or Vauboulon, en rédigeant ses contrats — ce à quoi ses instructions ne l'autorisaient pas — ne faisait nullement intervenir la Compagnie dans les formules qu'il employait (variées dans le corps de l'acte selon les circonstances) — et dont voici d'ailleurs un spécimen.

« Henry Habert, chevalier seigneur de Vauboulon, conseiller du Roy en ses conseils, gouverneur pour Sa Majesté, et juge en dernier ressort en toutes matières à l'isle Bourbon, à tous présens et à venir, salut ! X. nous remontre que faisant réflexion sur ce que les habitans de cette isle ne possédoient pas en propre un morceau de terre, et qu'il n'en pouvoit acquérir, il avoit demeuré jusqu'à présent sans pouvoir se déterminer à y rester, ny à ce marier, même c'étoit avec chagrin qu'il alloit se mettre à cultiver une habitation qu'il ne croyoit pas luy pouvoir demeurer. Mais ayant veu que le Roy a eu la bonté d'escrire aux habitans qu'il vouloit prendre soin d'eux et qu'il leur avoit depuis peu envoyé en notre personne un gouverneur avec caractère et plein pouvoir de subvenir à leurs besoins, il a recours à notre autorité et justice, et nous demande le fonds de l'habitation où il demeure scituée, etc., promettant de la bien cultiver, aux offres qu'il fait d'en paier tel cens et rentes qu'il nous plaira lui ordonner. A ces causes désirant pourvoir aux besoins de l'exposant, l'animer au travail et voulant le traiter favorablement, nous, par le plein pouvoir que le Roy nous a mis entre les mains, nous avons octroyé, etc. »

Ainsi, comme on le voit, pas un mot de la Compagnie, véritable propriétaire du sol de l'île, sauf toutefois en quelques parties de terrain réservées « au Roy », et sur lesquelles l'administration fondait des habitations domaniales ou construisait des magasins.

Vauboulon n'agissait pas autrement dans les ordonnances rendues par lui. Il y parlait comme agent du roi, tandis qu'il était agent de la Compagnie nommé par le roi.

Dans les actes de leur exercice, ses prédécesseurs (ainsi que le firent d'ailleurs ses successeurs) s'étaient toujours annoncés « gouverneur pour le roi et la royale Compagnie des Indes orientales ». Lui seul s'exprime en maître absolu.

Cette manière d'agir ne provenait pas chez Vauboulon d'une omission. Dans son esprit, c'était l'objet d'un système. Pour lui, la Compagnie des Indes était moins que rien. Un jour que l'on parlait respectueusement devant lui de « Messieurs de la Compagnie », il s'écria : « Ce sont des gens de néant ; on y reçoit toutes sortes de quenailles ; qu'il ne leur a aucune obligation, ne les reconnoit en rien ; qu'il tient son gouvernement immédiatement du Roy, que s'ils luy ont donné cinq ou six barriques de vin, et à nous des livres, drap, toile, cuir, eau-de-vie, etc., c'est le Roy qui paye tout cela ; que nous sommes de simples gens de croire le contraire [1] ».

Un autre jour, Vauboulon — qui étendait cette opinion, dont son orgueil était flatté jusqu'à l'extrême limite de l'erreur — aborde un habitant à brûle-pourpoint et lui demande : « A qui est la chemise que tu portes ? — A moy, répond l'homme, je l'ay acheptée de mon bon argent. — Elle est au Roy, dict le gouverneur ; luy voulant faire entendre par là que cette chemise, comme tout son bien, estoit à luy représentant le Roy en cette isle. »

Pour revenir à la manière dont Vauboulon libellait ses titres de concession, il est à propos de faire remarquer les deux moyens employés par lui, afin de se mettre à couvert de tout soupçon d'extorsion.

L'habitant était censé avoir imploré la faveur d'obtenir un contrat, et Vauboulon la lui octroyait comme une grâce.

La somme versée par le concessionnaire n'était pas mentionnée dans le titre que celui-ci emportait, et dont l'original était enregistré aux Archives du Gouvernement.

Cette tromperie et cette omission firent un effet déplorable parmi les habitants qui y virent une fraude manifeste.

Vauboulon ne s'en tint pas là. « Il mit de grosses rentes annuelles dans les contrats. » C'est-à-dire qu'il créa l'impôt foncier à Bourbon. L'idée n'aurait pas été condamnable, s'il l'eût mise en pratique avec modération, et suivant un principe d'égalité. Mais, autoritaire en diable, il imposa les gens arbitrairement, et sans prendre la peine de se rendre compte s'ils pourraient ou non payer les rentes en nature, fixées par lui.

Le P. Hyacinthe dépeint ainsi la confusion amenée par cette nouvelle mesure (§ 27).

---

[1] Lettre du P. Hyacinthe.

« Après leur avoir chèrement vendu leurs terres, il les a fort chargés de rentes, dont s'estant plaints, on leur a faict dire soubsmain que s'ils vouloient luy donner quelqu'argent, il diminuroit leurs rentes, de sorte que plusieurs ont donné, qui 20 escus, qui plus, qui moins, et, pour cette somme, on leur a faict de nouveaux contrats et deschiré les premiers, quoy que scellés du sceau du Roy et du sien; mais fort peu rabattu de leurs rentes, dont s'estant de rechef plaints, on les a menacés du cachot, et l'on m'assure que, s'ils vouloient encore débourser, qu'on déchireroit le second contrat pour leur en faire un troisième. »

C'était de l'exaction raffinée. Ce qui suit le prouve encore mieux. Vauboulon se fit collectionneur de bibelots. Ses « conseillers », « trois anciens brouillons », « se voiant apuiez et soutenus du gouverneur, luy enseignent les prétextes spécieux pour tirer de l'argent de ce peuple, et ceux de l'isle qui pouroint auoir *quelques bijoux et curiosités des Indes*, pour ensuite les leur enlever par des voies iniques. »

A Carré-Talloit, il prend « un coffret fait à Goa ». Chez Brocus, il saisit « le chapelet de sa femme, qui est de cristal ».

Nombre d'habitants, mis ainsi à contribution, sont obligés d'abandonner quelque objet curieux entre les mains de ce rapace amateur.

Qu'imagina-t-il encore?

Il était resté à Bourbon 6 Hollandais sur les 22 qui s'y trouvaient du temps de Drouillard. Vauboulon exigea qu'ils prissent des lettres de naturalisation, et, moyennant une assez forte somme, il leur délivra, de sa propre autorité, ces sortes d'actes qui devaient émaner directement du roi.

L'effroi qu'il répandait autour de lui n'empêchait pas certains colons, plus hardis que les autres, d'exprimer à Vauboulon ce qu'ils pensaient des criants abus de pouvoir dont il se rendait coupable.

« Ces pauvres habitants, raconte le P. Hyacinthe, se voiant ainsy maltraitez en toute manière, dirent un jour à M. le gouverneur que Messieurs de la Haye et de Montevergue en avoient autrement agi en leur endroict, lorsqu'ils passèrent par icy. Il leur répondit : « Qu'on ne me parle point de ces gents-là! cestoient des coquins et des quenailles qui n'ont iamais eu le pouvoir que iay. Il y a de la différence entre eux et moy. Ils ne scavoient où donner de la teste; le Roy les avoit envoiés en ces païs comme gents dont il se vouloit deffaire. »

Parole imprudente qui pouvait lui attirer cette réponse : Et maintenant c'est votre tour !

Il est superflu d'ajouter, après ces divers extraits, que Vauboulon ne ménageait personne. Dans ses entretiens, il faisait remonter l'expression de son plus haut dédain jusqu'aux premiers échelons de la hiérarchie administrative. Il éclaboussait de son mépris les noms de MM. Céberet, de Lagny et de Seignelay. Il ne considérait au monde que lui et le roi. Le roi qui l'avait entretenu « dans son cabinet mesme » et qui, en lui donnant son pouvoir pour l'exercer à Bourbon, lui avait aussi confié sa pensée pour régenter la colonie.

Toutefois, dans son for intérieur, il était entraîné à considérer aussi certain capucin dont l'influence grandissante pourrait bien agir à la fin sur sa destinée d'une manière fatale ; car il est sans exemple qu'un tyran ne trouve pas son maître.

XXXVIII.

La lutte, commencée sur le *Saint-Jean-Baptiste*, entre Vauboulon et le P. Hyacinthe, continuée à Bourbon d'une manière sourde d'abord, moins discrète ensuite, était arrivée, à la date du 16 juin 1690, à un degré de chaleur tel que, si la haine qu'elle avait amenée entre l'homme de Dieu et l'homme de la Compagnie, ne faisait pas encore sauter l'un ou l'autre des champions en éclatant, c'était tout juste. On se voyait à peine ; on s'écrivait des lettres d'une courtoisie douteuse ; on laissait échapper sur toutes choses des appréciations justes peut-être, déplacées à coup sûr, et faites, de part et d'autre, pour être rapportées et envenimées par ceux qui les avaient entendues.

Le Père se plaint qu'à la date indiquée ci-dessus Vauboulon lui écrit « une lettre très choquante et pleine de mensonges ». Voici à quel sujet :

« A propos des nouveaux contrats », le curé de Saint-Denis « voyant qu'il disoit (Vauboulon) que personne n'avoit de terre », ayant exprimé le désir d'en recevoir un comme les autres, de nature à le confirmer « dans les establissemens que MM. d'Orgeret et Fleurimond avaient donnés au P. Bernardin en cette isle », Vauboulon lui écrivit : « Je vous ay prévenu, quant à la confirmation que vous demandiez du don que je vous ay faict de vos hospices et de ce qui en dépend, que i'envoie en France une copie de toutes les grâces que iay accordées depuis le temps que ie suis dans cette isle. »

Le P. Hyacinthe relève les mots « don » et « grâces » qui le choquent, et dit : « Il ne nous a pas faict don de nos hospices, ni de ce qui en dépend, puisque le P. Bernardin les avoit eus et bastis du temps de MM. d'Orgeret et Fleurimond. » Cette querelle de mots nous donne lieu de faire remarquer que les premiers établissements hospitaliers de l'île Bourbon datent du temps de ces anciens gouverneurs.

Les habitants, voyant que le P. Hyacinthe compatissait à leur sort, allaient tour à tour se décharger la bile en lui contant leurs souffrances. Ces visites répétées ne tardèrent pas à intriguer Vauboulon qui, devant son entourage, traita le curé de Saint-Denis de « séditieux ».

Cependant Vauboulon, ne pouvant se défendre d'une certaine appréhension en pensant à l'inimitié que lui avait vouée l'intelligent capucin, crut trouver remède à l'influence qu'il voyait s'étendre autour de lui, en se rapprochant de toute manière du P. Hyacinthe. Il alla le voir; il l'invita à dîner; il l'accompagna à l'église, aux offices, aux prônes, aux mariages, aux baptêmes, à l'école. Il le suivit partout où sa présence pouvait s'expliquer.

Cette poursuite policière nous fournit des détails au moins bien singuliers.

Vauboulon se plaint, dans une lettre aux Directeurs de la Compagnie, que le P. Hyacinthe, invité par lui à dîner, mange sans rien dire. On devine que, naturellement verbeux, Vauboulon parlant toujours, le capucin trouve meilleur de ne pas perdre un coup de dent.

Le gouverneur cherche beaucoup d'autres défauts à son ennemi. Mais il est difficile de croire à ces racontages, parmi lesquels on remarque que le curé de Saint-Denis revenait sans cesse à « de sorte que », ce qui doit être exagéré, car nous ne voyons guère ce mot familier figurer dans la longue lettre du P. Hyacinthe.

Nous ne citons ces deux exemples que pour montrer combien il fallait que le gouverneur eût peu de griefs sérieux à invoquer contre le capucin, pour entretenir les directeurs de la Compagnie des Indes de pareilles vétilles.

De son côté, le Père se plaint :

Qu'à l'église Vauboulon « s'est advancé de me dresser un prosne pour faire tous les dimanches au peuple, avec défense de me servir d'autres »;

Que, pour les mariages, « il prétend avoir le pouvoir de dispenser dans les degrés de parenté »;

Que, pour les baptêmes, « il a eu assez de présomption, un jour que ie baptisois un enfant, de prendre un rituel et, sans me donner le temps de finir une cérémonie, me prévenoit en celle quy suivoit, me troublant ainsy dans mon ministère, ne cherchant qu'à me chicaner en tout, et me faire passer parmi mon peuple pour incapable. La cérémonie estant finie, il fust assez malhonnête de me dire que ie nestois pas assez préparé; que javois dict un masculin pour un féminin, prononcé une longue pour une brefve. Il invente tout cela de guet-apens, par un esprit maling qui luy est naturel. Il chicanne ainsy tout le monde; personne n'est exempt de sa méchante humeur; et quand il a ainsi donné quelque lardon à quelqu'un, il en faict des gorges chaudes à d'autres qui le rapportent incontinent, tant il s'est rendu odieux. Voilà à quoi il s'amuse ».

Malgré la tournure piquante donnée à cette partie de sa critique, on sent que le P. Hyacinthe n'oubliait pas les menaces échappées à Vauboulon sur le *Saint-Jean-Baptiste*. Le fameux « *Pater*, je vous ferois pendre », lui tintait parfois à l'oreille. Aussi faisait-il des sacrifices d'amour-propre en vue d'adoucir son ennemi plus redouté peut-être que redoutable.

« A tous ces afronts, nous avons tousiours gardez le silence, croiant, par nostre patiance, gagner et apriviroiser cet esprit farouche, et, comme ie le connoissois pour se repaître beaucoup de vanité, ie ne l'ay traitté iusqu'à présent, en toutes mes lettres, que de Monseigneur et i'ay encore poussé la complaisance jusqu'à sortir de l'autel, après avoir leu l'évangile, pour luy présenter à baiser, et toutes ces honnêtetés *ou lâches complaisances*[1] n'ont servi que pour accroistre son orgueil et sa malhonnêteté en notre endroit ».

Rien n'est oublié dans les plaintes de notre chroniqueur : « Ayant

---

[1] Souligné dans le texte.

veu que nous faisions le catéchisme et tenions l'eschole aux enfants, il a, sans m'en parler, faict publier une ordonnance avec 30 livres d'amendes aux pères et mères des enfants qui manqueroient à l'eschole ; et disoit en se moquant : encore un peu d'amertume pour le P. Hyacinthe, et se mettoit alors à rire, puis donnoit ordre à ses espions de lui mander ce que j'en dirois. »

Punir de 30 livres d'amende l'absence à l'école d'un enfant, malade peut-être, c'était inaugurer bien durement à Bourbon le principe, d'ailleurs excellent en soi, de l'instruction gratuite mais obligatoire.

« Il y a, continue le P. Hyacinthe, une confrairie de Montcarmel establie en cette isle depuis trois ans. Elle a un pavillon de taftas, large d'un pied et demi et long de deux ou environ, qu'on met à une perche aux festes de la Vierge, à dix pas de la porte de l'église... i'ay apris depuis hier qu'il avoit ordoné d'oster la perche, de couper ce pavillon et d'en faire une girouette à la croix qui est sur l'église ».

Faire une girouette d'une bannière, vénérée bien sûr des paroissiens, n'était pas non plus d'une invention très paternelle, à cette époque de naïve piété.

Mais il faut se borner. Résumons aussi vite que possible les derniers griefs du P. Hyacinthe !

Il demande à Vauboulon une case, « un taudis » pour tenir l'école : le gouverneur répond : « Moi aussi j'ai besoin d'un château. »

Une taxe imposée aux habitants pour l'entretien des capucins et de Camenhem est payée soit en argent, soit en riz, soit en volailles. Vauboulon leur fait distribuer 28 volailles, et garde pour lui « le ris, l'argent et le reste ».

Enfin le Père est exaspéré : « M. de Vauboulon, faict tout ce qu'il peut, dit-il, pour dégoûter le peuple de nous, avertissant, par Fontaine ou St-Honoré, que ceux qui nous fréquenteront ou nous feront l'aumosne [1], seront suspects à M. le gouverneur. »

A Lorient, M. Cébéret avait prescrit à Vauboulon d'abandonner aux capucins ce que le P. Bernardin avait laissé en 1686 à Bourbon, en quittant l'île. Cela se bornait à un bœuf estampé, et à quelques nègres à qui le Père « avoit remis une espèce de quarte de liberté »

---

[1] Jadis il était d'usage parmi les habitants de porter au curé un petit cadeau en nature sur la récolte, la chasse ou la pêche, quand elles avaient été favorables. Voilà ce que le Père appelle aumône.

pour les faire reconnaître. Vauboulon s'est moqué de l'ordre du Directeur : Il a fait tuer « le Bœuf du Père Bernardin » et « retenu pour luy les nègres du deffunct ».

C'était une déprédation sans fin.

L'arrivée à Mascareigne du navire les *Jeux*, à son retour des Indes ralentit quelque peu la funeste activité de Vauboulon.

XXXIX.

M. Guillaume Houssaye passé à Bourbon en allant à Suratte, après le départ de Drouillard, revint mouiller à Saint-Paul, dans le courant du mois de juillet 1690.

Grand fut son étonnement de trouver à St-Denis, où il alla se présenter au gouverneur, le capitaine Dubois, avec tout son équipage, et de n'y pas voir de navire. Plus grand fut son chagrin d'apprendre que le *Saint-Jean-Baptiste* s'était perdu en décembre de l'année précédente.

On peut croire que les habitants de Bourbon firent bon accueil à M. Houssaye qui avait si bien gagné leur confiance et leur affection. Il leur apparut comme un sauveur. Tout ce qu'ils avaient souffert de Vauboulon depuis six mois lui fut raconté. Mais que pouvait-il pour eux? Les consoler et les engager à prendre patience. Il comprit que s'interposer entre le gouverneur et les habitants ne servirait qu'à augmenter leurs peines.

Toutefois, l'occasion lui fut offerte de résumer dans un rapport adressé à M. Céberet leurs griefs contre Vauboulon. Nous ne pouvons nous empêcher de reproduire ici ce document, parce qu'il justifie, dans une forme précise, les accusations du P. Hyacinthe. S'il était unique, le témoignage du capucin pourrait être soupçonné de partialité. Celui plus modéré de M. Houssaye lui apporte un réel appui. Il éclaire de plus haut l'ensemble des causes qui amenèrent la chute du gouverneur, et diminue les torts des habitants compromis dans le très fâcheux dénouement de cette affaire.

Nous ne regrettons qu'une chose : c'est que le rapport (tout à fait inédit) du capitaine Houssaye ne soit pas moins développé. Cependant, à sa lecture, on comprendra que son insertion intégrale, en ce qui concerne Vauboulon, était d'un intérêt majeur pour la suite du récit.

« Ce qui regarde le gouverneur de Mascareigne et son gouvernement.

« Vous sçaurez, s'il vous plaist, que j'estois porteur d'une lettre de la part de M. Rocques[1] pour le sieur Chauvigny, à qui je la rendis en main propre, le matin que je mis pied à terre. Je luy témoignay la joye qu'avait eu M. Rocques d'apprendre de ses nouvelles, comme estant un de ses bons amys, et son estonnement de voir qu'il fust venu dans l'isle de Bourbon. Il me lut la lettre pleine d'honnestetés et de témoignages d'amitié. Après disner, le sieur de Chauvigny et moy estant à la promenade, me fit un détail de l'eschoument du sieur Dubois. Je luy en marquay mon chagrin, tant à cause de luy que pour la perte que fesoit Messieurs de la Compagnie, et que, dans ce rancontre, je ferois toute chose au monde pour l'intérest de Messieurs de la Compagnie.

« Dans la suite du discours, je m'informay de lui come les choses se passoient, dans ce nouveau gouvernement.

« Il me répondit que, comme j'estois créature de la Compagnie, et qu'il me voyoit porté pour ses intérests, il me diroit toutes choses dans la peure vérité, puisque luy-mesme leur avoit une obligation sensible.

« Il me demanda pour lors si je ne pourois pas passer dans mon bord un honneste homme pour retourner en France, qui pût esclairer Messieurs de la Compagnie de tout ce qui se passoit dans lisle contre leurs intérests. Je luy répondis ouy, et luy demandant qui ce pouroit estre, le sieur de Chauvigny me dit que c'estoit luy-mesme. Je luy marquay d'abord mon estonnement sur cette résolution, et luy dis que je le croyois nécessaire dans lisle, suivant qu'on m'en parloit, de plus que je ne le pouvois faire sans lagreement du gouverneur. A quoy il répondit sur le champ : premièrement qu'il n'estoit engagé à rien ; 2^{mt} que j'y serois obligé quand il m'auroit fait voir qu'il s'agissoit en ce rencontre de l'intérest de Mess. de la Compagnie, du soulagement des pauvres habitans et du service du Roy. Je lui repliquay que s'il me faisoit voir ces 3 motifs et s'il me les expliquoit, je le passerois, mais toujours sous le bon plaisir du gouverneur.

« Pour lors, il entra en matière et me dit que la Compagnie estoit volée, en ce que, par ordre du gouverneur, le commis vandoit les marchandises beaucoup plus cher que le prix fixé ; qu'il n'en couchoit sur son registre que le prix ordinaire et que, le surplus, ils le partageoient ensemble. Par exemple, les chapeaux taxez à 3 livres, il les a tous vendus 5 livres ; le pot d'eau-de-vie taxé à 2 livres, il l'a vendu 3 livres ; le pot de vin taxé 1 livre, 1 livre 5 sous ; ainsy du fer et de toutes les autres marchandises. Cependant, sur son registre, il n'est couché que le prix taxé par Mess. de la Compagnie.

« Il me montra un pauvre habitan, nommé Gilles Dugain, qui maçonoit pour le gouverneur. Pour payement, il luy donna un billet pour prendre la valeur de 15 livres de marchandises au magasin, et le gouverneur luy en osta et retint la moitié pour luy.

« Il me dit de plus que tous les habitants estoient ruinés et qu'il les avoit fait venir les uns après les autres, et les avoit rançonnés et pillés jusques au dernier sol, leur faisant payer leurs habitations et le fond de terre qu'ils cul-

---

[1] Directeur de la Compagnie à Suratte.

tivoient et de plus leurs avoit imposé de grosses rentes, et beaucoup de cens, plus que leurs terres ne pouvoient raporter.

« Il me fist voir comme il avoit fait payer le droit de naturalisation aux Hollandois qui estoient restez dans l'isle et en avoient tiré par de grandes violences beaucoup d'argent, et tout cela formellement contre les ordres du Roy, et les privilèges et statuts concédés à Mess. de la royalle Compagnie l'an 1664.

« Il y avoit pour lors au cachot, quand jarrivay, un nommé André Brocus, Hollandois, pour ne l'avoir pas satisfait. Il le mit hors moyennant 30 livres, huit dindons et six cochons, 200 livres de ris, et le chapelet de sa femme qui estoit de cristal et qui valoit 6 livres.

« Un habitan de Ste-Suzanne, nommé Jean Grand, estoit aussy au cachot, faute de luy payer le prix d'une habitaōn qu'il avoit défrichée luy mesme à la sueur de son fronc et vendu il y avoit 3 ans. Le gouverneur dit que cela luy appartenoit et qu'il creveroit au cachot, s'il ne vouloit rapporter l'argent.

« M. Calvé [1] intercéda pour luy et le fist sortir du cachot ; et ainsy généralement de tous les habitants les uns après les autres. Il menace de leur casser la teste s'il sçait qu'ils se veillent pleindre, sans vouloir jamais donner receu de tout ce qu'il exige d'eux.

« Il me dit de plus que les habitants estoient réduits à un estat si pitoyable qu'ils gémissoient tous les jours en attendant lieu d'envoyer leurs pleintes, et me dit que le R. P. Hyacinthe minformeroit de tout plus particulièrement. Ce qui mobligea de minformer de la vérité du fait et j'ai trouvé très véritable tout ce que le sr de Chauvigny m'avoit avancé.

« A lesgard des marchandises, j'ay vû le prix qu'en ont donné tous les habitants qui excède le taux de Messieurs de la Compagnie. Touchant leurs terres et habitations, j'ay vû les lettres de donaōn qu'il leur a expédié, sans leur donner aucune quittance de l'argent qu'il leur a exigé. J'ay vû aussy les lettres de naturalisation de ces pouvres holandois qu'il a aussy cruellement rançonés. Plus M. de Chauvigny m'avoit dit qu'il avoit vendu un noir appartenant au Roy, et des meilleurs, ce qui est vray; car j'ay vû le contract, et il couste 46 escus. Enfin le d. sr de Chauvigny m'ayant fait voir le désespoir où estoient tous les habitans, et sy grand qu'ils avoient pris résolution de lier et garrotter led. gouverneur et de m'en charger avec leurs raisons pour le repasser en France, et restablir le sr de Chauvigny pour leur gouverneur et que la proposition luy en avoit esté faite, non seulement par les pauvres habitants, mais mesme par le père Hyacinthe ; je me suis trouvé obligé d'éclaircir et profondir ce point, ce que j'ay trouvé très vray par l'adveu mesme du père Hyacinthe, qui vouloit aussy faire repasser le frère Anthoine de Lanion, son compagnon, pour vous confirmer tout ce que dessus et en solliciter les remèdes auprès de vous.

« De manière, pour conclusion, que j'ay jugé à propos avec délibéraōn de mes officiers majors de donner passage aud. sieur de Chauvigny en France, tant pour éviter la résoluōn qu'on avoit prise en la faveur de laquelle il n'a jamais voulu consentir, que pour donner une entière lumière de toutes les choses, ainsy que les lettres du révérend père Hyacinthe vous confirmeront toutes ces vérités. »

---

[1] Lieutenant des *Jeux*.

Qu'était-ce au fond que ce secrétaire de gouverneur, qui entre ici en scène contre son chef d'une manière en quelque sorte brusquement décisive ?

M. Chauvigny ou de Chauvigny avait, paraît-il, fait ses études en compagnie de M. de Vauboulon. Ils s'étaient ensuite rencontrés dans Paris au milieu de sociétés galantes d'un rang bien inférieur. Car, pendant la traversée, les officiers et passagers du *Saint-Jean-Baptiste* s'étaient scandalisés de leurs entretiens sans retenue, qui prouvaient (s'ils ne se vantaient pas trop) que le plaisir avait pris jusqu'alors la plus grande part de leur existence.

Au moment de s'embarquer pour Mascareigne, Vauboulon avait décidé son ancien condisciple à le suivre en qualité de secrétaire. L'un était parti avec l'idée de s'amasser coûte que coûte une fortune quelconque. L'autre avait pris passage sur le *Saint-Jean-Baptiste*, comme pour faire un voyage d'agrément, en vue de se distraire et de s'instruire.

C'est dire qu'au point de vue moral il y avait une différence sensible entre ces deux hommes.

Orgueil, vanité, égoïsme, sécheresse de cœur et d'âme, rien ne manquait à Vauboulon pour offrir à l'étude un type d'originalité vicieuse. Chauvigny, ombre de son chef, n'était que léger, sans méchanceté aucune, et si, dans certains cas, il avait partagé les torts de son patron, c'était dans une proportion si minime que l'on ne pouvait pas lui en vouloir beaucoup.

Dès que Chauvigny eut compris que le gouverneur ne s'arrêterait pas dans la voie où il s'était engagé, et que les extorsions déjà commises pourraient les envelopper ensemble dans une très mauvaise affaire, pour lui le voyage à Bourbon avait cessé d'être une excursion plaisante et instructive. Il avait prié Vauboulon de le laisser retourner en France, et profité des bonnes dispositions de M. Houssaye à son égard pour disparaître, sentant bien d'ailleurs qu'il n'y avait pas de temps à perdre.

XL.

Le journal du garde-magasin Michel Firelin, qui donne le détail de ce qui se passa à Saint-Paul et à Saint-Denis dans les derniers temps du séjour des *Jeux* à Bourbon, commence à la date du 20 août 1690.

Jour par jour, Firelin note minutieusement ce qu'il voit ou ce qui vient à sa connaissance. On comprend qu'un tel document n'est pas facile à résumer. Tout ce que l'on peut faire, c'est d'en donner une idée générale et d'y butiner quelques renseignements utiles ou curieux.

Presque chaque matin, Firelin nous apprend, d'une seule et même phrase, que le R. P. Hyacinthe dit sa messe, et que l'on voit « beaucoup de baleines en mer très près de la coste ».

Il mentionne ensuite que les ouvriers amenés par le *Saint-Jean-Baptiste* travaillent : l'armurier à réparer des armes; le taillandier à faire des faucilles « pour couper le bled », et à dérouiller des couteaux ou des ciseaux. Le serrurier confectionne des outils pour les menuisiers; le charpentier abat du bois pour le magasin. Les menuisiers font des caisses pour M. Houssaye, et réparent « le logis de M. le gouverneur ». Vauboulon surveille ses nègres qui construisent un four à chaux. En somme tout le monde s'occupe activement.

Le navire les *Jeux* va bientôt mettre à la voile. L'équipage du *Saint-Jean* y prendra passage avec M. Chauvigny et l'abbé Camenhem que Vauboulon renvoie en France. Chacun prépare « ses hardes » pour le voyage. C'est un va-et-vient continuel entre Saint-Denis et Saint-Paul où les *Jeux* sont restés ancrés.

C'est bien là le mouvement favorable d'une colonie qui ne demande qu'à vivre en travaillant, et l'on sent que, si Vauboulon voulait gouverner sagement et réparer le mauvais effet de sa conduite précédente, il y aurait encore remède à la situation que nous avons trouvée extrêmement tendue à l'arrivée de M. Houssaye.

Parcourons maintenant les notes quotidiennes de Firelin.

« Le 20 août, il y eut une négresse qui se maria avec un des nègres de M. le gouverneur, laquelle avoit esté condamnée d'estre pendue et estranglée pour avoir esté cause d'un vol de vin et eau-de-vie fait par les autres nègres. Mais comme le dit nègre fut content de lespouzer, il luy sauva la vie. »

Cette note cache évidemment une sorte de drame amoureux. On ne pouvait que louer Vauboulon de l'avoir aussi favorablement terminé.

« Le 21, M. de Chauvigny fit tirer deux barils de vin après souper, par les gens de M. le gouverneur, et quelques bouteilles d'eau-de-vie, pour les emporter avec lui (à St-Paul) et comme il me prit envie d'aller voir ce qu'ils faisoient, je les ai trouvé tirant de l'eau-de-vie de la Compagnie. Ils furent très surpris de me voir, et me dirent qu'ils s'estoient trompez. Mais ce que je trouve de mal, c'est que je me suis aperceu qu'ils s'estoient fort souvent trompez cy-devant. »

Le 22, Chauvigny et l'abbé Camenhem s'embarquent dans la chaloupe « avec leurs hardes » pour se rendre à St-Paul. Le gouverneur fait sortir le s^r Leroy, son chirurgien, du cachot, où il était depuis huit jours, pour avoir découché.

Le 24, plusieurs habitants de Sainte-Suzanne arrivent à Saint-Denis, à l'occasion de la Saint-Louis.

Le 25, « les habitants firent une décharge de mousquetterie de grand matin, et M. le Gouverneur fit tirer sept coups de canons. Le P. Hyacinthe dit la messe. Les habitants accompagnèrent le gouverneur à l'église avec leurs armes, et après la messe, ils l'accompagnèrent jusqu'au logis et firent une descharge. Ensuite je leur fis lecture de la lettre que le Roy leur avait escripte, par ordre de M. le gouverneur afin de leur inspirer le respect. On cria : *Vive le Roy !* Les habitants disnèrent et s'en retournèrent chacun chez soy. »

« Le dit jour, j'appris que les gens de M. le gouverneur se divertissoient beaucoup de l'eau-de-vie de la Compagnie, aussy bien que du vin. Le tout roulle suivant que M. le gouverneur l'a fait mettre dans son cellier. »

« Le 29, j'appris que plusieurs habitants n'auroient pas demandé le payement de la nourriture des matelots qui estoient chez eux, les ayant fait travailler, si ce n'avoit esté M. le gouverneur qui les y a invitez, *en tirant quelque profit du revenu du payement.* »

« Le 1er septembre, on amena un nègre et une négresse icy, de Ste-Suzanne, pour avoir fuy de chez leurs maistres, lesquels M. le gouverneur fit mettre dans le cachot. »

« Le 4 septembre, M. le gouverneur fit sortir le nègre et la négresse qui estoient dans le cachot, et fit foüetter la négresse estant coupable, et ensuitte les renvoya à Ste-Suzanne chez leurs maistres. »

Le même jour, par ordre du gouverneur, les matelots du *Saint-Jean* partent pour Saint-Paul.

« Le 11 septembre, on apporta une cassette de M. le gouverneur accompagnée de quatre mousquetaires, addressée à M. de Seignelay, et ensuite, on l'envoya à bord des *Jeux.* »

« Le 13, j'appris que M. le gouverneur avait fait oster les armes de M. de Seignelay et celles de la Compagnie, qui estoient dans l'église de St-Paul, aux deux costez des armes du Roy. »

« Tous les ouvriers arrivèrent icy venant de St-Denis, disant que M. le gouverneur les avoit voulu tuer et qu'il ne voulloit pas les nourrir. »

« Le 14, M. Houssaye vint à terre du matin, pour faire ses adieux, et ensuite M. Dubois, M. de Chauvigny, M. l'abbé, et tous ses messieurs s'embarquèrent, et après je luy donné mes paquets. »

Ainsi chacun avait remis son courrier à M. Houssaye qui emportait à la fois « une cassette » de M. de Vauboulon, pleine de dépêches ; la longue lettre du P. Hyacinthe ; une lettre de M. de Chauvigny à MM. les directeurs de la Compagnie des Indes, écrite le 12 ; le rapport dudit capitaine, rédigé à Bourbon dans le même temps ; plusieurs plaintes des habitants de Mascareigne contre Vauboulon, et enfin le journal de Firelin, lequel était accompagné d'un recensement des habitants de l'île, portant la signature autographe de ce garde-magasin, et dressé à l'insu du gouverneur, ainsi que le prouve un passage dudit recensement.

Il résulte de ce document que la population blanche de Bourbon se composait, en 1689, de 55 hommes, 36 femmes et 110 enfants ; la population noire, de 57 hommes, 27 femmes et 24 enfants ; au total 308 âmes. Pour justifier, dans la plus large mesure, le titre de ce travail, nous croyons devoir donner ici, de ce premier recensement, un extrait utile, et que nous rendrons le plus court possible. Les créoles actuels de la Réunion, qui n'ont pas encore vu leur nom figurer dans le courant du récit, pourront savoir de cette manière à quelle époque remonte l'établissement à Mascareigne de leur premier ancêtre connu.

LISTE DES HABITANTS DE BOURBON EN 1689.

Quartier Saint-Paul.

Gilles Launay, — François Mussard [1], — Pierre Hibon [2], — Lezin Rouillard [3], — François Ricquebourg, — François Rivière, — Jacques Loret, — Jacques

---

[1] Mussard avait recueilli dans sa famille une femme veuve portugaise et deux orphelines, les deux petites Collin.
[2] Le premier mari de sa femme était M. Mollet.
[3] Le premier mari de sa femme était M. Jean Bellon.

Fontaine, — Guy Royer, — Athanase Touchard, — René Hoareau, — Antoine Bellon, — Georges Damour, — Emmanuel Texere (des Indes), — Antoine Cadet, — Pierre Nativel, — Isaac Beda (Hollandais), — Jean Bloqueman (id.), — Antoine Payet, — Louis Caron, — Julien Dailleau, — Gilles Dennemont, — François Grondin.

Quartier Saint-Denis.

Carré-Talloit, — Pierre Martin, — Jacques Maillot, — Robert Duhal, — Arzul Guichard, — Gilbert Vulman (Hollandais), — Joseph Dangolle ou Dangaud, — Nicolas Petit et Jean Perrot (« que M. le gouverneur fait travailler pour le Roy, sans gages, ce qui ne les rend pas contents »).

Quartier Sainte-Marie.

Michel Fremond, — Noël Texier, — Gilles Dugain.

Quartier Sainte-Suzanne.

Antoine Royer, — Vincendeau, — Julien Robert, — Jean Jullien. — Guillaume Boyer, — Samson Lebeau, — François Vallée, — Jean Brun, — Marc Vidot (Vénitien), — Henry Brocus (Hollandais), — Jean Pitre Selim (id.), — Jean Macaste Selim (id.), — Jean Arnoult, — François Duhamel (« faisant valoir l'habitation du Roy, avec un vieil bonhomme françois et un vieil religieux resté du navire portugais qui eschoua icy »).

Dans le nombre des habitants nommés ci-dessus et presque tous mariés, on peut compter :

9 Parisiens — 6 Normands — 6 Bretons — 2 Picards — 1 Artésien — 1 Nivernais — 1 Dauphinois — 1 Limousin — 1 Tourangeau — 1 Gascon — 3 Lyonnais — 6 Hollandais — 2 Portugais des Indes — et 1 Vénitien.

L'origine des autres n'est pas connue.

Il y a, parmi les noirs, qui viennent généralement de Madagascar et des Indes, 2 Canarins (des îles Canaries) et 2 nègres, dits de Saint-Omer, qui étaient de l'île Saint-Thomas, appelée aussi Saint-Thomé, et par corruption Saint-Omer.

Il est à remarquer, en dernier lieu, que Firelin n'a pas compris dans sa liste les colons nouvellement arrivés à Bourbon sur le *Saint-Jean-Baptiste*, parce que, sans doute, il ne les considérait pas encore comme habitants.

XLI.

Le père Hyacinthe avait attendu jusqu'au dernier moment pour clore sa lettre, commencée le 12 août 1690, et pieusement recommandée à « St-Anthoine de Pade ».

Vers les premiers jours de septembre, ne sachant au juste quand partirait M. Houssaye, ne voulant pas d'ailleurs être victime d'une surprise, le Père termina provisoirement sa missive, que nous aurions tort de trouver prolixe, parce que, sans ce défaut, nous y aurions perdu mille précieux détails. Après avoir habilement tourné la salutation finale, véritable péroraison tirée de longueur, dans laquelle il remercie chaudement M. Céberet de « ses bienfaits passés et futurs », et encadre le nom du roi « soleil » « que Dieu bénisse et conserve de longues années », dans les plus belles protestations de dévouement où brillent les mots de « mon sang » et de « ma vie », prévoyant le cas où le destinataire jugerait à propos de communiquer son écrit à la Cour, il avait enfin signé : « Hyacinthe de Quimper », laissant toutefois huit pages libres, en vue d'ajouter un post-scriptum aussi développé que le lui permettrait M. Houssaye qui devait prendre son courrier à la dernière heure.

C'est alors que, relisant sa longue homélie et trouvant qu'il avait dans la tête bien d'autres choses à écrire à M. Céberet, il reprit la plume avec ardeur et remplit sans broncher les huit pages vides encore à sa disposition.

Cette deuxième partie de l'œuvre du P. Hyacinthe est aussi curieuse que la première, si elle ne l'est davantage.

Les incidents, qui se pressent jusqu'au départ des *Jeux*, hâtent sous sa plume l'éclosion de ses idées. Le récit de ce qui se passe à l'heure où il écrit, les pensées qui en émanent, les vives critiques, les propositions hasardées, les projets hardis,—le tout habilement tressé, — remplissent neuf alinéas complémentaires qui viennent s'ajouter aux quarante et un de la première partie.

Le capucin commence par offrir ses services. Il restera, si l'on veut, dans l'île toute sa vie, à neuf conditions. Il serait trop long d'analyser les motifs dont il les appuie. Nous ne pouvons qu'indiquer succinctement les neuf articles.

Les gouverneurs ne se mêleront en rien, ni de nous, ni de nos écoles, ni de l'église. On effacera de leurs instructions qu'ils aient à nous surveiller, à rendre compte au roi de notre conduite. On leur ôtera le titre de « juge en dernier ressort en toute sorte de matière ». Ils n'auront pas le droit d'empêcher les habitants de nous aider de quelques présents volontaires, en nature, pour notre subsistance. Le paiement des 300 francs en argent, accordés par le roi, sera régulièrement assuré. Deux religieux en plus seront envoyés à la colonie. Les nègres du P. Bernardin nous seront rendus. Les capitaines allant aux Indes, ou en revenant, seront tenus d'embarquer les prêtres de la colonie, lorsque ceux-ci voudront quitter l'île. L'agrément des gouverneurs ne sera pas nécessaire pour cela. Les dits capitaines seront obligés de prendre nos lettres, sans avoir à en référer aux gouverneurs. La neuvième condition est à citer : « Chaque vaisseau passant icy nous donnera un barreau de 30 pots de bon vin de garde pour la messe, au compte de 10 pots pour chaque église, et pareillement 40 pots d'eau-de-vie, qui feront 10 pots pour chacun de nous. Encore faut-il, dans ce lieu de bannnissement, que nous ayons quelque petite douceur, quand l'occasion s'en présente. — Il nous sera envoyé copie bien garantie des ordres des gouverneurs, par ce qu'ils nous font icy cent désordres en disant : Jay cela dans mes ordres. »

Le P. Hyacinthe estime qu'à moins de satisfaire « à ces neuf articles », il vaut mieux pour les capucins « d'estre esclave en Barbarie » que de venir exercer à Mascareigne.

Il termine le chapitre des conditions par la requête suivante :

« Nous vous prions, pour nostre consolation spirituelle, de vouloir, pour l'amour de Dieu, nous envoier : trois réveils, ou trois petites horloges avec réveils pour régler nostre temps, pour nous éveiller la nuict, et faire nos prières en nos heures ordinaires et régler nos heures de messes; deux bons et amples casuistes (nous avons désia Bonnacina), trois catéchismes de Turlot, la vie des saincts, les œuvres de Cornelius à Lapide, sur le Nouveau et Ancien Testament; ce qui nous sera un moien et un surcroît d'obligation de prier Dieu pour la prospérité de vostre commerce. »

Le chapitre suivant du post-scriptum est composé d'une philippique contre les abus du gouvernement de M. de Vauboulon. Le P. Hyacinthe engage « ces messieurs de la Compagnie à y mettre ordre au plus tôt. Car, dit-il, je prévois de grande misère en cette isle, avant que vous puissiez estre à nostre secours, quelque diligence que vous y aportiez. »

A cette pensée, le capucin s'exalte, prophétise la chute de Vauboulon et propose de le remplacer, le tout en termes qui ne manquent pas d'une certaine éloquence, mais qui, par la suite, devinrent une terrible charge contre lui.

Il nous faut reproduire le texte très remarquable de cette fin. Il prouve surabondamment que le P. Hyacinthe ne manquait ni de prétention, ni d'intelligence.

« J'ai bien vu du païs, fréquenté du monde de toutes sortes de qualité, d'estats et de mœurs; mais ie n'ay iamais connu d'homme (de Vauboulon) si brouillon, malin, fourbe, captieux et je vous avise même, monsieur, qu'il seroit fort à propos de faire la plus grande diligence que lon pourra pour y mettre ordre. Car, comme il ne gouverne qu'avec violence, qu'il ne menace que du cachot et de la potence, ie crains qu'on ne se trouve forcé, pour se mettre à couvert de ses injustices et de ses passions violentes, de le garrotter pour l'envoier à Sa Majesté (avec un procès-verbal de tous ses excès) par le premier vaisseau de France qui mouillera en cette rade; surtout à présent que M. de Chauvigny passe en France, qui sans doute l'avoit souvent détourné de beaucoup de violences qu'il auroit exercé. Il faudroit icy un gouverneur connu et reconnu pour la vie et les mœurs, qui eust sa femme avec luy, qui fust d'un esprit paisible, avec des ordres clairs, bien expliqués, sans aucune ambiguité, et surtout absolus, de ne piller ny maltraiter *ces pauvres habitants quy sont les meilleures gens du monde.* »

« Monsieur, après avoir beaucoup et sérieusement réfléchi comment on pouroit doucement gouverner ces pauvres habitants selon Dieu et les intentions de Sa Majesté, jay considéré que les gouverneurs, quels qu'ils fussent, ne pouroient s'empescher d'une façon ou d'autre de piller peu ou beaucoup, ... et cent autres raisons que vous pouvez vous-même scavoir. C'est pour obvier à tous ces désordres que je vous offre, sur l'affection que ce peuple généralement me porte, de le gouverner un an ou deux, après quoy, si vous et les habitants n'estes pas satisfaits, je me retirerai, et vous aurez au moins eu ce temps pour chercher un gouverneur tel qu'il nous le faut en un païs si esloigné... tousiours serez-vous assurez que pendant que les capucins gouverneront, on ne pillera pas l'argent des habitants, ny caïolera leurs femmes, qui sont deux points délicats parmi les peuples. »

Ce n'est pas tout encore... On tourne la page... Un peu de place restait au Père... Il ne fait pas grâce à M. Cébéret des trois dernières imprudences de l'ennemi commun, avant le départ des *Jeux*. Sous l'influence de son caractère hâbleur, qui l'inspirait fort mal, M. de Vauboulon les poussa jusqu'à la folie.

Qu'on en juge !

« Un habitant de cette isle, reconnu pour très honnête homme de tous les autres habitants et de tous les officiers et mariniers du *Saint-Jean-Baptiste*, m'est venu dire ce qui suit, et me l'a signé, que je conserve devers moy pour le présenter quand requis sera à qui il appartiendra... Le jour qu'on porta du Butor[1] le canot à Saint-Denis pour être parachevé, ce mesme jour, après souper, M. Henry Habert de Vauboulon s'assit dans ce canot, qui estoit à sa porte et dict, — en causant en présence de cet homme et de Fin, premier pilote, et de Mesureur, second chirurgien du *Saint-Jean*, tous trois assis sur le bord de ce canot, à l'entour du susdit gouverneur, — il leur dict ce qui suit : « Ie fais à présent la guerre aux habitants, c'est-à-dire à leur bourse, mais je ne la feray pas tousiours. Je feray ensuite la paix avec eux, et au bout de trois ans, *quand le roy envoira un autre gouverneur, nous le prendrons et le noierons, et ie demeureray icy tousiours avec mes habitants* »...

« C'est une chose très assurée, — M. Firelin l'a dict et M. le gouverneur le publie luy-mesme, — que dès que le vaisseau les *Jeux* sera parti, il va maltraiter les habitants de Saint-Paul, les piller, les emprisonner et leur défendre la pesche dans l'étang et de la tortue de mer, par ce qu'on luy a dict qu'ils avaient écrit contre luy en France. »

« ... Il a pareillement dict à M. Houssaye, au R. P. Martial et à M. de Chauvigny *qu'il me feroit pourrir en une prison*. Je ne connois pas de raison pour qu'il ait une si grande antipathie contre moy, que celle de me voir aussi aimé qu'il est haï de tout le monde. »

La lettre du P. Hyacinthe fut close à Saint-Denis « le 13 septembre 1690 », veille même du jour où le navire les *Jeux* mit à la voile pour la France, à Saint-Paul de Bourbon.

Et maintenant que les événements vont se produire avec une célérité quasi révolutionnaire, nous n'aurons plus à découvrir les raisons qui les ont amenés. Il va nous suffire de les enregistrer.

Toutefois, nous devons rappeler, au sujet du tourbillon de colère qui va s'élever du milieu de cette petite colonie, aujourd'hui si calme et si patriotique, et que le progrès, lent dans sa marche, mais constant dans ses résultats, a rendue si belle et si prospère, que l'inci-

---

[1] Nom de localité du quartier Saint-Denis.

dent principal de cette partie du récit est heureusement unique dans nos fastes coloniaux.

Il y eut bien à la Martinique, en 1717, sous la Régence, un fait de révolte contre des administrateurs qui avaient suivi plutôt la lettre que l'esprit de leurs instructions en exagérant d'ailleurs la portée de ce qu'elles ordonnaient. Mais cet événement fut bien loin d'avoir la gravité de celui qui affligea la colonie de Mascareigne sous Louis XIV.

XLII.

Le départ des équipages du *Saint-Jean* et des *Jeux* laissait un grand vide dans la colonie et aussi une grande tristesse. Chaque habitant comptait des amis dans cette population flottante. Leur présence distrayait, et celle du navire dans la rade de Saint-Paul avait rendu moins vives les appréhensions produites par les menaces de l'ennemi commun, qui, malgré sa jactance, s'était tenu plus réservé depuis l'arrivée de M. Houssaye. Au mouvement des jours précédents avait succédé le silence morne dans une sorte de solitude.

Pourquoi le calme qui régnait maintenant ne rassurait-il personne? C'est que Vauboulon et le P. Hyacinthe se regardaient comme deux adversaires qui vont recommencer la lutte. Si l'on en croyait les menaces lancées de part et d'autre, le capucin devait « pourrir en une prison »; le représentant de la Compagnie devait être « garrotté » et renvoyé à ceux qui l'avaient placé à la tête de la colonie. Qui donc allait commencer la reprise des hostilités et porter les premiers coups? Il eût été improbable que ce ne fût pas Vauboulon.

Le 14 octobre 1690, juste un mois après le départ des *Jeux*, pour un délit qui nous échappe, le gouverneur condamne un habitant à la peine du carcan, avec inscription dorsale infamante, et lui fait subir cette punition cruelle jusqu'alors inconnue à Mascareigne.

Le 17 du même mois, Vauboulon entre brusquement au magasin de la Compagnie, où Firelin, soigneux par excellence, se plaisait à tenir les marchandises alignées en piles dans l'ordre le plus parfait. Vauboulon, énervé par ce continuel rangement qui rendait les soustractions si difficiles, se précipite à coups de pied sur les piles de marchandises et les renverse sur son passage.

Firelin, furieux de cette incursion destructive, interpelle vivement le gouverneur pour savoir à quoi attribuer cet acte de folie. Sans autre explication, Vauboulon répond au garde-magasin en le frappant à coups de canne, et se retire.

Le 25 octobre, sous prétexte d'exécuter l'article 9 de l'ordonnance de M. de Lahaye, qui obligeait les habitants à donner « déclaration de ce qu'ils ont de hardes et marchandises *du dehors*, sous peine de confiscation et amende », Vauboulon envoie ses sbires saccager l'intérieur des habitations et rompre la fermeture des coffres pour connaître ce qu'ils renfermaient.

Le 3 novembre, le gouverneur publie une ordonnance de police qui obligeait les habitants à rentrer chez eux à 6 heures du soir, sous peine d'amende et de prison.

L'émotion était générale. Chaque jour amenait une nouvelle exigence, un nouveau méfait. On ne savait comment expliquer les crises auxquelles Vauboulon était sujet. Buvait-il? Avait-il perdu la raison? Jamais despote n'avait mieux justifié le *quos vult perdere Jupiter dementat prius*.

Ses abus de pouvoir rendaient la vie insupportable aux colons. Il fut alors question d'abandonner le tyran à ses fureurs, et de gagner en masse la montagne, comme on avait procédé vingt ans plus tôt sous de La Hure.

Avant d'en venir à cette extrémité désolante, on alla consulter le P. Hyacinthe. Le capucin, menacé de « pourrir en un cachot », fut d'avis que les habitants et lui-même se trouvaient, en face de Vauboulon en état de légitime défense, et qu'il fallait ôter à cet homme la possibilité de nuire davantage. Il ajouta que fuir le danger dans ces conditions était un mauvais moyen d'en éviter les conséquences; mais que, pour s'assurer de la personne du gouverneur, l'affaire demandant réflexion, il priait ses paroissiens de revenir le jeudi 16 novembre, promettant que d'ici là il s'entendrait avec Firelin pour combiner une action décisive.

Le jeudi, on se concerta en présence du garde-magasin. Les courages se raffermirent et l'on résolut de suivre de point en point les conseils du P. Hyacinthe.

Les habitants de Sainte-Suzanne, secrètement avertis le lendemain 17, vinrent sur le champ se réunir au presbytère de Saint-Denis, avec les habitants de ce quartier, et là, en assemblée générale, il fut décidé, à l'unanimité, que l'exécution du complot aurait lieu le dimanche suivant, et que Vauboulon serait arrêté à l'église, avant ou après la messe, selon que les circonstances se présenteraient le mieux.

Duhal, Vidot, Barrière et Robert, plus déterminés que les autres, s'offrirent pour mettre la main sur le gouverneur et s'emparer de sa personne.

Le rôle de chacun des conspirateurs bien réglé et le rendez-vous donné par Firelin au magasin de la Compagnie, l'assemblée se sépara après que chaque adhérent eut juré, devant le prêtre, de garder le silence et de ne pas faiblir le surlendemain.

Dès le matin du dimanche 19 novembre, les habitants s'étaient réunis au magasin sous prétexte d'y faire des emplettes. Firelin, qui sentait encore sur ses épaules les coups de canne de Vauboulon, réveillait par de vives paroles dans le souvenir des colons tout ce qu'ils avaient souffert de ce maître détesté. Le garde-magasin les affermit encore dans leur résolution, en ajoutant à ses discours quelques rasades de vin ou d'eau-de-vie, distribuées fort à propos.

Mais l'instant solennel approche... La foule a grossi sur le parvis... Les conspirateurs, sentant malgré tout combien est condamnable l'action qu'ils vont commettre, attendent avec une anxiété croissante ce qui va se passer.

Un sourd murmure annonce l'arrivée du gouverneur. Le voilà pénétrant dans l'église, suivi par les habitants... Il avance la main vers le bénitier... Tout à coup Duhal, suivi de ses trois complices, se porte vers lui en criant : « Au nom du Roy, rendez votre épée! » C'est le signal.

Vauboulon est cerné, désarmé... On le serre; on le presse... Il se croit perdu. Voyant le P. Hyacinthe monter à l'autel : « A moy, s'écrie-t-il, mon père, sauvez-moi la vie! »

A cette voix, le capucin se retourne et ôte sa chasuble qu'il pose sur l'autel. Puis s'adressant à Vauboulon, il lui dit avec douceur : « Ne faites pas de résistance. On n'en veut point à vos jours : laissez-vous conduire ! »

Paroles bien en situation pour empêcher la foule de se porter à des excès plus violents, et persuader à la victime d'accepter le sacrifice avec résignation.

Vauboulon se laisse mener sans résistance au pied de l'autel.

Alors, changeant de ton, le Père commande : « *Amarrez-moi le voleur icy !* »

Le malheureux est bâillonné et garrotté. Puis, en manière de cortège, on sort de l'église dans cet ordre : le Père Hyacinthe, en tête, faisant signe de s'écarter, à l'aide d'un bâton de sacristain ; Vauboulon tenu et traîné par les quatre principaux conspirateurs ; Augustin Panon portant comme un trophée l'épée nue du gouverneur, et la foule suivant gravement.

On arrive « à la maison du Roy », Vauboulon est mis au cachot, les fers aux pieds. Après avoir fait placer bonne garde à la prison, le capucin triomphant retourne à l'église, suivi par la foule ; il remonte à l'autel, remet sa chasuble, et entonne le *Te Deum*.

Au sortir de la messe, sept coups de canon sont tirés en signe de réjouissance. A chaque coup tiré, les cris de *Vive le roi !* retentissent. L'allégresse brille sur tous les visages. La joie fait battre tous les cœurs. Un grand festin réunit les habitants devant la « maison du Roy ».

On y fut si joyeux et les libations y troublèrent si bien les esprits que, lors du procès, personne ne sut dépeindre au juste ce qui s'était passé du commencement à la fin de cette journée, cependant mémorable pour la colonie. On ne put entrevoir la vérité qu'à travers de nombreuses contradictions ou exagérations dans les détails donnés par les déposants.

Tels sont les faits qui ont signalé l'arrestation et l'emprisonnement du seigneur de Vauboulon, et si nous nous reportons à ce qui se passait à la même date, à 5,000 lieues, relativement à son prédécesseur, nous aurons à faire remarquer une triste coïncidence en regard de la plus singulière contradiction du sort.

Dans le même temps, les deux gouverneurs de Mascareigne, Drouillard et Vauboulon, gémissaient enfermés, l'un au château de Brest, l'autre à la prison de Saint-Denis : le premier, après avoir été le souffre-douleur de la colonie ; le second, après l'avoir tyrannisée sans raison. Tous deux, au surplus, avaient dû leur insuccès retentissant en grande partie à l'ambition de leur curé.

Les exactions dont Vauboulon venait de frapper les habitants de Mascareigne étaient trop présentes à leur esprit pour que l'idée ne leur vint pas de recouvrer tout de suite l'argent qu'ils avaient été forcés de verser au gouverneur, notamment en retour des contrats fonciers.

Une motion fut faite en ce sens. Le P. Hyacinthe avait trop à gagner lui-même à cette restitution pour résister au désir de ses nouveaux sujets.

Il fut décidé que toutes les sommes indûment retenues aux colons par le gouverneur seraient remboursées à chaque intéressé. Par contre, les habitants voulurent restituer les expéditions des contrats que Vauboulon les avait obligés de prendre, afin surtout de leur imposer des redevances. Tout fut donc rétabli dans les conditions du passé; c'est-à-dire que les bourbonnais restèrent détenteurs de leurs habitations, mais sans titres pour prouver un droit réel supérieur.

Cette absence d'actes, susceptibles de renseigner aussi bien sur la propriété que sur les limites respectives des terres verbalement concédées, causa par la suite les plus grands embarras aux habitants de Bourbon.

A l'époque où l'on commença la culture du café, la Compagnie eut toutes les peines du monde à remédier à ce grave inconvénient. Il fallut toute la prudence de M. Beauvollier-Courchant, alors gouverneur, pour empêcher de nouveaux troubles dans la colonie, lorsqu'il s'agit de régler cette affaire délicate, qui touchait à tant d'intérêts à la fois.

Une résolution bienveillante fut prise à cet égard dans un conseil secret tenu à Saint-Denis, le 24 novembre 1718. Peut-être nous sera-t-il permis de publier *in extenso* le procès-verbal de cette délibération. C'est un document intéressant, non seulement parce qu'il touche à l'origine de la propriété foncière à Bourbon, mais parce qu'il départit bien les fautes commises au sujet des contrats signés par M. de Vauboulon.

Si le gouverneur eut le tort de délivrer ces contrats défectueux et de les faire payer aux habitants, ceux-ci manquèrent de prévision en les rendant pour se faire restituer l'argent. La Compagnie voulut bien annuler ces remises de titres et souffrir que les mauvais contrats de Vauboulon eussent au moins une valeur de renseignement.

C'est, en résumé, ce qui ressort du curieux procès-verbal que nous avons découvert, et sur lequel nous espérons pouvoir revenir en temps et lieu.

XLIII.

Les habitants proposèrent au P. Hyacinthe de prendre en main, d'une manière ostensible, les rênes du minuscule gouvernement. Il hésita longtemps avant de se déterminer, et finalement refusa l'emploi dont on voulait l'honorer. Il trouva plus habile de confier à un autre le commandement apparent de la colonie, en conservant le pouvoir absolu qu'il lui plaisait d'exercer en dessous main. A la date du 4 mars 1691, il fit élire Michel Firelin, qui accepta le rôle effacé de commandant pour le P. Hyacinthe.

L'emprisonnement de Vauboulon n'avait pas mis fin aux ennuis et aux appréhensions des bourbonnais. La tyrannie du Père, beaucoup moins dure, il est vrai, avait succédé à celle de son ennemi vaincu. Le capucin mis en goût de régner sans ménagement s'était attiré quelques inimitiés. Il se faisait appeler « révendissime, illustrissime ». Il taillait en maître capricieux. La grande affection qu'il s'était attirée diminuait sensiblement. De l'enthousiasme pour sa personne et son intelligence, on était passé à la froideur, et de celle-ci à une hostilité légère, sans doute, mais avec laquelle le capucin serait appelé à compter, s'il n'y prenait garde.

Le prisonnier ne fut pas longtemps sans avoir connaissance de ces particularités. Elles lui causèrent une certaine joie : déjà il se revoyait gouverneur, et le P. Hyacinthe lui succédait au cachot.

Pour en arriver là, Vauboulon avait trouvé moyen de s'aboucher avec Laciterne, son valet de chambre. Par l'intermédiaire de cet homme rusé, il tenait, du fond de sa prison, les premiers fils d'un complot ayant pour but de lui rendre la liberté et de le venger des audacieux qui l'avaient réduit à ce misérable état.

Par malheur pour Vauboulon, au moment où un rayon d'espérance se glissait en son cœur ulcéré, Laciterne compromit tout par une imprudence. Dans ses insinuations aux personnes qui lui paraissaient disposées à le seconder pour délivrer son maître, le valet tomba sur un partisan du P. Hyacinthe, et lâcha trop vite la bride à ses confidences. Il fut dénoncé.

Le capucin frémit en apprenant le sort qui lui était réservé si le complot avait pu réussir. L'émotion passée, il sentit qu'un moyen s'offrait à lui de se relever aux yeux de ses partisans et de rendre vigueur à son pouvoir ébranlé.

Laciterne fut pris et livré, pour être jugé, à un conseil composé de neuf habitants, disposés d'avance à sévir.

Le valet, accusé de trahison envers la colonie, fut condamné à être fusillé, et passé par les armes dans les 24 heures. Le peloton d'exécution qui foudroya le pauvre diable, tua en même temps tout espoir dans l'âme de son maître.

Vauboulon comprit, en entendant la fusillade, que tout était fini pour le gouverneur de Mascareigne, et qu'il lui faudrait « pourrir en ce cachot », selon l'imprudente expression employée deux années auparavant dans ses menaces à son ennemi.

Le chagrin fit rapidement son œuvre. Déjà miné par une longue captivité, pendant laquelle il avait été privé d'air pur et de nourriture réconfortante, M. de Vauboulon tomba épuisé. Un mois à peine après la mort tragique de son valet, il expira presque subitement le 18 août 1692, à 1 heure du matin.

Le P. Hyacinthe fut implacable. A l'annonce de cette fin, il dit : « Telle vie, telle mort ! Qu'il s'enterre lui-même, s'il le peut ; pour moi, je ne me dérangerai pas. » Cependant on le voit constater, sur les registres de sépulture, « qu'aussitôt qu'il eût appris cette funeste nouvelle, il fit un service avec la messe, et fit tirer cinq décharges de mousqueterie. »

La mort rapide de M. de Vauboulon ayant inspiré à des malintentionnés l'idée de faire courir le bruit qu'il avait été empoisonné, le P. Hyacinthe fit pratiquer l'autopsie du corps, et l'on reconnut que le poison n'avait été pour rien parmi les causes de son décès. Vauboulon était mort phtisique. « Il avoit les poumons gastés. »

Ainsi mourut cet homme qui ne manquait pas d'intelligence. Il aurait pu être un bon administrateur, sans l'avidité d'argent qui l'aveugla au point d'en faire un tyran, voué d'avance à une chute lamentable.

XLIV.

Autant la colonie avait désiré l'arrivée d'un navire retournant en France, pour débarrasser l'île, de Vauboulon « avec un procès-verbal de tous ses excès », autant les bourbonnais désiraient peu quelque visite de ce genre, depuis la mort du gouverneur et celle de son valet.

Tant que l'ardeur de la haine les avait entretenus dans une sorte de fièvre, ils n'avaient guère songé à la responsabilité encourue par eux, et surtout par ceux des habitants qui tour à tour avaient tenu en main la barre du gouvernail dans la conduite des événements. Aujourd'hui, un écueil inévitable se dressait devant leurs yeux. Que ferait-on en France quand ces graves nouvelles y parviendraient? Comment les habitants se tireraient-il d'embarras quand on leur demanderait compte de la mort du gouverneur? Tous ou presque tous ils avaient trempé dans le complot. Ah! disait-on, c'est le P. Hyacinthe qui a tout ordonné. Nous n'avons fait qu'obéir. — Eh! disait le capucin, j'ai sauvé la colonie. Sans moi, il n'y aurait plus rien. Ce sont les habitants qui ont fait le coup. Un pauvre prêtre ne peut être considéré comme un criminel dans une situation semblable.

Ainsi chacun se rejetait la faute, et l'on cherchait quels boucs émissaires payeraient cette faute quand le moment serait venu de la payer.

Ce moment-là se recula si bien de mois en mois, d'année en année, que l'on finit par n'y plus songer. On fut cinq ans sans revoir de navire. L'île encore une fois semblait abandonnée. Etait-ce à dessein? Quelque forban avait-il fait connaître la vérité? Avait-on voulu laisser au temps le soin d'étouffer l'affaire? Toutes questions qui restèrent provisoirement sans réponse.

La colonie mollement dirigée par Firelin, de concert avec le P. Hyacinthe, végéta comme elle put; sans encombre, il faut le croire, puisque, durant ce lustre, aucune modification ne survint dans son gouvernement.

Vers les premiers mois de l'année 1695, une circonstance inquiéta bien un peu la colonie. On vit arriver un navire de la Compagnie, qui venait de France pour aller à Suratte. C'étaient les *Jeux*, commandés, cette fois, par M. de Prades. Ce capitaine apprit en gros ce qui s'était passé à Bourbon. Mais il ne sembla pas s'y intéresser beaucoup. Après avoir séjourné à Saint-Paul (qui d'ailleurs n'avait pris aucune part à la révolte) juste le temps nécessaire pour faire de l'eau et des vivres, il remit à la voile pour Suratte. La mauvaise impression que les habitants de Mascareigne avaient pu concevoir de cette visite fut donc bientôt dissipée, quoique dans l'esprit du P. Hyacinthe, il fût resté comme un point noir à l'horizon, après le départ de M. de Prades.

Un autre fait vint distraire la colonie. Dans le courant du mois de novembre 1695, un forban anglais vint toucher à Saint-Denis et débarquer environ 70 flibustiers, français et danois, qu'il laissa dans l'île, et dont le capitaine voulait évidemment se débarrasser, les uns et les autres paraissant fort empressés de se séparer.

C'étaient en grande partie des compatriotes. On les reçut d'autant mieux qu'ils étaient littéralement cousus d'or et d'argent. Ils possédaient « 3 ou 4 mille escus chacun, lesquels ont assuré que, sans l'injustice qu'on leur a faite (les Anglais) il leur en revenait beaucoup davantage pour avoir aidé à piller, entre les bancs de Suratte, un vaissean du Mogol venant de la Mer rouge. »

Ce vaisseau, armé de 70 pièces de canon et de 700 hommes d'équipage, était chargé pour le Mogol de cinq à huit millions d'argent. Il avait été pris sous pavillon anglais, par un forban de cette nation, dont l'équipage comprenait une trentaine de Français enrôlés malgré eux sur ce navire.

Le Mogol avait été furieux, on le comprendrait à moins, et sans l'arrivée dans l'Inde d'une escadre française, venue bien à propos, c'en était fait du commerce européen dans ses États.

L'escadre dont nous parlons, commandée en chef par M. de Serquigny, était considérable. Composée de six vaisseaux, armés ensemble de 256 canons et de 1266 hommes d'équipage, elle était envoyée par Louis XIV dans les Indes orientales, afin d'y soutenir notre commerce toujours menacé en ces parages par les Hollandais.

Les six vaisseaux étaient la *Zélande* (amiral), le *Médemblicq*, le *Faucon*, le *Florissant* (de la Compagnie des Indes) et la *Laurette*. Ils étaient commandés par MM. de Serquigny, de Mons, du Grosbois, Le Mayer, de Mons frère et Stephen.

L'escadre partit de la rade de Groays (à 2 lieues S.-O. de Port-Louis) le 31 mars 1695. Elle passa par le canal de Mozambique, relâcha le 12 septembre à Mohély (près Mayotte), toucha à Anjouan et fut, le 20 décembre, à Suratte, où elle rencontra le navire les *Jeux*, qui venait de faire escale à Bourbon.

M. de Serquigny apprit par M. de Prades les événements de cette île. L'amiral décida qu'en retournant en France, il passerait par Mascareigne. Le point noir, signalé plus haut pour la colonie, était devenu gros nuage.

M. de Serquigny apprit aussi dans l'Inde le pillage du navire du Mogol. On fit en sa présence une enquête pour tâcher de savoir à qui incombait la responsabilité de cette action. Mais le fait ne put être éclairci, et M. de Serquigny ne se trouva en mesure de pénétrer ce mystère qu'à son arrivée à Mascareigne.

L'escadre, dont la mission avait été dérangée par cette affaire aussi fâcheuse pour le Mogol que pour notre nation soupçonnée d'y avoir pris part, quitta l'Inde en février 1696. Le 6 mars, à l'entrée du golfe d'Oman, elle eut à soutenir un combat contre plusieurs vaisseaux hollandais qui tentèrent de lui barrer le passage et qu'elle mit en fuite. Elle continua victorieusement sa route, passa le 1er juillet à Maurice et mouilla le lendemain dans la rade de Saint-Denis. On peut se figurer l'effet produit par l'arrivée de cette flotte... Ce fut comme un coup de foudre à Bourbon. L'effroi était peint sur tous les visages. Beaucoup d'habitants s'enfuirent dans les bois. Mais l'amiral les fit rechercher et arrêter.

Les soixante jours que les vaisseaux séjournèrent dans les deux rades de l'île, furent activement employés par M. de Serquigny. Son journal de campagne le prouve à chaque page.

Relevons d'abord les détails curieux donnés sur les flibustiers aissés à Saint-Denis par le forban anglais.

« Chacun des flibustiers estant despourveu de toutes choses, lescadre a beaucoup profité de leur indigence et lon a peu dire que cestoit *lisle d'argent*, puisque lon avoit couché au jeu jusqu'à 10200 escus sur une seule carte; vendu un baril d'eau-de-vie 600 livres, tout le reste à proportion. Chacun s'est bien raffraichi. Les plus gueux ont fait leur bourse, et les malades se sont bien remis pour y avoir un air admirable. »

« Le 20 juillet 1696, nous partimes pour la rade de Saint-Paul, où nous mouillâmes le 22, la rade y estant meilleure. »

Puis M. de Serquigny s'occupe de l'affaire Vauboulon. On fait le procès à 5 d'entre les habitants (d'après un rapport, à 4 d'après un autre) « qui furent condamnés à estre menés en France pour suivre leur sentence. D'autres, comme vassaux de la Compagnie ayant délinqué, ont esté condamnés à 2,000 livres d'amende, estimant les mieux chastier par leur bourse que les poursuivre criminellement. »

Le rapport de l'amiral prête maintenant son appui au récit des événements relatifs à l'affaire Vauboulon.

Dans ce document inédit, on trouve si bien matière à rectifier, tant de détails erronés, hasardés sur cette affaire, que nous n'hésitons pas à l'insérer ici.

Il est à remarquer que ni le P. Hyacinthe, ni Firelin, ne furent impliqués dans ce procès préliminaire. Mais tous deux furent embarqués sur l'escadre et l'on connaîtra par la suite le sort qui leur fut réservé à leur arrivée en France.

Le capucin fut embarqué avec Barrière sur le *Médemblick*; Firelin et Duhal, sur le *Florissant*, et Robert, sur le *Faucon*, avec Vidot.

« Nous sommes arrivés à l'isle de Bourbon le 2 juillet 1696. Les habitants y avoient fait emprisonner M. de Vauboulon, leur gouverneur, et l'avoient laissé mourir dans le cachot. Je prié M. Le Mayer, Directeur de la Compagnie et capitaine commandant leur vaisseau *le Florissant*, d'en informer. En même temps je luy demandé s'il n'avait point quelqu'un à qui on put confier le commandement de l'isle, en attendant qu'il plaise à Sa Majesté d'en ordonner. Il me proposa le sieur Bastide, qui servoit de capitaine d'armes dans son vaisseau. C'est un homme fort sage, aagé de 45 ans. Je luy en donné l'ordre le 15 aoust 1696. Le P. Hyacinthe, de Quimper, capussin faisant la fonction de pasteur dans l'isle, demandant de revenir en France, et même se trouvant embarrassé dans l'emprisonnement du gouverneur, je laissé M. d'Etchemendy, aumônier sur le vaisseau du Roy *le Médemblik*, à la place du père capucin, y ayant bien voulu rester de bonne volonté. »

« Remontrances de M. Le Mayer, Directeur de la Compagnie royale des Indes et capitaine montant leur vaisseau *le Florissant*.

« Quoyque nous fussions suffisamment informés dans les Indes, par les officiers du vaisseau *les Jeux*, que les habitants de l'isle de Bourbon avoient mis M. de Vauboulon leur gouverneur dans un cachot et qu'il y estoit mort le 17º mois et quelques jours après le jour de son emprisonnement, en arrivant au mouillage de Saint-Denis, nous avons encore appris la mesme chose, et nous informant des noms des plus coupables et de ceux qui avoient esté assés osés de mettre la main sur sa personne, on nous avoit répondu que c'estoit les nommés Vidot, Duhal, Robert et Barrière, tous quatre habitants de cette isle. Nous Le Mayer, Directeur pour la Compagnie des Indes orientalles à Lorient du Port-Louis, de présent dans cette isle, estimant qu'il seroit à propos de passer en France les sus-nommés, prions M. de Serquigny d'ordonner qu'ils soient arrestés afin de les amener pour estre fait ce que Sa Majesté aura pour agréable d'en ordonner. Fait à l'anse de Saint-Paul, isle Bourbon, le 21 aoust 1696. Signé : Le Mayer. »

Suit l'ordre de M. de Serquigny en date du même jour. Puis le rapport ajoute :

« Nous avons trouvé dans l'isle environ 70 flibustiers qu'un vaisseau anglais y avoit amenés et laissés, qui y batissoient une frégate environ de 80 tonneaux. Nous estant assemblés, nous jugeâmes à propos de la faire brûler, ce que nous fismes exécuter le 25ᵉ aoust 1696 Parmi les flibustiers, il y avoit bien 25 de François que les Anglois avoient pris par force et tout le reste Anglois ou Danois. Une partie de ces flibustiers se sont embarqués sur nos vaisseaux et *quelques-uns se sont mariés et establis dans l'isle*. J'ay bien recommandé au sieur Bastide de ne souffrir point qu'on fournisse aucuns rafraîchissements aux vaisseaux corsaires, ny de permettre qu'on y bâtisse aucun bâtiment, jusqu'à ce qu'il vous plaise, monseigneur, luy envoyer des ordres. »

L'escadre de M. de Serquigny quitta Bourbon le 4 septembre 1696, et parvint à Brest le 5 mars 1697.

Les différentes circonstances de l'affaire Vauboulon étant suffisamment connues par tout ce qui précède, nous pouvons maintenant laisser les dates se succéder sans commentaire jusqu'à celle qui mettra fin à cette partie du récit.

Les quatre inculpés de Mascareigne furent réunis sur le *Florissant* qui les transporta à Lorient, où ils furent écroués. Le P. Hyacinthe, laissé en liberté, se retira au couvent d'Hennebont. Comme lui, Firelin ne fut incarcéré qu'une fois le procès engagé.

Dès le 13 mars, on voit les instructions relatives à ce procès partir du Ministère de la Marine, à Versailles. Il est prescrit à M. de Mauclerc, ordonnateur à Port-Louis, de s'entendre avec M. de Serquigny pour rédiger un mémoire. Le 20 mars, le Ministre a reçu le mémoire et l'a fait lire au roi. Louis XIV, jugeant que le P. Hyacinthe est le principal coupable, fait donner ordre au prévôt de la Marine à Lorient d'arrêter le capucin. Il est enjoint au gardien des capucins d'Hennebont de remettre le P. Hyacinthe au dit Prévôt.

Un arrêt du Conseil d'État en date du 23 mars, charge M. de Béchameil de Nointel, intendant de Bretagne, de poursuivre cette affaire.

Le 30 mars, le Provincial des capucins de Bretagne reçoit cette réponse du Ministre à qui il avait écrit une supplique en faveur du P. Hyacinthe.

« J'ay receu, M. R. P., la lettre que vous m'avez écrite le 15 de ce mois au sujet du P. Hyacinthe de Quimper, religieux de vostre ordre.

« Jay esté très fasché d'estre obligé de rendre compte au Roy des désordres auxquels il a donné lieu, et dans lesquels il est entré avec tant d'imprudence. Mais je n'ay peu m'en dispenser et Sa Majesté n'a pas cru pouvoir laisser impunie une action qui attaque son autorité, ny se dispenser de faire chastier les coupables de la mort du gouverneur de l'isle de Bourbon et de celle de son valet de chambre. Au surplus je souhaite que ce religieux se justifie et je serays très aise que les accusations qu'on fait contre luy ne se trouvassent pas véritables. Cela ne me fera pas perdre le cas que je fais de vostre ordre. »

Le 10 avril, le Ministre se félicite, en écrivant à M. de Mauclerc, que le P. Hyacinthe ait été conduit au Port-Louis sans scandale. On le fera remettre à M. l'Intendant de Nointel, aussi bien que les autres inculpés, lorsqu'il les demandera.

A cette même date, 10 avril, il est adressé par le Ministre, au Provincial des capucins de Bretagne une lettre où l'on remarque cette phrase : « Vous pouvez cependant mescrire en termes plus clairs que vous ne faites sur ceux que vous prétendez véritables coupables de la mort du gouverneur de l'isle de Bourbon, et que vous dîtes qu'on veut sauver, et S. M. envoyra à M. de Nointel les ordres nécessaires pour leur châtiment. »

Le 24 avril, le Ministre transmet à M. de Nointel un mémoire du P. Hyacinthe, et le prie de terminer cette affaire le plus promptement possible.

A la même date, M. de Nointel envoie l'affaire instruite à M. Chereil de la Rivière, conseiller au présidial de Rennes et, un mois après, le 25 mai 1697, le jugement est prononcé.

Furent condamnés à perpétuité :

« Hyacinthe de K/guelin, dit Hyacinthe de Quimper, prêtre religieux, capucin, 60 ans environ, aumônier à l'île Bourbon;

« Michel Firelin, natif de Montiviliers, Normandie, 30 ans, commis de la Compagnie des Indes à l'île Bourbon ;

« Jacques Barrière, dit des Roches, 45 ans, natif de Limoges;

« Robert Duhal, 39 ans, natif de Pleudihen, évêché de Dol.

A 10 ans :

« Julien Robert, dit la Roche, 55 ans, natif de Champdenier, en Poitou.

A 5 ans :

« Marc Vidot, natif de Rouvigné, ville dépendante de la République de Venise.

Duhal, le plus intéressant de tous, parce qu'il était fort estimé dans la colonie, subit sa peine à la Bastille. Il y est mort en 1714. Marié à Mlle Thérèse Mollet, il avait laissé trois filles : Thérèse, Jeanne et Marianne, qui, toutes les trois, firent un bon mariage.

Vidot, qui mourut à Marseille en 1704, était marié à une demoiselle Marie Royer, dont il avait eu un garçon et deux filles.

Robert, marié également, avait laissé à Bourbon quatre garçons et deux filles.

Quant au P. Hyacinthe, on peut croire que Louis XIV ne poussa pas la rigueur jusqu'à l'envoyer ramer sur les galères de Sa Majesté.

La chronique, qui a tant de fois pendu Firelin, sera doublement contrariée d'apprendre que le spirituel capucin sut tirer son épingle du jeu, en chargeant quelque peu ses coaccusés, et en affirmant, d'ailleurs, que les vrais coupables étaient encore à Mascareigne.

Son rôle, devant le conseil, fut habile; noble? généreux? non !

Après la lecture de la lettre que nous transcrivons ci-dessous, on pourra se figurer les capucins d'Hennebont recevant dans leur couvent le P. Hyacinthe le sourire aux lèvres, et chantant en faux-bourdon : mon Père, la pénitence est douce, nous recommencerons.

Certes, nous ne disons pas cela pour les habitants de Mascareigne, qui, après cette affaire, sentant que leurs dents de sagesse étaient toutes sorties, devinrent un petit peuple sérieux, raisonnable marchant lentement, mais sûrement, vers la grande prospérité coloniale.

« *Le Ministre à M. de Nointel.*

« Versailles, le 29 may 1697.

« Monsieur, jay receu la lettre que vous avez pris la peine de m'escrire le 26 de ce mois, avec la copie du jugement que vous avez rendu contre les coupables du désordre arrivé en lisle de Bourbon. J'en ay rendu compte au Roy, et Sa Majesté l'a approuvé. A lesgard du capucin, l'intention de Sa Majesté est que vous envoyiez chercher ses supérieurs et que vous le leur remetties pour le punir comme ils le jugeront à propos, Sa Majesté voulant bien s'en remettre à eux. »

ÉTAT DE LA COLONIE DE BOURBON AU COMMENCEMENT DU XVIIIᵉ SIÈCLE. — ARRIVÉE DES FORBANS DANS L'ILE. — LES CONSEILS. — ANTOINE BOUCHER. — LA CULTURE DU CAFÉ. — PRISE DE POSSESSION DE L'ILE DE FRANCE. — DUMAS ET LA BOURDONNAIS.

(1698-1735)

XLV.

Nous trouvons dans l'*Esquisse d'un tableau historique des progrès de l'esprit humain,* par Condorcet, un passage qui paraît s'appliquer si bien à la situation de la colonie de Bourbon, à l'époque où nous sommes parvenus, que nous ne résistons pas à la tentation de le reproduire ici. Il prouve que cette petite colonie, si souvent livrée à elle-même par intervalles considérables, tant de fois privée des objets les plus nécessaires à l'existence en société, tâtonnant dans l'obscurité morale pour se former une vie quelque peu régulière, n'était pas une exception dans l'histoire de l'humanité. Les lignes que nous allons transcrire semblent se rapporter, il est vrai, dans la pensée de l'écrivain, à des temps primitifs. Mais il est à observer qu'un peuple enfermé en un si petit espace, et n'ayant que des relations extrêmement rares avec le reste du monde, se voit, par cela même, reculer à l'échelle des âges, bien au delà de l'époque à laquelle il existe.

Ce peuple eut donc quelque mérite, après tant de secousses, à ne pas tomber dans une sorte de barbarie. Demeurant prêt à recevoir les bienfaits de la civilisation des mains du premier homme vraiment capable de le diriger, il attendait ce phénix comme le Messie. Viendrait-il cet homme désiré ? La colonie bourbonnaise l'ignorait. Jusqu'ici ballottée entre la faiblesse des uns et la tyrannie des autres, elle ne se sentait qu'un devoir instinctif : celui de se perpétuer par d'infinis rejetons; devoir dont elle s'acquittait en conscience sans regarder à la couleur de ceux qui lui naissaient. Elle avait gaillardement réalisé ce vœu du grand poète : Ne pas voir « la maison sans enfants[1] ».

Elle progressait en nombre, sinon en richesse. Les enfants pullulaient dans les familles, et si tout le monde individuellement était loin d'y être parfait, chacun avait largement matière à se dire : Nos descendants, profitant de ce que nous avons souffert et défriché, pourront se donner le luxe de valoir mieux que nous, parce que, moins aigris par les privations et les déboires, ils auront moins besoin de s'étourdir pour s'aider à vivre à 5,000 lieues de la mère patrie.

Voici le passage de Condorcet qui nous a frappé :

« Le premier état de civilisation où l'on ait observé l'espèce humaine, est celui d'une société peu nombreuse d'hommes subsistant de la chasse et de la pêche, ne connaissant que l'art grossier de fabriquer leurs armes et quelques ustensiles de ménage, de construire ou de creuser des logemens, mais ayant déjà une langue pour se communiquer leurs besoins, et un petit nombre d'idées morales, dont ils déduisent des règles communes de conduite, vivant en familles, se conformant à des usages généraux qui leur tiennent lieu de lois, et ayant même une forme grossière de gouvernement.

« On sent que l'incertitude et la difficulté de pourvoir à sa subsistance, l'alternative nécessaire d'une fatigue extrême et d'un repos absolu, ne laissent point à l'homme ce loisir où, s'abandonnant à ses idées, il peut enrichir son intelligence de combinaisons nouvelles. Les moyens de satisfaire à ses besoins sont même trop dépendans du hasard et des saisons, pour exciter utilement une industrie dont les progrès puissent se transmettre, et chacun se borne à perfectionner son habileté ou son adresse personnelle.

« Ainsi, les progrès de l'espèce humaine durent alors être très lents ; elle ne pouvait en faire que de loin en loin, et lorsqu'elle était favorisée par des circonstances extraordinaires. Cependant, à la subsistance tirée de la chasse et de la pêche ou des fruits offerts spontanément par la terre, nous voyons succéder la nourriture fournie par les animaux que l'homme a réduits à l'état de domesticité, qu'il sait conserver et multiplier. A ces moyens se joint ensuite une agriculture ; il ne se contente plus des fruits ou des plantes qu'il rencontre, il apprend à en former des provisions, à les rassembler autour de lui,

---

[1] V. Hugo, *Feuilles d'automne*.

à les semer ou les planter, à en favoriser la reproduction par le travail de la culture. »

Est-ce que ces lignes du célèbre philosophe ne donnent pas un fidèle tableau de la colonie de Bourbon, après un demi-siècle d'existence ?

Il est superflu d'en faire ressortir les points d'application autrement qu'en soulignant les termes qui attirent le plus l'attention.

A cette époque, en effet, les colons de Mascareigne vivaient de la chasse et de la pêche. Ils avaient une forme grossière de gouvernement, qui consistait en *six élus* présidés par un ancien adjudant. Les moyens de satisfaire à leurs besoins dépendaient du hasard et des saisons. La colonie ne faisait de progrès que de loin en loin, et lorsqu'elle était favorisée par des circonstances extraordinaires.

Sans multiplier davantage ces points de comparaison de la société naissante de Condorcet avec celle des premiers temps de Mascareigne, qu'il nous soit permis de rappeler, pour montrer combien, par la force des choses, la colonie de Bourbon se rapprochait alors de l'état primitif auquel nous avons fait allusion, — que, si d'ingénieux habitants n'avaient trouvé le moyen d'amincir et d'assouplir la peau des cabris au point d'en pouvoir confectionner des vêtements assez légers pour être supportables sous un tel climat, la plupart de nos braves colons auraient été réduits à ne sortir de chez eux qu'après le soleil couché. On verra qu'en 1721, il en était encore de même pour beaucoup d'entre eux, tant la Compagnie des Indes, paternelle, généreuse et prévoyante envers sa colonie, avait hâté la marche du progrès dans ce pays-là.

Il ne faut donc pas s'étonner que les honnêtes gens, réduits, par l'absence d'étoffes, à s'habiller de maroquin (ce qui fut un perfectionnement); forcés, par la privation d'ustensiles, à cuire le riz dans des aisselles de feuilles de latanier (ce qui semble surprenant); contraints, par la même raison, à rôtir la chair des animaux en la posant sur des charbons ardents (ce qui, paraît-il, la bonifie), aient si longtemps conservé l'usage de vivre dans l'état le plus démocratique.

La colonie, d'abord composée de travailleurs de la terre et de la mer, et plus tard de quelques artisans pratiquant les métiers indispensables, vivait dans la plus complète égalité. Chez elle, point de cadets de familles nobles, cherchant la fortune, comme aux colonies d'Amérique, pour tâcher de rendre à leur nom l'éclat disparu. Elle formait uniquement un peuple de roturiers n'ayant d'autre prééminence que celle de l'ancienneté. Les premiers arrivés dans l'île cherchaient à dominer dans les conseils et à faire prévaloir leurs avis sur ceux de leurs compagnons moins anciens.

Pendant que les hommes se livraient aux exercices de la chasse au cabri, de la pêche à la tortue, ou bien s'occupaient à construire, dans un champ nouvellement défriché, des cases en bois que l'on recouvrait en feuilles de latanier, les femmes cultivaient, autour des habitations, quelques plantes potagères propres à égayer la nourriture et à rafraîchir le sang. La tuberculeuse patate et la citrouille ventrue comptaient, paraît-il, au premier rang de ces plantes potagères.

Les bonnes ménagères veillaient aussi à la fabrication du *frangorin*, dont le nom provient d'un instrument appelé *frangorine* (du mot latin *frangere*), qui servait à diviser une sorte de « roseau [1] » contenant un jus délicieux. On laissait ensuite bouillir le tout dans des barils et le résultat du travail de la fermentation procurait une boisson très flatteuse au goût, mais préjudiciable à la santé de ceux qui la prenaient avec excès. Pour donner une idée du *frangorin* aux personnes qui n'ont pas été à Bourbon, nous les prions de se reporter au nectar si prisé dans la vallée du pays d'Auge, en Normandie. Le *frangorin* bien fait peut jouer le rôle d'un cidre excellent.

Les Bourbonnais ne semblaient pas se douter alors que ce sublime « roseau » produit naturel de l'île, était la fameuse canne à sucre, qui, après le café, — dont nous allons parler, — devint, pour leurs petits-fils, la plus belle source de richesse.

XLVI.

C'est dire que, jusqu'à la fin du XVIIe siècle, et même dans le premier quart du XVIIIe, Bourbon n'avait fait qu'entrevoir ce qui pouvait conduire sa colonie à la fortune. Ce n'était rien que de posséder une flore sans pareille, si l'on n'arrivait pas à imaginer comment il serait possible de tirer l'or tout monnayé de ce merveilleux

---

[1] Le mot est de M. Regnault, premier gouverneur de l'île.

jardin des plantes. Il fallait qu'au fusil du chasseur succédât la houe et le soc dans la main du colon travailleur. Il fallait que le tabac, le café, le sucre, le poivre et l'indigo sortissent du sol en quantités innombrables, et que de grands navires en fussent remplis pour introduire ces richesses coloniales dans tous les ports de France. Il fallait que des spécimens de ces productions, ailleurs cultivées, mais partout recherchées, pénétrassent dans nos grands centres pour donner un démenti formel à nombre d'ignorants qui disaient encore : « Bourbon n'est qu'un rocher [1]. Le peu de terre qu'on y voit est brûlée par un volcan. Il n'y pousse que des ronces, etc. »

Malgré l'absurdité de pareilles rumeurs, elles circulèrent pendant des séries d'années.

Les mémoires avantageux écrits, par les gouverneurs ou les habitants, sur les productions de Mascareigne, et parvenus en France à différentes époques, étaient restés aussi bien sans réponse à leurs auteurs que sans écho dans la métropole. Il avait suffi des rapports superficiels de quelques marins de passage pour anéantir l'effet des plus sincères assurances et retarder l'exploitation du sol bourbonnais. N'avons-nous pas vu les mêmes causes produire les mêmes effets relativement à Madagascar, à la Cochinchine et au Tonkin? Les plus mauvais juges en cette matière sont les voyageurs qui se contentent de parcourir les côtes d'un pays maritime, pour se former une opinion sur sa fertilité. Balayées par le travail incessant de la mer, brûlées par ses émanations corrosives, les terres baignées par les océans offrent généralement un aspect désolé. Le devoir des explorateurs est de chercher les édens au loin dans l'intérieur. La nature semble les y cacher comme des bijoux dont elle réserve le spectacle aux regards de ses vrais amants.

C'est ainsi que l'île Bourbon était un rocher pour les uns, un paradis pour les autres, et, comme le mensonge passe toujours avant la vérité, on crut beaucoup plus à la roche aride entrevue de la pleine mer qu'au sol merveilleux de fécondité célébré par ceux qui l'avaient remué.

Les habitants mêmes, blasés sur les avantages de leur île, dont ils n'avaient que trop profité au point de vue de leur subsistance, n'en soupçonnant pas d'ailleurs les vrais trésors, avaient fini par se croire très malheureux d'y être exilés.

---

[1] Parny écrivait en 1778 : « Mon rocher de Bourbon ».

Les premiers émigrants venus, comme on sait, directement de France à Bourbon, ignoraient les secrets de la culture coloniale. Regnault n'était pas resté assez longtemps avec eux pour trouver le moment favorable de les initier aux connaissances qu'il avait pu acquérir. Ses successeurs ne savaient rien de ce qu'il était nécessaire de connaître pour guider les colons dans leurs travaux.

Il fallut que l'établissement à Bourbon de quelques forbans d'expérience leur ouvrît les yeux sur l'excellence du sol vierge qu'ils foulaient sans paraître se douter des fortunes qu'il renfermait. Car, il ne faut pas se le dissimuler, c'est en suivant l'exemple de ces coureurs de mondes, instruits par leurs voyages et par leur séjour dans les colonies des Indes et de l'Amérique, que les habitants de Bourbon apprirent peu à peu à tirer parti des terres qu'ils n'avaient fait que défricher, pour les rendre propres à devenir des pâturages.

Aussi, dans son magistral discours sur la politique coloniale, prononcé à la Chambre des députés, au cours de la séance du 25 juillet 1885, l'éminent député de la Réunion, en parlant des premiers temps de Bourbon, et incidemment « de ces aventuriers repentis, hommes énergiques s'il en fut », a-t-il dit : « Je ne me reconnais pas le droit de les omettre dans cette énumération des éléments primitifs d'où procède la population de mon pays. »

M. de Mahy avait cent fois raison. Il s'était rendu compte, sans doute des avantages procurés à Mascareigne par l'établissement définitif de quelques « amnistiés » au milieu de la colonie.

Il faut savoir gré à M. de Mahy d'avoir jeté un rayon de lumière sur ce sujet resté jusqu'alors obscur.

Il fut un temps où, comme on prétendit bien à tort (nous l'avons prouvé) que les premiers colons français jetés à Bourbon par la Compagnie des Indes n'avaient eu, pour peupler l'île, que des femmes malgaches, l'on insinua, même dans la colonie, qu'en somme la population bourbonnaise ne devait l'existence qu'à des forbans.

Ainsi, femmes malgaches et marins d'aventure…, voilà ce qu'on disait.

Par ce qu'il y a eu un grain de vérité dans cette double assertion, faut-il qu'elle soit d'une exactitude historique? Évidemment non.

Louis XIV, on se le rappelle, avait promis, sous les ministères de Colbert et de Seignelay, que chaque année il serait envoyé de France un certain nombre d'hommes et de femmes de bonne volonté, pour peupler l'île Bourbon. La mort prématurée des deux grands ministres empêcha la réalisation de cette promesse. La guerre et les préoccupations politiques de la métropole furent aussi pour beaucoup dans cette négligence. Par suite, la petite colonie de Mascareigne fut réduite à ne se former que d'elle-même. Elle y travailla sincèrement. Néanmoins, elle sentait à ce point la pauvreté numérique de sa population, qu'elle accueillait, non seulement sans répugnance, mais avec empressement, tout être humain qui pouvait concourir à l'augmenter. Et bien lui en prit d'agir ainsi; car autrement il eût suffi d'une épidémie, comme celle qui sévit dans l'île en 1729, pour la dépeupler d'une manière irrémédiable.

Une question vient se poser ici d'elle-même. Dans quelle proportion la population bourbonnaise provint-elle des forbans établis dans l'île à la fin du XVIIe siècle et au commencement du XVIIIe ?

La réponse va montrer que si Mascareigne a entretenu des relations de commerce avec cette sorte de marins que l'on était convenu d'appeler forbans, le nombre de ces « repentis », plus tard « amnistiés », établis et mariés dans l'île, fut longtemps très restreint.

Les documents conservés aux Archives coloniales en indiquent 2 en 1687 (à l'époque où le recensement de l'île accuse déjà 308 âmes); 9, en 1695; 3, en 1702; 11, en 1705 (année où le recensement donne un ensemble de 734 âmes); 7, en 1706; et, provenant d'un seul navire, 135, en 1720. Cela fait au total 167 forbans introduits à Bourbon en l'espace de 33 ans, et encore nous ne pouvons affirmer, pour les 135 derniers, que tous restèrent dans l'île et s'y marièrent. Nul doute cependant qu'il n'y en eût un certain nombre. Car, ainsi que va le prouver le bref extrait ci-dessous reproduit, d'un excellent mémoire écrit en 1785, à Bourbon, par le chevalier Banks, arpenteur, on conservait encore très bien à cette époque dans l'île le souvenir des forbans.

Plusieurs bonnes familles qui savaient que leur premier ancêtre, ayant fait souche dans la colonie, avait eu cette origine, ne la considéraient pas comme une tache à dissimuler. Il en était de même à Saint-Domingue et en général aux Antilles françaises, où les flibustiers avaient uni plus d'une fois et avec succès leur bravoure et leur intrépidité à celles des milices coloniales, pour la défense de nos possessions.

« Une partie des forbans (dit M. Banks), à qui le roy avoit accordé amnistie, s'y retirèrent (à Bourbon). On les accueillit. On n'a pas eu lieu de s'en repentir. La douceur de leurs mœurs, leur probité, dont il reste encore des traces, prouvent bien qu'ils n'étoient pas faits pour l'état qu'ils professoient avant, et dans lequel ils n'ont été entraînés que par des circonstances de l'enchaînement desquelles on n'est pas toujours le maître. »

Le séjour passager ou l'établissement des forbans à Bourbon, ne réveillaient donc aucun souvenir sanguinaire ni dramatique parmi les habitants.

Il y eut cependant une exception. Le fait vaut la peine d'être mentionné. Il donna si bien matière à mille racontages plus ou moins véridiques, — parmi lesquels on peut ranger ceux de Bernardin de Saint-Pierre, lors de son voyage aux îles indo-africaines, — que l'on aimerait peut-être à savoir au juste comment les choses s'étaient passées.

En 1721, un forban nommé Olivier Le Vasseur, *dit* La Buse (véritable oiseau de proie), déjà fameux par ses hauts faits, surprit en rade de Saint-Denis, à la barbe des canons du fort, un vaisseau portugais venant de Goa, ramenant à Lisbonne le chevalier d'Eryceira, vice-roi des Indes, et l'archevêque de Goa. En se retirant avec sa prise, le forban voulut bien débarquer dans l'île ces deux éminents personnages et leur suite, ainsi que l'équipage du navire capturé.

Le gouverneur reçut de son mieux ces Portugais et les consola, par son accueil empressé, d'avoir été ainsi dépossédés sans combat de leur bâtiment portant 60 canons. Plus tard, après les avoir hébergés à Saint-Denis, il leur procura les moyens de se rapatrier.

Quelques mois après, le même forban se saisit, pareillement dans les eaux de l'île, d'un navire hollandais appelé la *Ville d'Ostende*. Ce ne fut pas tout, en mai 1721, dans le même temps et toujours à la vue de l'île, la *Duchesse de Noailles*, vaisseau de la Compagnie des Indes, fut pris, pillé et brûlé par ce La Buse.

Les deux premières violences avaient fort contrarié le gouvernement de Bourbon, parce qu'elles pouvaient faire penser aux navigateurs que l'île était au pouvoir des forbans, ou du moins que les abords n'en étaient pas sûrs.

Mais le troisième fait mit le comble à la colère des agents de la

Compagnie à Bourbon. Si Le Vasseur n'entendit pas alors les menaces proférées contre lui de la plage de Saint-Denis, c'est qu'il ne voulut pas les entendre. Les habitants avaient pu sourire en assistant au spectacle des deux premières prises, parce que les victimes étaient des nefs étrangères. Mais la perte de la *Duchesse de Noailles*, dont on attendait la cargaison avec impatience, leur fut sensible, et l'on se promit de venger chèrement ce crime, si jamais l'occasion s'en présentait.

On eut pourtant la faiblesse — (il le sembla du moins) — de passer l'éponge sur la conduite du pirate et de le comprendre, lui et quarante des siens, dans une amnistie qui fut accordée à Bourbon, par une délibération du Conseil supérieur de l'île, en date du 26 janvier 1724; mais à la condition « que ledit John Cleyton et les siens, ni que ledit capitaine La Buse et les siens, ne commettront aucun acte d'hostilité, à peine de nullité de cette présente délibération, et d'être châtiés comme pirates, s'ils étaient pris. »

Le Vasseur, se méfiant, peut-être non sans raison, préféra ne pas profiter de l'amnistie. Il continua le fructueux métier dans lequel il avait acquis un si beau renom.

Mais, pour continuer ses exploits, il avait compté sans un vaisseau français, la *Méduse*, qui vint en station dans ces parages, afin d'y assurer la navigation entre Bourbon et les côtes de Madagascar, où l'on faisait alors activement la traite au profit de notre colonie.

M. Dhermitte, qui commandait la *Méduse*, était un marin aussi hardi et aussi habile, comme officier du roi, que Le Vasseur l'était comme forban.

Il connaissait La Buse de réputation. Il savait les trois dernières actions dont il s'était rendu coupable avec les circonstances aggravantes que nous venons de faire connaître.

Au moment où la *Méduse* se trouvait en surveillance sur les côtes de Madagascar, M. Dhermitte, prévenu que La Buse était dans les environs de Fort-Dauphin, s'assura du lieu de sa retraite. Il réussit à le surprendre, s'empara de sa personne et l'amena sur son vaisseau à Bourbon. Grand émoi dans l'île. La Buse, le fameux La Buse, était enchaîné à fond de cale, dans les flancs de la *Méduse*. On ne pouvait croire ceux qui racontaient cela. Il fallait le voir; toute l'île fut à Saint-Denis. Le conseil supérieur s'assembla sur-le-champ. Olivier

Le Vasseur était Français, originaire de Calais. Nulle difficulté internationale n'était à craindre. Le forban eut beau prétendre qu'il avait été compris nominativement dans la dernière amnistie. On lui prouva, par arrêt du 17 juillet 1730[1], que, de l'heure où il avait remis en pratique son métier de pirate, après la signature de l'acte gracieux, il avait en même temps commencé à tordre le chanvre qui devait le séparer de la terre, en le rapprochant du ciel. Et, de fait, il dut en convenir le jour où il fut pendu sur la plage de Saint-Denis, aux applaudissements de la population bourbonnaise, heureuse de montrer, une bonne fois, par ses acclamations vengeresses, qu'elle n'aimait pas les forbans assez mal élevés pour l'obliger à manquer ainsi aux devoirs de l'hospitalité.

Il serait difficile de croire, en effet, jusqu'à quel point le gouvernement de Bourbon avait poussé la sollicitude (quelque peu intéressée, il est vrai) à l'égard des forbans réfugiés dans l'île, si un document, d'ailleurs instructif, ne se chargeait de nous l'apprendre.

Avant de passer à l'état de colons, les forbans furent d'abord pensionnaires des habitants. Tout l'argent gagné dans leur profession vagabonde mais lucrative, venu peu à peu dans la bourse de ceux qui les recevaient, concourut à introduire dans l'île une assez grande quantité de numéraire.

Le règlement qui suit fut édicté par M. de Beauvollier, le 10 janvier 1721, à la suite de l'amnistie accordée, le 25 novembre 1720, au forban Congdon, capitaine du navire le *Dragon*, et aux 135 hommes formant l'équipage de ce bâtiment.

Ce texte, de tous points inédit, montre que l'établissement des forbans à Bourbon ne fut pas clandestin, comme beaucoup l'ont pensé. Il s'opéra sous la protection et la surveillance du gouvernement de Bourbon, et la colonie fut loin d'avoir à s'en repentir.

« 10 janvier 1721.

« Règlement pour la nourriture et le logement des forbans auxquels l'amnistie a été accordée.

« Que chaque forban payera pour sa pension et son logement, à l'habitant qui le logera et nourrira, la somme de 15 piastres par mois...

« L'habitant qui logera un ou plusieurs forbans fournira à chacun un lit

---

[1] *Archives coloniales.* — Bourbon, carton 2. — Lettre de M. Dumas, du 20 décembre 1730.

convenable garni au moins d'un bon matelas, d'un oreiller avec sa souille, et d'une couverture. Ces lits doivent être dans une case ou de bois ou de feuilles, construite de manière qu'elle soit pour le moins distinguée de ce de ce qui se nomme hangar ou ajoupa, et que les injures du temps ne la puissent pénétrer.

« Il sera tenu de leur donner deux fois par jour de la viande, c'est-à-dire à dîner et à souper, excepté néanmoins tous les jours maigres de l'année sans exception, qu'il est très étroitement défendu de leur en donner sans aucun égard à la différence des religions, à moins que ce ne fût par quelque pressant et indispensable besoin, auquel cas l'habitant s'adressera à M. le curé de la paroisse pour en obtenir la permission.

« L'ordinaire du dîner doit être composé d'une soupe, d'un bouilli, ou, à défaut, d'un rôti et d'une entrée, en telle quantité dans le tout qu'il y ait suffisamment à manger, en y joignant le pain ou au moins le riz pour ceux qui seront dans l'impossibilité de donner du pain.

« Le souper doit être composé de viande avec du pain ou du riz de la même manière qu'il est expliqué pour le dîner, excepté toujours les jours maigres.

« A l'égard de la boisson, elle est réglée à un demi-flacon de *frangourin* à chaque homme par repas, c'est-à-dire au dîner et au souper, et un flacon par chaque quatre hommes à déjeuner sans viande ni autre chose de cuit ; mais seulement au dit déjeuner du pain ou du riz et le dit *frangourin*, ainsi qu'il suit et est dit, à moins que l'habitant ne veuille de bon gré y joindre quelques fruits, ce qui sera sans conséquence.

« Si au parsus du règlement les forbans logés chez les habitants veulent de *l'extraordinaire*, les habitants ne pourront le leur refuser, en évitant toujours le dégât et l'excès crapuleux, et ils s'en feront payer selon l'usage et leur confiance [1]... »

Les attentions de M. de Beauvollier pour ces aimables détrousseurs de navires, accueillis à Bourbon après leur repentir, seraient expliquées par le détail suivant tiré d'une lettre du gouverneur de Madras, écrite en juin 1721, et insérée dans l'*Histoire des pirates*, du capitaine Johnson [2].

On lit dans cette lettre :

« ..... Que d'autres pirates s'étoient établis et fortifiés aux îles Madagascar, de Maurice, de Johanna et de Mohilla ; qu'un pirate commandant le navire le *Dragon*, avoit pris sous Conden (Congdon) un vaisseau maure venant de Judde et de Mochia, ayant à bord 650,000 écus, et qu'après avoir partagé le butin, ils s'étoient retirez tranquillement auprès de leurs amis à Madagascar. »

---

[1] *Archives coloniales.* — Code de Bourbon. — M. S. S. M. — Série F. 208, p. 171 et suiv.
[2] 1744. Tom. IV, p. 137.

On comprend que les compagnons du capitaine Congdon, — même en admettant qu'ils avaient écorné leur part de butin à Madagascar, avant de venir s'établir à Bourbon, — réunissaient toutes les qualités requises pour être traités convenablement.

A ces forbans amnistiés, riches chacun de 4,000 écus environ, il eût été malséant de refuser de « l'extraordinaire », pourvu qu'ils consentissent à le bien payer.

M. de Beauvollier était un homme entendu à soigner les intérêts de la colonie. Il avait d'ailleurs suivi l'exemple donné en 1696 par M. le comte de Serquigny. On se rappelle que ce chef de flotte, tout en manifestant un certain mépris pour les flibustiers récemment réfugiés dans l'île, n'avait pas trouvé mauvais de les voir gaspiller leur argent, soit en jouant d'une manière effrénée, soit en achetant aux marins de ses vaisseaux diverses douceurs à des prix fabuleux.

De tout ce qui précède relativement aux forbans, il résulte que si leur action dans la mer des Indes a été funeste aux navires voyageant sans escorte avec de riches cargaisons, cette action, par une singulière fortune, n'a pas été sans profit pour Mascareigne, où les ravisseurs, fatigués de leurs exploits, venaient se reposer en dépensant leur dernière part de butin. Car, — on doit insister sur ce fait, — pour être reçus et traités dans la colonie, il leur fallait solennellement renoncer à leur ancien métier. Est-il besoin d'ajouter que ceux qui étaient nés dans « l'hérésie de la Réforme » ne pouvaient se marier à Bourbon qu'après s'être convertis à la religion catholique.

XLVII.

Il est maintenant nécessaire de revenir à l'ordre chronologique du récit que nous avons un instant interrompu pour résumer en un seul chapitre le résultat de nos recherches au sujet des forbans.

Nous possédons, de Joseph Bastide, laissé dans l'île en 1696 par M. de Serquigny, à titre de commandant provisoire : cinq actes de concession, une lettre autographe au Ministre, et un recensement aussi de sa main.

Les concessions de terres sont faites au nom de : 1º François Ricquebourg, 24 août 1696; 2º Guy Royer, 30 mars 1697; 3º Claude Ruel, 3 avril 1697; 4º Gaspard Lautret, 12 juillet; et 5º François Boucher, 5 août de la même année.

La lettre de Bastide est du 16 septembre suivant. Il s'est donné un lieutenant : M. Noël de Forges. Des « habitants capables de porter les armes », il a fait deux compagnies, commandées, l'une par M. Denis Turpin, l'autre, par M. Henry Grimaud, avec les sieurs Antoine Bruslot et François Garnier pour enseignes. Il a pour garde-magasin M. René Le Pontho, que lui a donné M. de Serquigny, au lieu et place du pauvre Michel Firelin, embarqué sur l'escadre.

Le 6 décembre 1696 est arrivée à Saint-Denis une barque venant d'Anjouan, commandée par M. Isaac Veret Desmarais. Son bâtiment, le *Saint-François*, s'était perdu à Mohély. Le capitaine s'est marié dans l'île.

Le 22 avril 1697, est arrivé à Bourbon le navire de la Compagnie le *Postillon*, capitaine Faucher, venant du Bengale pour retourner en France. Bastide écrit par ce bâtiment.

Le recensement joint à sa lettre se termine par la mention suivante, dont un Dumanet de notre temps ne désavouerait pas le style. Mais l'intention du brave commandant paraît si louable que le lecteur nous saura gré de ne pas le priver de ce petit morceau.

« Total des personnes qui restent en cette isle, tant blanc que noirs, sont au nombre de 488 tant grands que petits qui sont apresent dans la résolution dereparer la mauvaise réputation quils se sont contractez eux-mêmes par leurs rebellion qu'ils avoient fais cy devant et ne les ayant point reconnu jusques apresent que pour gens obéissant aux ordres que je leurs prescrits conformément comme on me les a laissez de la part du Roy.

« Bastide [1]. »

Nous ne pouvons dire à quelle date au juste Joseph Bastide remit le commandement à son successeur, « M. Jacques de La Cour, écuyer, seigneur de la Saulais ».

Le nouveau gouverneur, nommé par le roi, était parti de Lorient le 14 avril 1698, sur la frégate de la Compagnie le *Marchand des Indes*, qui relâcha à la baie de tous les Saints le 4 juin suivant. A cette date, un sieur Darguibel, marchand de la Compagnie, qui était du voyage, écrit de la baie et donne cette nouvelle : « M. de La Cour, gouverneur, *Madame sa femme et mademoiselle sa fille;* messieurs les missionnaires se portent bien... J'espère que je trouverai l'isle Bourbon en bon estat ».

[1] *Archives coloniales*, Recensements de l'île Bourbon.

M. de La Cour est le premier gouverneur de Bourbon qui amena sa famille avec lui.

Le *Marchand des Indes* dut arriver à Saint-Denis vers le milieu de septembre. La présence du nouveau gouverneur y est constatée le 7 octobre 1698 par son premier acte de concession de terrain, qui se trouve être en faveur de François Mussard. Nous possédons onze actes de cette nature signés par M. de La Cour. Le dernier est du 15 janvier 1701. C'est tout ce que nous pouvons dire de ce gouverneur dont pas une lettre n'a été conservée, en supposant qu'il en eût jamais écrit.

Il eut pour successeur M. Jean-Baptiste de Villers, « gouverneur pour le Roy et la royale Compagnie des Indes orientales de France ».

Le commandement lui fut remis à la date du 12 juin 1701. C'est l'un des gouverneurs qui ont le plus longtemps séjourné dans la colonie. Il y est resté huit ans et deux mois.

Sa première lettre parvenue en France est du 27 juillet 1701, sa deuxième du 24 mars 1702, et sa troisième, du 9 avril suivant.

Les deux dernières furent apportées par le vaisseau le *Maurepas*, sur lequel était embarqué, en qualité de passager, M. Antoine Boucher, commis de la Compagnie des Indes à Pondichéry, revenant en France.

René Le Pontho, garde-magasin à Saint-Denis, étant mort sur ces entrefaites, le 13 mai 1702, M. de Villers pria M. Antoine Boucher de prendre la place du défunt. Il y consentit, et, débarqué du *Maurepas*, il fut installé sur-le-champ à ce poste de confiance.

Antoine Boucher, né à Brest vers l'année 1674, est celui des anciens fonctionnaires de Bourbon qui a le plus écrit sur l'île et la colonie qu'il habitait. Il est resté huit années en fonctions. C'est dire qu'il a eu largement le temps de satisfaire sa passion d'aligner des phrases souvent bien drôles, et des considérations parfois instructives sur toutes choses et sur toutes personnes.

On lui doit deux journaux, deux recensements très complets, modèles du genre, et deux mémoires développés qui peuvent être considérés comme de véritables pamphlets, du moins en grande partie.

Le premier journal d'Antoine Boucher comprend le récit de tout ce qui s'est passé à Bourbon — jour par jour — du 17 juin 1702 au

29 mars 1704. Le second, reproduction en partie et continuation du premier, commence le 3 août 1703 et se termine à la date du 17 avril 1705.

Ces deux écrits renferment une profusion de détails dont la lecture, en somme, offre aujourd'hui un intérêt secondaire. Mais les directeurs de la Compagnie des Indes à Lorient devaient lire avidement les pages d'Antoine Boucher. Ils y suivaient les mouvements de leurs navires qui, tous à cette époque, — c'était un progrès, — faisaient escale à Bourbon afin d'y prendre leurs « rafraîchissements ». MM. les directeurs ne trouvaient pas seulement, sur ces tablettes, un compte rendu maritime et financier des affaires de la Compagnie ; dans ce mélange de tous les incidents quotidiens, ils voyaient défiler, avec les dates d'arrivée et de départ des vaisseaux, le nom des capitaines qui les commandaient, l'espèce des marchandises apportées de l'Inde, la quantité de celles déposées à l'île Bourbon, et mille autres détails, tels que : le mariage des flibustiers établis dans l'île ; des histoires de nègres échappés de chez leurs maîtres et qu'il fallait rattraper dans la montagne, ce qui donnait l'occasion de découvrir des sites admirables et nouveaux, inconnus aux habitants : la plaine des Cafres et celle des Salazes, par exemple. Ils y voyaient encore des tentatives de révolte par les noirs marrons, sévèrement réprimées ; des procès et des condamnations relatifs à des esclaves ; des forbans venant demander avec une certaine effronterie « de faire de l'eau, du bois, des vivres », et, à la première objection, menaçant de prendre de force ce que l'on ne voudrait pas leur donner de bonne volonté.

Il n'y avait pas que les forbans pour se permettre d'agir ainsi. Suivant Boucher, on vit un jour deux vaisseaux de guerre anglais, « de la reine Anne », aborder l'île avec des allures extrêmement louches, et leurs officiers, descendus à terre, réclamer la faculté de se ravitailler, d'une façon si hautaine qu'il ne fallut pas moins que la ferme attitude du gouverneur et des habitants assemblés sous les armes, pour convaincre ces messieurs de la nécessité de remettre à la voile sans trop tarder ; ce qu'ils firent, du reste, assez vite après avoir reçu l'assistance qu'ils demandaient.

Une mention d'un autre genre passe encore sous les yeux dans le journal d'Antoine Boucher. En août 1703, le cardinal Maillart de Tournon, patriarche d'Antioche, légat du pape, allant en mission dans l'Extrême-Orient, descend à Bourbon où le bâtiment qui le porte est venu faire escale. Il profite de la circonstance pour confirmer toute la population de l'île en deux fournées, à Saint-Paul et à Saint-Denis. Pêle-mêle petits et grands, femmes et forbans absous et convertis, agenouillés devant ce grand-oncle du poète Alfieri, reçurent le sacrement que la rareté de son administration à Mascareigne avait rendu si désirable.

A côté du récit de cette cérémonie vient l'affaire d'un petit noir de dix-sept ans, condamné à recevoir « le fouet, et la fleur de lys sur les épaules » pour avoir tué indûment trois cabris. Enfin, terminons cette revue par l'arrivée à Bourbon, à la date du 3 mai 1704, sur le vaisseau le *Marchand des Indes*, capitaine Bouynot, de M. Feuilley, pilote-ingénieur de la Compagnie, chargé de prendre « le plan de l'île et d'en avoir toutes les particularités ». En voici une qui a bien son prix. Elle est tirée du long mémoire de M. Feuilley, daté d'avril 1705. « Messe tous les jours à 8 heures ; messe tous les dimanches à 9 heures ; habitants et esclaves sont obligés d'y assister avec leurs enfants, sous peine d'une amende de deux écus, pour la première fois, du cachot, en cas de récidive ; pour les noirs, *on leur donne le chabouq.* »

Nous ignorons ce que signifie au juste ce mot *chabouq* que l'on ne trouve pas dans les dictionnaires. Mais rien qu'à l'aspect de ces deux syllabes sauvages, on frissonne pour les noirs qui manquaient à la messe.

XLVIII.

Certes, Antoine Boucher, dans ces journaux sur lesquels nous venons de jeter un coup d'œil rapide, se montre actif, soigneux et intelligent, et nous n'aurions que des compliments à lui faire sans réserve à ce sujet. Il n'en est pas de même des mémoires, non sans valeur, sortis de la plume du même fonctionnaire. Nous avons le devoir de les apprécier pour mettre le lecteur, après nous, en garde contre ce qu'ils contiennent.

Dans quelles circonstances virent-ils le jour ?

M. de Villers resta gouverneur jusqu'au 5 août 1709. M. François des Bordes, écuyer, seigneur de Charanville, qui lui succéda, prit le pouvoir à la date du 10 septembre et ne le conserva que jusqu'au 24 mars 1710, c'est-à-dire à peine six mois.

Après celui-ci, vint M. Pierre-Antoine Parat, écuyer, seigneur de Chaillenest, qui fut installé gouverneur le 22 avril 1710.

Antoine Boucher quitta Bourbon quelques mois après l'installation de M. Parat.

Arrivé à Paris, il fut reçu par M. de Foucherolle, alors directeur général de la Compagnie des Indes, lequel n'eut pas besoin de lui demander des renseignements sur la colonie bourbonnaise. Boucher revenait bourré de notes entassées pendant son exercice, mises en ordre pendant son voyage, et, désireux d'écouler ses produits, plus encore de retourner à Bourbon en qualité de gouverneur : il voulut montrer ce dont il était capable pour un tel emploi.

Après avoir donné verbalement une idée de toutes les connaissances acquises par lui pendant huit années de séjour à Bourbon, il offrit à M. Foucherolle de rédiger des mémoires détaillés, l'un sur la colonie en général, sur l'île et ses productions, l'autre sur chaque habitant en particulier.

Ces deux mémoires autographes, élaborés à la fin de 1710, existent aux archives coloniales. Ils sont restés, jusqu'ici, absolument inédits.

Le premier, composé de 139 pages, format tellière, est intitulé : « Mémoire d'observations sur l'isle Bourbon, adressé à M. de Foucherolle, directeur général de la Royale Compagnie des Indes, par son très humble serviteur Boucher. »

Le second, de 221 pages, même format, a pour titre : « Mémoire pour servir à la connaissance particulière de chacun des habitants de l'isle Bourbon, divisés par les quartiers qu'ils habitent. »

Quand on connaîtra le caractère de l'auteur et la portée de son œuvre au point de vue des mœurs bourbonnaises en 1710, on comprendra le motif qui nous oblige à exprimer un jugement sur le contenu de ces écrits.

Vraisemblablement, Antoine Boucher avait dans les veines quelques gouttes du sang d'Alceste. En tout et pour tout, il est excessif. Tout lui paraît déplorable, et il laisse entendre que lui seul pourra guérir la colonie des abus dont elle souffre.

Le misanthrope de Molière, malgré son apparente aversion pour les femmes, partagée par notre auteur, a sans aucun doute laissé maint héritier. On rencontre encore de ces esprits frondeurs qui trouvent si bien matière à tout dénigrer avec tant de virulence que l'on ne peut s'empêcher de leur dire : Si le monde avait été comme vous le dépeignez, depuis longtemps il n'existerait plus, ou bien ses jours seraient comptés.

Antoine Boucher était du nombre de ces humains fâcheux dont le caractère, chagrin à l'excès, grossit la vision. Dans un ciron, ils voient un monstre.

Un abus facile à corriger devient pour eux un malheur public. On finit par rire de leur innocente manie et par s'amuser de leurs grands ébats.

C'est l'impression que nous a d'abord fait éprouver la lecture d'Antoine Boucher. Puis, la première curiosité satisfaite, nous avons relu attentivement ses mémoires en tenant compte de l'esprit d'exagération qui y domine. Des aperçus philosophiques, des considérations justes par instants, nous ont intéressé. Certains renseignements sur la colonie, au commencement du XVIIIe siècle, nous ont paru bons à recueillir, et, en somme, la pensée qui vient après l'étude du travail d'Antoine Boucher est la suivante :

Si quelque petite ville de province avait été ainsi traitée, il y a cent soixante-quinze ans, par un pamphlétaire de l'époque, pour deux ou trois descendants des anciennes familles de ce coin de la France, qui ne seraient pas flattés des révélations rétrospectives jetées sous leurs yeux, combien d'arrière-petits-fils riraient franchement en voyant la peinture des travers de leurs ancêtres! L'un se dirait : Ce n'est pas ma faute si la société des femmes a sur moi trop d'empire, mon trisaïeul m'avait précédé sur le chemin de Cythère. — Pourquoi, penserait un autre, m'en voudrais-je beaucoup d'aimer trop la bonne chère ? mon bisaïeul était fervent disciple d'Épicure... Et ainsi de suite pour les curieux.

Eh bien, Bourbon est cette petite ville de province à laquelle nous faisons allusion. Antoine Boucher, promenant sa lanterne au milieu de chaque famille de Mascareigne, nous l'a montrée, non telle qu'elle était, mais telle qu'elle lui a paru à travers sa misanthropie. Cela saute aux yeux parce que l'écrivain reconnaît si bien lui-même où l'entraîne son ardeur que, souvent, il adoucit par des correctifs la verdeur de sa critique.

Il ne faut cependant pas permettre à l'imagination de s'égarer sur l'objet des satires de l'ex-garde magasin de la Compagnie des Indes. Voici la note : On est avare, prodigue ou paresseux. Les uns se passionnent pour le jeu. Pour d'autres, la liqueur du « frangorin », — si perfide, mélangée avec le miel, — a des charmes trop souvent caressés. Là, toutefois, n'est pas le gros reproche de l'auteur. Il tance la plupart des colons sur leur extrême penchant à la galanterie. De cette disposition, très favorable au peuplement d'une île affamée d'habitants, aurait pu résulter, ce semble, un éloge à l'adresse des femmes de Mascareigne, et non pour l'esprit du sévère Antoine. Car, après avoir médité les 360 pages écrites par lui sur les mœurs bourbonnaises, on se demande s'il a jamais eu, en France ou ailleurs, quelqu'une de ces faiblesses qui mettent le plus de fiel en sa plume.

Ces réflexions préliminaires étaient indispensables pour nous amener à parler utilement du travail d'Antoine Boucher.

Son premier mémoire, qu'il appelle « mon discours », revêt, dans la première moitié, la forme d'un sermon. Antoine, tour à tour doucereux et plein de fougue, prend en s'échauffant les allures d'un prédicateur vivement inspiré. Son style parfois ampoulé, la tournure hyperbolique de ses phrases font un énergumène de ce breton sans peur et sans reproche. Il a des tonnerres de plusieurs classes, dont il distribue les coups suivant l'importance des gens qui lui ont excité la bile. Mais, de Paris à Mascareigne, on est exposé à lancer la foudre un peu à l'aventure. Aussi, pour être plus sûr de frapper juste, Antoine fait comparaître collectivement ses anciens administrés au tribunal dont il est le seul juge. Il les interroge ; il les fait parler ; il discute la valeur de ses propres réponses. Il fulmine ensuite une sorte de réquisitoire et, pour être tout à fait correct, il essaye une défense dont il détruit d'ailleurs tous les arguments. Finalement, il frappe de son anathème les pauvres diables dont il a fait le procès à distance. C'est, comme on le voit, un parfait justicier. Ah ! s'il avait dit face à face aux Bourbonnais ce qu'il leur crie à 5,000 lieues, notre apôtre se fût exposé à passer un vilain quart d'heure.

Son « discours » est divisé en trois points, indiqués dans un exorde où il affirme son parfait désintéressement :

« Je prie même de croire que ce que je dis n'est point, par une modestie affectée, pour me faire beaucoup valloir et me randre nécessaire. L'on jugeroit mal de mes intentions de le penser ainsy ; je n'ay en veüe que le bien publicq. »

Les trois points annoncés sont : la colonie en général, les habitants, le gouvernement.

La première partie traitée ne dit pas grand'chose. Boucher semble croire que la colonie date seulement « de la déroute de Madagascar ». L'erreur est manifeste.

Dans la deuxième partie, Boucher divise les habitants, « au nombre de 1200 à 1300 », en cinq classes distinctes, et il énonce qu'elles ont une prétention, une vanité tendant à les éloigner les unes des autres.

Les anciens, « au nombre de huit, » disent : « C'est nous qui avons fondé la colonie, qui l'avons peuplée de nos enfants et de nos petits-enfants. On nous doit le respect ; on nous doit des privilèges. Nos seuls conseils devraient être invoqués et suivis. »

Là-dessus Boucher s'emporte et s'écrie : « Messieurs les anciens, qu'avez-vous fait des tortues, manne céleste ? » etc. « Qu'avez-vous fait des gibiers si nombreux, et en telle confusion, *qu'ils se mangeoient les uns les autres* et que l'air en étoit obscurci ? » etc. Qu'avez-vous fait des nombres infinis de *lubines* et autres poissons dont l'étang de Saint-Paul étoit autrefois aussy garni que l'est encore aujourd'hui l'étang du Gol ? » etc., et « Messieurs les anciens » attrapent leur paquet d'importance pour avoir dépeuplé les eaux, la terre et le ciel.

Les créoles blancs ont leur tour. « Il est de raison, Messieurs, leur insinue en premier lieu Boucher, de rendre justice au mérite, et je diray à votre avantage qu'il n'est personne, devant quy vous paraissiez, quy ne juge avantageusement de vous. En effet, vous êtes d'une physionomie prévenante, d'une taille avantageuse, bien faits, robustes, et paraissez d'un grand travail. Outre ces bonnes qualitez, il paroist en vous une grande simplicité accompagnée de beaucoup de douceur. » Mais, ce compliment épuisé, l'auteur les flagelle de tant de manières que nous renonçons à reproduire sa critique. En fait, il leur reproche de vouloir « la prééminence sur les autres classes », prétention fondée notamment « sur leur adresse à prendre les cabris à la course ».

Sous certains rapports, les mulâtres trouvent grâce devant Boucher. Au début de ce qu'il dit à leur sujet, ses alinéas sont mielleux. La pilule est dorée avec art. Puis vient l'amertume. Il reconnaît aux mulâtres des talents exceptionnels dans les métiers qu'ils veulent bien exercer. L'un d'eux est devenu habile chirurgien. Un autre confectionne des violons « pour en avoir vu sur l'escadre de M. de Serquigny ». De leur côté, les mulâtresses sont des couturières modèles. Il cite Marguerite Touchard, qui parfait des ouvrages d'aiguille dignes d'être admirés en France.

Mais à peine Boucher a-t-il donné à la classe des mulâtres le temps de respirer ce grain d'encens brûlé en son honneur qu'il lui met sous le nez tous les défauts du nègre, dont elle tient beaucoup trop à son avis.

Les étrangers, les anciens forbans, viennent en quatrième ligne se ranger sous la plume de l'auteur. Il leur fait dire, en un langage fleuri d'un joli pathos :

« Nous demandons à nous faire naturaliser. Dès ce moment nous promettons vivre et mourir à l'ombre de la blancheur des lys, sans jamais changer cet étendar à l'appuy duquel nous ne nous sommes reffugiez que pour goutter la douceur dont joüit cet heureux peuple quy tire son nom et son origine du mot de franchise. »

Après cette belle déclaration prudhommesque, attribuée aux forbans repentis, Antoine Boucher aurait bien dû épargner à ces hommes une sortie cruelle sur leur existence passée. Mais, non ! Il semble que ce soit pour lui un *style* obligé. Il se complaît à leur rappeler des souvenirs pénibles, et il arrive à conclure que toute vanité, toute prétention étaient à jamais interdites à cette nouvelle classe de citoyens. Ce n'était vraiment pas la peine de les faire « vivre et mourir à l'ombre de la blancheur des lys ».

Enfin, pour apprécier le passage suivant du « discours » d'Antoine Boucher, on doit se souvenir que l'auteur parle en 1710.

« Les derniers habitans de l'isle Bourbon sont les noirs esclaves. Il sembleroit que le nom et la situation d'esclave devroit mettre bas tout l'orgueil quy se trouve chez les hommes. Point du tout. Ceux de l'isle Bourbon trouvent encore une différence entre eux. En voicy leurs raisons bonnes ou mauvoises.

« Ceux qui sont créoles disent que leurs père et mère à la vérité estoient esclaves. Mais qu'eux estant nez en France où il n'y a point d'esclaves, en bonne justice, ils ne devroient pas l'estre. Aussy disent-ils qu'ils n'en portent que le nom et qu'ils ne le sont point en effet. Sur ce principe, ils veulent estre les premiers et *paréier* avec les mullastres. La vérité est qu'ils sont beaucoup meilleurs noirs que les autres et *que leurs maîtres ont beaucoup d'égards pour eux, et les regardent plustôt comme leurs enfans que comme leurs esclaves*. Ainsy ce n'est pas trop mal à propos (sy la vanité ne s'en melloit pas) qu'ils disent estre les premiers, sy tant est qu'il puisse y avoir de la prééminence entre des nègres quy sont tous esclaves.

« Ceux des autres noirs quy veullent l'emporter sont les Indiens quy, par une vanité indienne, disent qu'ils sont issus de père et mère libres, que s'ils sont esclaves, c'est par ce qu'on les a enlevez ou trompez et vendus sans leur consentement ; ainsy des autres. »

Antoine Boucher, en blâmant sans réserve « cet orgueil, cette prétention » de chacune des cinq classes passées en revue dans son mémoire, oublie trop que, pour se soutenir ici bas, depuis le dernier échelon de la hiérarchie sociale jusqu'au premier, il faut que l'homme soit fier de quelque chose et qu'il ait une prétention quelconque à s'élever. Savoir ménager et diriger ces deux sentiments constitue, à notre humble avis, le secret de conduire les hommes, soit individuellement, soit collectivement.

Dans l'espèce, à Mascareigne, d'après Antoine Boucher, les anciens étaient fiers de leur ancienneté ; les étrangers, des connaissances qu'ils avaient apportées dans l'île, au point de vue surtout de la culture. Les créoles blancs étaient fiers de leur supériorité de peau sur les mulâtres ; ceux-ci de la nuance qui les faisait distinguer des noirs, et les esclaves trouvaient encore moyen d'être fiers, les uns de leur origine censée libre, les autres de subir l'esclavage sur une possession relevant d'un pays où l'esclavage était inconnu.

Tous, au surplus, avaient la prétention de mériter une condition meilleure que celle dans laquelle ils végétaient.

Mais ces distinctions, qu'il était possible de remarquer à la fin du siècle de Louis XIV, disparurent bientôt, et les sentiments divers de la population se fondirent en une seule fierté : celle d'appartenir à la France.

Ce fut jadis, paraît-il, un défaut chez nous de n'être pas assez convaincu de cette vérité que toutes les populations plus ou moins colorées de notre empire colonial ont le cœur français jusqu'à l'exaltation. Nous devons à nos récents désastres et à nos succès d'hier de nous l'avoir prouvé d'une manière surprenante. Les uns et les autres ont démontré que tout cri de douleur ou de joie parti de France, résonne au cœur de tous les Français qui habitent nos possessions d'outre-mer (anciennes et actuelles), d'un écho si puissant que la distance est nulle pour l'affaiblir.

Où notre auteur nous semble mieux inspiré, c'est dans la peinture des qualités que doit réunir un bon gouverneur de l'île Bourbon. Rendons-lui justice en citant ce passage remarquable.

« Il faut, dit-il, qu'un gouverneur de l'isle Bourbon soit laborieux, curieux et attentif. Il faut qu'il soit attaché d'inclination au bien de cette colonie. Il est nécessaire qu'il ait veu et pratiqué tout le terrain pour en connoistre la valleur ; et qu'il le regarde comme un bien en propre quil veut embellir et fructiffier, et qu'il se fasse un point d'honneur d'y réussir. Avec cela, il faut qu'il soit actif et vigilant ; quil pratique humainement les habitans. Il faut ménager les bons et attirer les méchants à leur devoir. Il faut quil soit homme d'esprit pour, en s'humanisant, ne point sortir de son caractère de gouverneur, et que la supériorité quil a sur les autres ne luy serve pas non plus, par une fierté hors de propos, à se randre inaxecible, et garder touiour un millieu entre ces deux extrémitez. Il faut qu'il sçache travailler et qu'il soit soigneux d'écrire ses observations et ses découvertes pour que de plus habilles que luy y devellopent ce quil n'aura pu faire luy mesme après s'y estre longtemps appliqué. Il faut qu'il ait du raisonnement, et que ce soit plustot par les discours et par l'exemple quil s'atire les habitans, que par les droits qu'il a sur eux.

Il faut cependant qu'il soit intègre. Mais que cette intégrité panche touiours du cotté de la clémence, surtout avec des peuples quy ont vécu jusqua présent sans discipline, et auxquels lon ne fait que commencer à donner des règles. Mais sur le tout, il faut quil soit détaché de lesprit de débauche et de rapine ; sans quoy tout est perdu, quelques bonnes inclinations qu'il puisse avoir. »

Hâtons-nous de dire après cette citation que les gouverneurs de Bourbon n'ont pas tardé à réaliser tous les vœux exprimés par Antoine Boucher.

Notre chroniqueur prend ensuite vivement à partie M. Parat avec lequel il a vécu pendant quelques mois. Autre peinture des plus originales qui va montrer jusqu'où porte le mordant esprit du pamphlétaire.

L'article est un peu long, mais certes le lecteur n'y perdra pas.

On y voit d'abord que M. Parat « est d'une stature à imposer. Il est hardy et capable d'un coup de main à la teste d'une troupe : en un mot, c'est un bon officier ».

Cela ne suffit pas. Antoine Boucher voudrait un gouverneur civil. Les qualités d'un homme de guerre, d'après lui, ne sont pas à leur place à la tête d'une colonie.

« M. Parat, dit-il, n'est que depuis *quatre jours* dans lisle[1]. Il ne la con-

---
[1] Pour quatre mois.

noist point du tout et ne la connoistra jamais. Dans sa grande figure imposante, c'est une grosse masse de chair peu mouvante et sujet à de grandes infirmitez quy l'empeschent d'agir. De temps à autre la teste, le visage et les jambes luy enflent sy prodigieusement qu'il noze se montrer tant il est monstrueux. Ce n'est pourtant point là ce quy le rand incapable. Car je suis persuadé que le bon air quil respire l'aura entièrement guéry. Mais cest un esprit tout affait borné, quy ne sçait ny nentent les affaires de quelque nature qu'elles soient, et quy à peine sçait écrire son nom.

« Un homme ellevé et noury à la guerre ne se met guerre en peine de la culture des terres, et surtout quand elles ne sont point à luy et qu'il ne conte pas de faire un long séiour dans le lieu où il réside. M. Parat n'a sollicité ce gouvernement que dans la veue d'y faire ses affaires dans le même commerce quy fait manger du pain blanc à quelques autres, et cela dans le moins de temps qu'il poura, pour ensuitte venir en France briguer un employ digne de sa naissance et de sa protection. Cest à quoy lon peut conter quil sattachera uniquement, sans se mettre beaucoup en peine de ce que deviendra lisle et les habitans, quand il en sera sorty. Sur ce pied, ses occupations ne tendront guerre à l'avancement de la collonie, et le mémoire instructif restera au crocq.

« Un homme du monde comme M. Parat, dans un lieu où il se regarde comme en exil, pour n'y avoir pas les dellices de Paris, et qui ne suporte patiament cette privation pour quelques années, que dans la veue de faire fortune, cherchera, à l'exemple de ses illustres prédécesseurs, à se faire des amusements quy le dissipent de l'ennuy où il est peutestre désia, pour navoir pas encore fait une fortune aussy prompte et aussy complette qu'il s'y étoit attendu.

« Mais quels seront ses amusemens ? Dieu le sçait, s'ils sont semblables à ceux de ses prédécesseurs. Je me tais, jaurais trop de honte d'en parler. Je ne sçay sil secartera de cette ancienne routte. Mais je luy connois des inclinations bien propres à suivre ce chemin si battu. Que naige desja point veu sur ce sujet !

« M. Parat ayme tous les plaisirs. Il ne cherchera point à gêner son inclination et à se faire de la peine en se privant des choses quil croira le divertir. Il a beaucoup de penchand pour le jeu. Une partie du jour se passera à jouer. Il ayme la compagnie. L'on ne sassemble point sans boire et surtout quand on veut faire venir leau au moullin et angager le jeu. Voilla une autre partie du jour. Sur le midy, l'on a mal à la teste ; il fait chaux. Il faut au moins quatre heures de repos. Au reveil, il fait frais. Il faut aller prandre l'air et faire un tour de promenade. Il ne faut pas penser que ce soit d'aller visiter une habitation, un jardin, une plante, ny autres choses quy tendent au bien. Point du tout. Lon ne pence point à cela. Mais lon va visiter lune de ses commères (dont les gouverneurs ont touiour grand nombre). Les bonnes vollontés que l'on a pour elle font que l'on cherche à luy faire guaigner quelque chose sans qu'il en coute rien. M. le gouverneur propose une partie de jeu à quy payera le souper chez cette commère. Personne nozeroit le reffuser quoyque souvent l'on voudroit s'en dispencer sur ce que l'on pence de la suitte de ce souper. La partie faitte, l'on a grand soin de ne pas laisser perdre M. le gouverneur pour qu'il ne se mette point de mauvaise humeur. Ce souper finit touiour fort tard. L'heure indue ne permet que l'on souffre quil se retire par ce qu'il pourroit courir des risques. M. le gouverneur ne se fait pas beaucoup prier et couche chez sa commère ; ou bien — ce quy arrive le plus souvent — c'est chez lui que l'on soupe. La commère nozeroit risquer de conduire ou porter un ou deux petits enfans — quelle a toujours soin davoir avec elle — parmy les bois et dans l'obscurité de la nuit. M. le gouverneur ne luy conseille pas non plus. Elle se trouve fascheusement contrainte de coucher au gouvernement. Voilà quelles sont les occupations de chaque jour, et seurement où le pied glissera à M. Parat ; car sa passion dominante est le commerce des femmes. Elles ont été jusqu'à présent la pierre d'achopement de tous ses prédécesseurs. Elles seront sûrement la sienne et celle de tous ceux quy luy succederont quand ils ne seront point mariez. Car il semble dans ce pays là que cest une nécessité indispensable et un mal nécessaire à la santé. Aussy cela est sy commun que l'on ne s'en fait point un mistère. . »

Pour les raisons expliquées plus haut, nous ne saurions assurer que les renseignements contenus dans ce passage sur M. Parat aient été d'une exactitude rigoureuse. Mais que de détails caractéristiques sur ce gouverneur indolent dont l'existence est toute de plaisir ! En allant à Bourbon, M. Parat n'a fait que changer de garnison, et il ne se doute pas que tous les instants de sa vie coloniale, décrits — chargés plutôt — par la plume railleuse d'Antoine Boucher, ont traversé les mers et sont venus éveiller les sourires de Messieurs les directeurs de la Compagnie des Indes à Paris. Que pouvait-on faire après tout à ce gouverneur qui préférait « le commerce des femmes » à celui de la Compagnie des Indes ? Le remplacer au bout de son temps d'exercice et le remercier d'avoir bien voulu accepter un poste aussi éloigné.

Le tort le plus grave de MM. les directeurs de la Compagnie a été de choisir ou de se laisser imposer, pour gouverner ses possessions lointaines, des hommes de marque plutôt que des sujets aptes à bien diriger une colonie. MM. de Vauboulon, de la Saulais, de Charanville, de Villers, de Parat, tous écuyers, seigneurs de . . ., ne valaient certes pas, au point de vue de la pratique et de la capacité commerciale, de bons commis élevés dans les magasins de la Compagnie et rompus par cela même au maniement des affaires.

Antoine Boucher se donne beaucoup de mouvement dans la péroraison de son « discours ». Sa conclusion transparente est celle-ci : Quand un administrateur a si bien déterminé les qualités nécessaires à un bon gouverneur, il faut le nommer à ce poste pour remplacer celui qui tient la place avec aussi peu de sans-gêne. Les efforts de Boucher furent en pure perte. Avait-on jugé qu'il savait trop de choses sur la colonie pour être apte à la diriger impartialement ? Avait-on pensé qu'il avait dit trop de mal des habitants en général, et de beaucoup d'entre eux en particulier, pour que cela ne fût pas su à Bourbon et n'amenât de nouveaux ennuis ? Toujours est-il qu'en 1717, Antoine Boucher sollicitait encore l'emploi de gouverneur à Mascareigne, et, par bonheur peut-être pour lui, il ne réussit pas à l'obtenir. La vertu n'est pas toujours récompensée.

XLIX.

Le second mémoire d'Antoine Boucher est fait, plus encore que le premier, pour être jugé froidement. Le mur de la vie privée était, paraît-il, si peu élevé à Bourbon vers 1710, que l'auteur se faisait un jeu de le franchir à tout instant. C'était là son grand défaut. Nous nous bornerons donc à profiter, pour nos origines, de quelques renseignements épars dans ces tablettes biographiques où la note policière règne en maîtresse absolue.

Boucher a dû travailler beaucoup pour recueillir autant de détails sur les familles de Bourbon. Il les a interrogées les unes sur les autres, comme le démontrent des « à ce qu'on dit », « à ce qu'on prétend », « suivant ce qu'on m'a rapporté », et, de cette information étendue à toute la colonie, est sorti le mémoire auquel nous avons précédemment fait allusion.

Notre chroniqueur n'est pas toujours amer. Ce serait par trop monotone. Il ne dit pas toujours : « Cette femme est à présent à la seconde vie de la Magdelaine, après avoir longtemps esté à la première », ou : « Cette femme est d'une grande imbécillité, mais très sage », deux flèches que nous relevons au hasard, ou plutôt parce que, décochées chacune avec un renvoi piqué en marge de son manuscrit, elles attirent l'attention.

Antoine Boucher est parfois d'une bienveillance extrême. Ses notices, par exemple, relatives à Nicolas Legras et à François Cauzan, qui contiennent l'une et l'autre un renseignement d'origine, sont à remarquer sous ce rapport. Celles concernant Joseph de Guigné,

Jacques Aubert et Athanase Touchard, « *l'homme de vertu* », sont aussi très honorables, mais trop longues — nous le regrettons — pour être insérées dans ce travail. Nous transcrirons seulement les articles Legras et Cauzan, où l'on trouve — avec quelques autres particularités — le premier instituteur et la première institutrice *laïques* à Bourbon.

Cependant, il est bon de prévenir que Legras ne spéculait pas uniquement sur la petite science qu'il avait pu acquérir. Cet industrieux colon, profitant d'une mode alors venue à Mascareigne — celle de ne plus marcher nu-pieds — confectionnait d'excellentes chaussures à ses compatriotes. Comment s'y prenait-il pour gagner sa vie à ce métier-là, tout en ne faisant rien débourser à la plupart de ceux qui avaient recours à son industrie ? Très ingénieusement. Lisez plutôt :

« Nicolas Le Gras est un Parisien âgé de 38 ans (en 1710), c'est un cordonnier qui a sa femme à Paris. Il estoit dans les troupes à Pondichéry. M. Boüynot l'amena, sur la frégate le *Saint-Louis*, à l'isle Bourbon, où il gagne tout ce qu'il veut. Il vend les souliers ordinairement deux écus la paire. L'usage en est très bon. Pour que les cuirs ne luy coûtent rien, il s'accomode avec certains habitans, comme Étienne Hoareau et d'autres, qui se donnent la peine de repasser des peaux. Il prend du cuir pour deux paires de souliers, et en rend une de faite, et l'autre est à son profit. Il ne luy en coûte rien pour vivre. Il loge et est noury chez Gilles Dennemont, aux enfants duquel il montre à lire, sans que cela le détourne de son ouvrage. *Il montre même à quelques autres enfants, moyennant un écu par mois.* Il est seur que cet homme fera sa fortune, car il est fort ménager et sage. Il a eu même de bonnes éducations. Il sçait le latin et a bien de bonnes qualités. Ce qui le fera réussir, *c'est qu'aujourd'huy presque tous les créoles se piquent de se chausser, ils appellent cela se mettre à la françoise.* »

Ces dernières lignes rappellent un passage de la relation publiée en 1715 par Laroque, où ce voyageur raconte, qu'étant à Saint-Paul de Bourbon le jour de Noël 1709..., mais laissons-le parler lui-même :

« Le jour de Noël, dit-il, nous assistâmes à une grand'messe où il y avait assez de peuple, et nous y vîmes des femmes aussi blanches et d'un teint aussi frais qu'en France. Elles portent de petits corsages et des jupes légères. Elles sont coiffées à la françoise. Les plus riches ont de la dentelle et *la plupart vont pieds nus*. Les hommes et les femmes sont tout à fait gracieux et obligeants, jusqu'à vous arrêter quand on passe devant leurs maisons pour vous inviter d'y entrer et de vous rafraîchir. »

Ce charmant tableau et cet aimable trait de mœurs de la vie créole reposent un peu des diatribes de Boucher. Il est vrai que de temps à autre il met une sourdine à ses commérages pour nous intéresser sans maussaderie. L'article relatif au ménage Cauzan en est un second exemple :

« François Cauzan est un créole mulâtre, âgé de 38 ans (en 1710), honnête homme, sage comme un Caton, point buveur, ny joueur, fort obéissant et rendant service à qui il peut, bien attaché à la conduite de son ménage et à la culture de ses terres. Il a eu de très bonnes éducations. Il sçait lire et écrire et est très bon charpentier. Il a pour épouse Louise Payet, créole mulâtresse, qui est, sans contredit, l'exemple de toutes les femmes de l'isle, et à laquelle on ne peut attribuer pour tout deffaut qu'un peu de vanité. D'ailleurs bonne ménagère, très sage, la meilleure lingère de toute l'isle, et qui n'ayant point d'enfants a pris gratuitement sept à huit filles de ses parents ou de ses amis, auxquelles elle apprend la lingerie, et qu'elle élève avec toute l'éducation possible. Aussy ces filles sont-elles plus sages et mieux instruites qu'aucunes de l'isle. »

D'autres citations extraites du second mémoire d'Antoine Boucher ne pourraient présenter qu'un intérêt particulier dont nous ne voulons pas user.

Pour nous consoler de ne pouvoir tirer davantage d'un écrit verbeux, qui ne compte pas moins de 221 pages, nous allons transcrire ici, comme unique de son espèce, une liste des habitants de Bourbon, dressée en 1711. Son avantage réel est d'indiquer l'époque de l'arrivée dans l'île des chefs de famille encore existants.

Un autre enseignement, d'ailleurs d'un sens plus élevé, résulte pour nous de cette pièce inédite : c'est que l'existence et la prospérité d'une colonie ne sont pas incompatibles avec un tel mélange d'habitants, et que l'esprit patriotique suffit pour donner de la cohésion à des éléments si divers de population fortuitement réunis. On peut être assuré que nos colonies nouvelles, qui se trouvent dans une situation analogue, feront honneur à notre pays sous l'empire de la même influence.

Voici le document annoncé :

1711. — *Quartier Saint-Paul.*

Jacques Béda, Hollandais, depuis 24 ans dans l'île. — Edouard Robert, Anglais, depuis 1704 dans l'île. — André Raux, de Saintes, id. — Simon Devau, de Picardie, depuis 1702 dans l'île. — Pierre Noël, de Saint-Christophe (Antilles), id. — François Ricquebourg, d'Amiens (Picardie), du débris de Madagascar. — André Chaman, de Saint-Malo, depuis 1702 dans l'île. — Pierre Gonneau, du Nivernais, depuis 1689 dans l'île. — Thomas Elguert, Anglais, depuis 1704 dans l'île. — Georges Noël, de Londres, id. — Pierre Hibon, de Calais, du débris de Madagascar. — Jean Gruchet, de Lizieux, depuis 1689 dans l'île. — Pierre Parny, Bourguignon, depuis 1698 dans l'île. — La veuve de François Mussart, du débris de Madagascar. — Estienne Le Baillif, de l'Anjou, depuis 1695 dans l'île. — Pierre Le Bon, de Rennes, depuis 1708 dans l'île. — Louis Caron, de Caudan (Bretagne), du temps de M. de Lahaye. — François Boucher, de Tours, depuis 1695 dans l'île. — Claude Ruelle, de Bourgogne. — Athanase Touchart, d'Issy, près Paris, du débris de Madagascar. — Guy-Royer, de Paris, du temps de M. de Lahaye. — Jacques Aubert, d'Angers, depuis 1689 dans l'île. — Jacques Léger, de Rouen, paroisse Saint-Vigor, depuis 1699 dans l'île. — Pierre Folio, de Tours, id. — Eustache Le Roy, de l'île Sainte-Croix (Antilles), depuis 1702 dans l'île. — Manuel Texer de Motte, des Indes, depuis 30 ans dans l'île. — Jacques Lauret père, dit *Saint-Honoré*, de Nevers, du temps de M. de Lahaye. — La veuve de Lezin-Rouillard, de Lyon, du débris de Madagascar. — Antoine Cadet, de Brie, du temps de M. de Lahaye.

Quartier Saint-Denis.

Joseph de Guigné, dit *la Cerisée*, de Saumur, depuis 1704 dans l'île. — Pierre Prado, d'Oléron, id. — Louis Rousseau, de Saintonge, depuis 1707 dans l'île. — Augustin Panon, de Toulon, depuis 1689 dans l'île. — Jean-Pierre, Hollandais, depuis 24 ans dans l'île. — Robert Tarby, Anglais, depuis 1704 dans l'île. — Jean Jenson, Hollandais, id. — Gilles Guguain, de Saint-Malo, depuis 26 ans dans l'île. — Patrix Droman, Écossais, depuis 1704 dans l'île. — Guy Dumesnil, Flamand, id. — Jacques Maillot, dit *Labrière*, de Normandie, depuis 35 ans dans l'île. — Jacques Huet, de Normandie, depuis 1695 dans l'île. — Jacques Boyer, de la Rochelle, depuis 1704 dans l'île. — Henry Gilbert Vilman, Hollandais, depuis 24 ans dans l'île. — Pierre Martin, de Gascogne, du débris de Madagascar. — Noël Tessier, Breton, id. — Victor Riverain, de Tours, depuis 1695 dans l'île. — Yvon Le Bègue, de Bretagne, depuis 1708 dans l'île. — Julien Dailleau, du Mans, depuis 30 ans dans l'île.

Quartier de Sainte-Suzanne.

Georges Damour, de Pantin, depuis 25 ans dans l'île. — Jacques Nas, d'Angoulême, depuis 1702 dans l'île. — Samson Lebeau, de Tours, du débris de Madagascar. — Denis Turpin, de Saint-Martin de Ré, depuis 1702 dans l'île. — Joseph Dango, depuis 1679 dans l'île. — Jacques Picard, des Sables-d'Olonne, depuis 1695 dans l'île. — Jean Jullien, du Dauphiné, depuis 1679 dans l'île. — François Duhamel, de Normandie, près Coutances, depuis 1677 dans l'île. — Jacques Delatre, Flamand, depuis 1704 dans l'île. — Pierre Perrot, du Croisic, depuis 1674 dans l'île.

Il est à propos de faire observer que les renseignements contenus dans cette liste ne sont pas tous d'une exactitude rigoureuse.

Notamment, les mots « *du débris de Madagascar* » ne doivent pas être pris à la lettre. Ils auraient dû s'appliquer seulement aux habitants transportés à Bourbon après la catastrophe de Fort-Dauphin en 1674.

Par extension, les anciens colons ayant fait partie des expéditions de la Compagnie des Indes orientales aux îles indo-africaines, furent, pour l'auteur de la liste, « *du débris de Madagascar* ».

On rencontre souvent cette expression dans le second mémoire d'Antoine Boucher, ce qui prouve que ses sources d'information n'étaient pas d'une sûreté parfaite.

L.

Jusqu'au mois de mars 1711 six élus, délégués par les habitants, formaient une sorte de *conseil privé* auprès du gouverneur ou du commandant, pour réglementer les affaires d'intérêt local. François Ricquebourg avait été le premier greffier de ce conseil.

A cette date survint, comme on sait déjà, un édit de Louis XIV établissant le *conseil provincial* à Bourbon, par analogie avec les conseils provinciaux institués en France dans quelques provinces récemment conquises, pour adoucir, dans l'esprit des populations, l'effet de leur passage à un nouvel état de choses.

D'après l'édit, ce conseil devait être composé du gouverneur, de MM. les prêtres et curés, et de trois conseillers choisis parmi les habitants les plus capables. Les jugements, pour être valables, devaient être prononcés par cinq juges pour les procès civils et sept pour les procès criminels, « toujours en nombre impair », dit l'édit.

Le conseil provincial, créé purement judiciaire, devint, par une singularité qu'il n'est pas inutile de faire remarquer, presque exclusivement administratif. Ce ne fut pas un mal, car les nombreux règlements qu'il édicta étaient empreints d'une certaine sagesse, tandis que les rares jugements qu'il rendit trahissaient une inexpérience déplorable, à moins que l'esprit de facétie n'ait voulu se donner parfois carrière dans la rédaction de ces jugements. Nous en avons découvert un spécimen tellement curieux qu'il est impossible de ne pas le faire connaître.

Voir le nom de M. Parat au bas de cette « délibération » fait penser à l'ignorance absolue dont Antoine Boucher n'a pas craint d'accuser cet ancien gouverneur dans son premier mémoire.

Nous transcrivons, sans y rien changer, l'étonnant libellé de ce jugement *criminel* :

17 juin 1713.

« De par le Roy et MM. les directeurs de la Compagnie royalle des Indes orientalles de France dans lisle de Bourbon.

« Délibération faite par le Conseil assemblé par ordre de M. le Gouverneur cejourd'huy dix-sept juin mil sept cent treize avant midy,

« Le Conseil assemblé, ayant examiné le procès fait contre les nommés Jacques Maillot et Antoine Maillot, fils de Pierre Maillot, et remarqué qu'il *étoit probable* que le cochon qu'ils avoient aporté de la chasse apartenoit aux habitans, de plus veu la confrontation qu'ils se coupent entre eux; et ne pouvant entièrement découvrir la véritté du faict *sans apliquer les dits acquzés à la question*, nous avons, *sur la semy-preuve*, condamné le dit sieur Jacques Maillot, fils de Pierre Maillot, *à estre mis sur le cheval de bois, tenant en main un petit cochon*, en présance des habitans assemblés pendant lespace d'une heure, et Antoine Maillot son frère, d'assister ledit Jacques Maillot au cheval, et de demeurer le temps que Jacques Maillot sera dessus, étant d'une grande conséquance que ces sortes de crimes soyent punis. Fait à Saint-Denis, dans la Chambre du Conseil, lesdits jour et an que dessus, et ont signé à l'original Parat, Justamond, Simon Devaux, Jacques Beda, Guy Dumesnil, Georges Noël, Joseph de Guigné, greffier de lisle de Bourbon[1]. »

A n'en pas douter, ceux qui nient le progrès peuvent encore trouver matière à réflexion dans ce jugement. Ces deux gamins, l'un de dix-sept ans, l'autre de quinze, que l'on regrette de ne pouvoir soumettre à la torture pour leur faire avouer le vol problématique d'un petit cochon; ces pauvres enfants, condamnés sur *semy-preuve* à subir une peine il est vrai grotesque, mais considérée alors à Bourbon comme infamante, nous offrent un exemple comique des abus

---

[1] *Archives coloniales*, 1709-1714. Bourbon, Greffes, G², 40⁴

du bon vieux temps... Et quel rôle M. Parat fit jouer en cette affaire à l'innocent animal poussant des cris aigus, il est à croire, dans les bras du patient qui ne devait pas le lâcher. Ce spectacle, donné à Saint-Denis le 17 juin 1713, dut bien amuser les bourbonnais, s'il ne les indigna pas. Heureusement, pour l'honneur du conseil provincial, cet arrêt-là n'a pas fait jurisprudence. M. Parat emporta bientôt avec lui le secret de cette naïve étrangeté dans l'administration de la justice.

LI.

Toutes les critiques dirigées par Boucher contre M. Parat, dans son fameux « discours » à la Compagnie des Indes, n'empêchèrent pas M. de Pontchartrain, alors Ministre de la marine, qui les avait lues, de conserver ce gouverneur à son poste. Inférer de là que les « réflexions » de l'ancien garde-magasin n'avaient produit aucun effet à Paris, serait exagéré. On ne peut même en induire que l'indifférence de la Compagnie pour Mascareigne n'avait pas changé. Le « mémoire instructif » signé par les directeurs, le 17 février 1711, — ce mémoire dont Boucher dit, avec quelque prévision, « qu'il restera au crocq, » — montre que l'administration centrale de la Compagnie cherchait à prendre intérêt à la colonie de Bourbon. Elle avait même eu la prétention de déployer dans son œuvre une certaine science quasi-universelle.

La religion, la morale, la justice, la politique, la botanique, la zoologie, la minéralogie, la chimie, la médecine, — suivies du commerce qui paraît être le berger de ce docte troupeau, — défilent le long des cent pages du « mémoire instructif, » étonnées d'ailleurs de se trouver en si nombreuse société dans un document de ce genre. En d'autres termes, le grave conseil de la Compagnie n'avait pas craint de toucher à tout, par des considérations souvent très vagues, pour arriver à expliquer que le commerce doit être le but principal de l'établissement d'une colonie.

Le meilleur moyen de prouver que la simplicité de la conception et la clarté du style faisaient défaut dans ce mémoire qui, malgré cela, ne manque pas d'une certaine importance, c'est de donner un échantillon de la manière dont il est écrit :

« On commence par ce qui devroit finir ce mémoire. Mais l'homme étant l'esclave de la cupidité de son cœur, on croit le devoir satisfaire en luy marquant ce qui peut le rassasier pour le conduire plus agréablement par la suite à des devoirs plus essentiels et dont la nécessité est aussi indispensable qu'elle est urgente. »

Il y a dix passages de la même plume qu'il serait fastidieux de reproduire. Mais le suivant est trop précieux pour être négligé. MM. les directeurs ont voulu définir le commerce :

« C'est-à-dire acheter à bas prix et vendre cher ou donner pour plus de valeur qu'on ne reçoit, afin de s'approprier ce qui revient sur ce qu'on livre d'excédent à la valeur de ce qu'on reçoit, parce que ne connoissant pas le terme qui finira tous les besoins, on désire sans cesse d'amasser de quoy se les procurer. Cette incertitude, l'attachement à ce qui est temporel, l'égarement continuel de l'imagination agitée par l'orgueil, la crainte de la dizette, l'horreur de la pauvreté, l'insensibilité pour tout ce qui est supérieur aux sens, tout cela plonge le cœur dans une mer de désirs, dont la diversité le rendant vide devient le ressort de ses mouvements. »

« Et voilà justement ce qui fait que votre fille est muette, » ajouterait Molière.

Qui pourrait penser que la grande Compagnie des Indes avait à sa tête des hommes capables de produire un tel galimatias !

Donc, si les instructions envoyées à M. Parat témoignaient d'une louable sollicitude, il y avait bien à dire sur la forme, la longueur et l'incohérence de ce travail, le premier de l'espèce émané de la Compagnie, relativement à Bourbon.

Les manuscrits compacts de Feuilley et de Boucher avaient d'abord été considérés pour l'ensemble. Une charpente hétéroclyte était sortie de cette double consultation. Puis chacun de MM. les directeurs avait apporté sa pierre à ce mauvais édifice, dont les raccords sont visibles en renvois marginaux sur la minute classée aux archives à côté de la copie.

Le mémoire débute par des hypothèses sur la manière dont l'île avait pu se former — roc, terre ou sable — immédiatement suivies de cette conclusion en quelque sorte hybride : « On ne doit pas être surpris si l'isle de Bourbon ne paroît qu'un roc divisé par des somitez qui représentent plusieurs rochers, lesquels dans leur base sont unis et contigus. Toute la question consiste à sçavoir si cette isle peut être rendue utile aux habitants et à l'État qui les protège. » On trouve ensuite la topographie de Bourbon, développée avec un luxe de détails parfaitement superflus, puisque M. Parat était installé à Saint-Denis depuis plus de six mois, et que le premier habitant venu avait dû le renseigner à loisir.

Cette partie de la leçon achevée, — comprenant le quart environ du mémoire, — les animaux et les végétaux viennent s'y disputer la place avec les principes de religion et de gouvernement.

Des vues sur la police concernant les bestiaux, les chiens, les chats et les rongeurs malfaisants sont à peine séparées de ces graves matières. M. Parat n'eut pas seulement sous la main un guide moral du voyageur dans Bourbon, le « mémoire instructif » l'avait gratifié d'un cours d'histoire naturelle approprié à l'ignorance qu'on lui supposait.

La Compagnie d'ailleurs ne lui avait fait grâce d'aucune naïveté. Une page entière est consacrée à lui apprendre, « pour la curiosité, » qu'un naturaliste du Languedoc est parvenu à faire confectionner une paire de gants et une paire de bas avec des fils tissés de certaines araignées, et qu'un agent de la Compagnie, revenu de Bourbon dans ces derniers temps, avait déclaré avoir rencontré en cette île des araignées absolument semblables.

Mais voilà qui est plus fort : une longue notice — à prétentions hydrographiques — sur l'île imaginaire de Joan de Lisboa « que M. Parat devra chercher », à cent lieues environ de Bourbon, avait été insérée dans la dernière partie du « mémoire instructif, » laquelle contenait aussi un article intitulé *Débauche* et terminé par une exhortation comminatoire glissée audit M. Parat, d'avoir à donner, par une conduite désormais irréprochable, le bon exemple aux habitants.

« Il sait, dit l'article, combien l'homme a de penchant à imiter son supérieur dans le dérèglement des mœurs. »

Enfin, MM. les directeurs, avant de clore leur homélie, vraiment par trop mélangée, avaient offert au nouveau gouverneur, comme pour le laisser sur une plus douce impression, — que le lecteur va pouvoir partager, — un singulier remède contre la piqûre d'une bête venimeuse particulière au « Levant. »

« L'on finit ce mémoire en indiquant le remède qui réussit dans tout le Levant contre la piqueure de la sarde venimeuse (?).

« Quand on est piqué, il faut seurement lier la partie au dessus de la piqueure; faire bouillir environ un seau d'eau douce dans un pot de terre. Quand l'eau boüe, il faut la renverser dans une chaudière de cuivre et le pot de terre sur l'eau, le cul du pot en haut, sur lequel il faut appliquer landroit où est la piqueure sans crainte de ce bruller. L'eau monte en haut du pot. Quand le venin est sorty, l'eau retombe tout à coup. Pour lors il faut oster la ligatture, et il n'y a plus rien à craindre. Ce remède est d'expérience. On laisse aux savans à découvrir la cause d'un tel effet [1]. »

Cette conclusion empirique, quelque rassurante et intéressante qu'elle puisse paraître, ne peut nous empêcher d'exprimer ici l'avis que le volumineux document transmis à M. Parat ne dut pas lui apporter un régal littéraire. La forme de la rédaction est si loin de répondre au fond, plein d'excellentes intentions, que l'on s'explique sans peine le « restera au crocq » de Boucher, et, pour tout dire, l'ennui du destinataire en feuilletant ces pages indigestes, au bout desquelles neuf directeurs de la Compagnie des Indes, en conseil, avaient apposé leurs signatures.

Que M. Parat ait seulement pris la peine de relire ces instructions après les avoir parcourues, c'est ce que, d'après sa conduite ultérieure, on ne saurait affirmer. Ainsi, entre cent autres recommandations, la Compagnie lui prescrivait de changer les noms locaux appliqués à différents endroits saillants de la circonférence de l'île, qui devaient porter des appellations prises dans la famille royale. La pointe des Aigrettes devenait *pointe de Bourgogne*; celle des Grands-Bois, *pointe d'Orléans*; celle du Baril, *pointe de Chartres*, etc. Cet ordre resta lettre morte pour M. Parat, qui ne sembla pas l'avoir connu. Bourbon a dû l'avantage de conserver sa nomenclature primitive à l'extrême insouciance de ce gouverneur.

Cependant on ne peut nier que, sous M. Parat, la colonie n'ait fait un pas dans la bonne voie. Poussée par la force naturelle du progrès, plus encore par l'augmentation de sa population, elle s'améliorait d'elle-même. Certes elle serait encore retardée dans sa marche avant d'arriver à une production commerciale quelconque. Mais on entrevoyait le moment où elle serait en mesure de profiter de quelque cir-

---

[1] Pour expliquer la partie sérieuse de ce remède, il faut supposer que le vase renversé est de terre poreuse. La condensation de la vapeur dans le fond de ce vase y fait le vide et produit, sur l'endroit piqué, une aspiration analogue à l'effet d'une ventouse.

constance favorable pour prendre l'essor. Le va-et-vient de navires et d'équipages qui maintenant animait les quartiers habités, d'une manière presque régulière; le timide mouvement d'échanges qui se dessinait dans les deux rades de Bourbon, étaient comme l'aurore d'une prospérité nouvelle.

Nous avons par exemple la preuve que des colons industrieux, amenés par une certaine confiance dans l'avenir à ne plus cacher leur trésor, n'avaient pas craint d'entreprendre une modeste opération financière. Le 30 juillet 1711, Jacques Aubert, Pierre Hibon, François Cauzan, Simon Gruchet, Gilles Dennemont, Marie Touchart veuve Grimaud, François Ricquebourg, veuve Gilles Launay, André Rault, Pierre Gonneau et Jacques Béda, tous habitants de Saint-Paul, s'étaient cotisés pour prêter, à raison de 10 p. 100 l'an, 3,355 piastres, aux capitaines ci-après nommés, somme nécessaire aux « rafraîchissements » de leurs navires alors en relâche à Bourbon. C'étaient : MM. Claude Raoul, capitaine du *Maurepas;* Joseph Dudemaine, du *Lys-Brillac;* Pierre de la Vigne-Buisson, commandant le *François-Dargouges*, et Bernard de Beaulieu-Tréhouard, capitaine de l'*Auguste*, tous de Saint-Malo, agissant au nom de leurs armateurs qui avaient fondé la Société maritime de Saint-Malo dont nous allons parler.

Ces 3,355 piastres furent remboursées l'année suivante aux prêteurs, y compris l'intérêt stipulé dans l'acte dont copie se trouve aux Archives coloniales.

Ce fait démontre que la liberté des transactions laissée aux habitants de Mascareigne pouvait produire de bons résultats.

Mais la Compagnie, souvent mal conseillée, gâtait, par des mesures restrictives, l'effet de certaines dispositions qui, à la rigueur, auraient pu être considérées comme passagèrement utiles. Dans une ordonnance rendue par les directeurs, le 20 novembre 1712, pour fixer le prix des denrées de l'île, on remarque cet article :

« Nous défendons aux habitants, sous peine de cinquante écus d'amende, de vendre ou donner *aucune volaille*, à moins d'un billet exprès de notre main, ou de M. Aubert, capitaine du quartier, *ni même d'en manger*, vu la grande nécessité où se trouvent les navires qui sont en rade. »

Obliger les habitants à se cacher pour faire rôtir un poulet à la broche, ou mettre une poule au pot, était vexatoire. Recommander et encourager la reproduction des volailles eût été suffisant.

Dans le même temps, le 27 février 1713, une déclaration du roi émut bien davantage les colons. Il fut enjoint à ceux qui avaient des titres de concession de les rapporter, afin que le conseil provincial en délivrât de nouveaux. C'était une attribution de plus pour ce conseil qui, du reste, n'en profita guère. La vérité est que l'on sentait la nécessité de reviser — de réduire surtout — ces titres délivrés jadis à tort et à travers, sans tenir compte des espaces énormes de terrains concédés sur de vagues abornements. Le conseil, ne se souciant pas de prendre la responsabilité de cette revision, parce que plusieurs de ses membres étaient intéressés à ne pas s'y prêter, se contenta de faire enregistrer les titres rapportés. C'est à l'exécution de cette mesure conservatoire que l'on doit de posséder, aux Archives coloniales, copie certifiée de ces anciens actes, de 1674 à 1713.

Quant à la revision, plusieurs fois tentée, reconnue très difficile, sinon impraticable, elle fut renvoyée aux calendes grecques. La culture du caféier, à ses commencements, remit cette question brûlante sur le tapis du Conseil provincial où nous la retrouverons de nouveau sans solution possible. Le sentiment de la propriété est tellement vivace dans le cœur humain, qu'il a toujours rendu inadmissible, pour le donataire, la seule idée de restituer purement et simplement tout ou partie de ce qu'il a reçu *sans réserve;* et c'était là le cas des premières concessions territoriales faites aux habitants de Mascareigne. La seule condition imposée aux concessionnaires à cette époque était de payer annuellement, à la Compagnie, un certain cens en nature [1]. On avait négligé d'insérer dans les contrats cette clause: que la concession de tout terrain qui resterait inculte deviendrait caduque au bout d'un certain temps. Ce que ce manque de prévision coûta d'ennuis à la Compagnie, et plus tard à l'administration coloniale, ne se peut imaginer.

Le temps seul put débrouiller cet écheveau des concessions territoriales, emmêlé de bras de ravines capricieuses, de limites courbes sans fin, servant de jeu en quelque sorte à la tenace volonté des propriétaires fonciers.

---

[1] Blé, riz, volailles, cochons, cabris et cire.

LII.

Dans les différents essais historiques sur les commencements de Mascareigne, on trouve quelques indications — toujours les mêmes — sur l'introduction du vrai caféier à Bourbon, et la découverte simultanée de l'arbre indigène produisant un fruit de même nature. Mais personne n'a parlé de l'origine de cette introduction.

On a cru généralement que la Compagnie des Indes orientales avait introduit à Bourbon le caféier de Moka. Nous voyons plusieurs écrits où elle se vante d'avoir procuré cet avantage à la jeune colonie. Deux mémoires remarquables, et parfaitement inédits, au milieu d'autres documents de la même époque, vont nous servir à montrer que rien n'est moins exact.

Le premier, daté de Saint-Malo, 15 décembre 1715[1], est adressé à « Son Altesse sérénissime Monseigneur le comte de Toulouse », amiral de France. Il émane d'armateurs de Saint-Malo, fondateurs d'une Société de commerce maritime qui suppléa, pour ainsi dire, la Compagnie des Indes orientales à son déclin. Cette Société commença ses opérations dans les circonstances que nous allons résumer.

La Compagnie des Indes orientales fut établie, comme on sait, en 1664, avec la faculté « de naviguer et négocier seule à l'exclusion de tous les autres sujets du roy, depuis le cap de Bonne-Espérance jusque dans toutes les Indes et mers orientales, pour le temps de cinquante années consécutives. »

Cette exclusion absolue eût été supportable si la Compagnie, protégée par le roi, par la cour, par les ministres, par tous les grands du royaume enfin, eût réalisé les espérances qu'elle avait semées dans les esprits de tous ceux qui l'avaient soutenue de leur influence et de leur argent. Mais pendant les 50 années de son exercice, non seulement elle avait fait perdre à ses actionnaires le capital versé par eux, mais elle avait contracté en France des emprunts très considérables, et fait aux Indes plus de 4 millions de dettes. Cette situation l'avait mise hors d'état de continuer son commerce par elle-même. Elle s'était vue forcée, dès l'année 1707, de communiquer son privilège à ceux qui pourraient et voudraient s'en charger.

---

[1] *Archives coloniales.* Inde. C² 14, p. 206.

Elle fit part de ses propositions, notamment aux armateurs de Saint-Malo dont nous avons parlé. Ceux-ci, gens d'expérience, ne se payant pas d'illusions, ayant d'ailleurs surtout en vue la traite du café de Moka, à laquelle la Compagnie des Indes n'avait pas encore songé, préférèrent recourir à « des permissions particulières pour faire épreuve de ce commerce » que se substituer à la Compagnie en prenant généralement la suite de ses affaires.

La première permission leur fut accordée, à la fin de 1707, pour la modique somme de 7,000 livres, une fois payée, « d'autant que cette navigation et ce commerce luy étoient inconnus (à la Compagnie) et qu'elle étoit persuadée que *Messieurs de Saint-Malo* (comme elle les appelait avec un certain dédain), ne réussiroient pas dans leur entreprise. »

Ils réussirent cependant, et la charge qu'ils avaient assumée, ou plutôt l'avantage qu'ils avaient obtenu de faire la course, c'est-à-dire de courir sus aux bâtiments de commerce des nations alors en guerre avec la France, leur produisit des bénéfices immenses.

Dès le commencement de 1709, deux de leurs vaisseaux étaient admis à Moka, par le roi du pays, à faire la traite des cafés. « Messieurs de Saint-Malo », sachant déjà à quoi s'en tenir sur le résultat de leur premier armement, n'avaient pas craint de signer, en 1708, un second traité pour l'envoi de deux autres vaisseaux, et, en avril 1709, un troisième traité pour le départ de quatre navires armés « en guerre et marchandises. »

Nous avons vu ces derniers faire escale à Bourbon en 1711.

Enfin ces hardis armateurs pouvaient écrire en 1715 : « Tous ces vaisseaux sont heureusement revenus dans les ports du royaume, — 1710-1711-1712, — ayant réussy dans la course par les prises qu'ils ont faites sur les Anglois et les Hollandois, nommées : l'*Esquivick*, le *Nouveau-Georges*, le *François-Xavier*, le *Beau-Parterre* (d'Amsterdam), l'*Oxfort*, la *Duchesse*, etc., tous de 30 à 60 canons. »

Mais la Compagnie des Indes, au lieu de ménager le prix de ses permissions « en faveur de la nouvelle découverte » (la traite du café de Moka « *l'unique bon* »), rançonna tant qu'elle put les négociants de Saint-Malo, à ce point qu'elle en tira, de 1709 à 1715, plus de deux millions quatre cent mille livres, qui lui permirent de payer une grande partie de ses dettes en France, et la mirent en situation de pouvoir demander au roi la prorogation de son privilège qui expirait le dernier mars 1715.

La conclusion du mémoire de « Messieurs de Saint-Malo » est qu'ils sollicitaient l'intervention royale pour obtenir quelques adoucissements aux exigences léonines de la Compagnie, qui, abusant de son droit strict, s'exposait à jouer à leur égard le rôle de l'avare tuant la poule aux œufs d'or.

La conclusion pour nous est que l'origine de la traite du café à Moka ne doit rien à la Compagnie des Indes de Lorient, et doit tout à la société maritime de négociants dont les noms, à la fin du règne de Louis XIV, étaient de grande notoriété sur le rocher d'Aaron.

Les voici, d'après la lettre d'envoi de leur mémoire, datée du 22 décembre 1715, et portant leurs signatures autographes :

Beauvais-Lefer, De Fougeray-Noüail, Jean Gaubert, Duval-Baude, Lasaudre-Lefer, Du Colombier-Gris, De Lalande-Magon, De Carman Éon, Magon de la Balue.

Certes avoir obtenu, pour des vaisseaux français, de faire la traite du vrai café « l'unique bon », était un très grand avantage. On aurait maintenant ce café de première main. Ce que « Messieurs de Saint-Malo » n'avaient pas osé demander, jusqu'à 1712, c'était la permission d'emporter des plants de caféier de Moka, en vue d'acclimater l'espèce dans nos possessions indo-africaines.

Le roi d'Yémen en donna lui-même l'idée et indiqua « l'isle Mascarin » comme propre à la culture du café.

C'est ce que nous voyons dans le second mémoire annoncé en même temps que celui dont nous venons de profiter. Avant d'en transcrire les lignes les plus intéressantes, curieuses à plus d'un titre, il faut dire que M. Lagrelodière, ancien aide-major à Pondichéry, qui en est l'auteur, fut chargé de sa mission dans les circonstances ci-dessus relatées. Cet officier de santé avait l'usage de la langue arabe, avantage qui dut le mettre à même de se rendre plus utile que tout autre à l'expédition des vaisseaux de Saint-Malo, venus à Pondichéry avant d'entrer dans la mer Rouge. Il prit passage sur le *Beau-Parterre*, l'un des navires hollandais capturés par la flottille malouine.

« 30 août 1713. Arabie heureuse.

« Je soussigné, cy-devant ayde-major de la citadelle de Pondichéry, dans les Indes orientales, certifie que m'estant là embarqué sur le navire de Saint-Malo, nomé le *Beauparterre*, comandé par le sieur de la Manselière-Gravé, je suis arrivé au port de Moka dans la mer Rouge, d'où j'ay esté envoyé auprès du roy d'Yémen ou Arabie heureuse, pour y négocier la traite du café, auprès duquel j'ay séjourné quatre mois, toujours à sa suite à Moab, sa résidence, distant de cent vint lieues de Moka. Cest à moy qu'il a remis sa lettre pour le Roy.

« Ce prince m'a dit diverses fois qu'il desireroit avoir le portrait du Roy (je croy que représenté à cheval seroit le mieux); il voudroit bien aussi avoir les portraits des princes de la maison royale, et les plans des palais de Sa Majesté en élévation et en couleurs qu'on peut metre sur les estampes. »

Lagrelodière explique ici assez longuement que le roi d'Yémen se proposait d'envoyer à Louis XIV 500 balles de café, du poids de 300 livres chaque, ce qui devait faire, à 30 sous la livre, 225,000 livres.

Et il continue :

« Je suis surpris de ce qu'il m'a dit que lille de Mascarin, autrement de Bourbon, estant à mon maître, et à six semaines de la mer Rouge et de Moka, ses sujets ne venoient point plus souvent négocier dans son royaume. Et, lui ayant demendé coment il savoit que cette ille estoit à mon maître, c'est, me dit-il, qu'il est conu partout; c'est que les vaisseaux que j'envoye négocier à Anzuan [1], et dans tout le canal Mozambique, me raportent qu'il y est respecté, et qu'il a une colonie à Mascarin.

« Je croy que si le Roy vouloit faire un présent à ce prince, ce qui lui agréroit le plus, ce seroient deux robes de velours d'environ 4 pieds et demy de long, l'une rouge, l'autre bleue, brodées l'une en or, l'autre en argent, d'environ trois doits de large, sur deux pieds de long par le devant, et du colet en bas en fleurs de lis minces. Il les porteroit pour les faire voir aux étrangers.

« Si on veut faire un présent à sa première femme, qui tient les sceaux de l'État, on peut lui envoyer le portrait d'une dame de la Cour, peinte en grand et habillée à la dernière mode.

« Si on veut en faire un à Yaacsalem, premier ministre, on peut le composer de six miroirs de toilette, et de six portraits de dames habillées, avec des cadres de bois doré.

« Il ne faut pas envoyer des portraits originaux de prix. Des copies bien faites sufisent. La peinture n'est point en usage dans le royaume d'Yémen.

« Si on veut porter des plants des arbres (arbres de café, de myrhe, d'encens fin, etc.) et des graines de tout ce qui croit dans l'Arabie heureuse,

---

[1] Anjouan, l'une des Comores.

pour les cultiver dans lIle de Bourbon, le roy d'Yémen en fera doner avec plaisir tant qu'on voudra. Il sera ravi d'avoir un botaniste. M. Fagon [1] en donnera un capable.

« Fait à Paris le trantième août 1713.

« LAGRELODIÈRE. »

Il résulte de ce mémoire, remis au Ministre et sans doute écrit à l'instigation de « Messieurs de Saint-Malo », que le roi d'Yémen, s'intéressant désormais à la flore de son admirable pays jusqu'à désirer un botaniste, offrit libéralement le caféier de Moka et autres précieux végétaux « à la colonie de Mascarin. »

La lettre contenant cette proposition gracieuse adressée à Louis XIV avait été apportée à Saint-Malo sur le *Beau-Parterre*, navire, qui, par son nom, semblait prédestiné pour un tel voyage [2]. Cette lettre avait été accompagnée du présent d'un plant de caféier que le roi d'Yémen avait fait remettre à M. Legrelodière. Mais ce jeune arbre, retiré du sol arabique avec une quantité de terre insuffisante pour protéger et nourrir ses délicates racines, était mort durant la traversée, malgré les soins dont il avait été l'objet. Hâtons-nous d'ajouter que cet échec put être réparé. Des instructions furent données pour éviter qu'une perte semblable se renouvelât, le cas échéant.

Les dispositions si libérales du roi d'Yémen déterminèrent la société malouine à entreprendre immédiatement une nouvelle expédition pour la mer Rouge. Cette expédition était déjà en cours lorsque l'amiral de Toulouse reçut le mémoire de « Messieurs de Saint-Malo » où il est parlé incidemment « du caféier, du géroflier et du muscadier », qu'ils voulaient faire transplanter à Bourbon et à Maurice.

Nous avons vu, dans le chapitre précédent, que le navire l'*Auguste*, commandé en 1711 par M. de Beaulieu-Tréhouard, faisait partie de la flottille de Saint-Malo allant aux Indes avec permission de la Compagnie. Ce fut le même navire, commandé en 1715 par M. de la Boissière, qui rapporta de Moka les premiers plants de caféier déposés à Bourbon. L'*Auguste*, arrivé le 25 mai à Moka, où il était encore le

---

[1] Premier médecin de Louis XIV, le dernier en date (1638-1718).

[2] Le *Beau-Parterre* et la *Paix*, venant de Moka, arrivèrent à Saint-Malo le 2 juillet 1713. La Compagnie des Indes reçut le 5 juillet communication de la lettre du roi de Moka au roi de France. Cette promptitude montre quelle importance Louis XIV attachait à cette affaire.

29 juillet, parvint à Bourbon vers la fin de septembre. M. de la Boissière fit débarquer à Saint-Paul six caisses, ou plutôt six demi-barriques portant chacune un arbuste dont le seul aspect attira l'attention des habitants, aussitôt qu'ils l'entendirent nommer. Sa ressemblance avec une espèce similaire existant dans l'île était sinon parfaite du moins suffisante pour inviter à la comparaison. On fit des recherches et l'on ne tarda pas à reconnaître, à la joie commune, que Bourbon possédait le caféier à l'état sauvage. Il était à supposer que des plants du vrai caféier, « l'unique bon », s'y acclimateraient mieux que partout ailleurs.

Le conseil provincial se réunit le 11 novembre pour délibérer sur cette découverte, et il fut résolu que M. Parat lui-même serait chargé d'aller porter à Paris l'intéressante nouvelle, et proposer, de la part des conseillers, l'établissement d'un commerce de café entre Bourbon et la métropole.

Il va sans dire que M. Parat, charmé de retourner en France, — pour les raisons précédemment exposées par Boucher, — accepta la mission qui lui était confiée. Il partit sur l'*Auguste,* et, bien qu'il eût promis de revenir à Bourbon pour rendre compte aux habitants du résultat de ses démarches, la colonie ne revit plus M. Parat, ce qui ne lui causa ni surprise, ni regret. Il lui avait suffi d'apprendre indirectement que la communication faite par le gouverneur de Bourbon avait été favorablement accueillie. La question s'étudiait à Paris. Restait à attendre le sort des caféiers transplantés. Reprendraient-ils ? Donneraient-ils des fruits ? On était partagé entre la crainte et l'espérance. Nous saurons à quoi nous en tenir bientôt, c'est-à-dire dès que nous aurons fini avec M. Parat.

LIII.

Ce serait une erreur de penser que toute idée de colonisation à Madagascar était oubliée à la cour de France depuis la catastrophe de 1674. M. le comte de Pontchartrain avait demandé à M. Parat des renseignements sur l'état présent de cette possession irrévocablement française, dont le berceau nous avait coûté si cher.

Le Ministre voulait surtout avoir l'opinion du gouverneur de Bourbon sur ce que l'on pourrait entreprendre, avec quelques chances de réussite, en différents points de la grande île indo-africaine.

Nous n'avons pas eu besoin de chercher beaucoup pour savoir d'où venait l'inspiration. Jusqu'à la fin de sa vie, Louis XIV se préoccupa de Madagascar. C'était sa colonie de prédilection. Avait-il entrevu là quelqu'une de ces promesses de succès qui doivent se réaliser quand même dans l'avenir. On serait porté à le croire. Le roi-soleil était à ses derniers rayons et les brillants fantômes de ses anciens projets sur Madagascar venaient encore hanter l'esprit du monarque près de s'éteindre.

Pensait-il à se faire un beau coucher en ravivant autour de lui les splendeurs de l'Orient, pour nous alors bien éclipsées? La mort rapide lui enleva cette suprême illusion.

Mais nous pouvons nous figurer que chaque fois que nos vaisseaux de guerre ont serré de près les rivages malgaches, les mânes de Louis XIV ont dû tressaillir d'aise. Les désirs grandioses de sa politique auront-ils jamais satisfaction? Nous le souhaitons et nous espérons que le succès rêvé par l'ambitieux roi, il y a 220 ans, viendra couronner enfin les patriotiques efforts de notre légitime persistance.

Revenons à M. Parat. D'après des informations prises auprès de différents marins français qui avaient récemment visité quelques peuplades malgaches, le gouverneur de Bourbon se mit en mesure de répondre utilement aux questions du Ministre. Si le rapport qu'il adressa, le 19 septembre 1714, à M. de Pontchartrain concluait à ne rien faire « présentement », ce n'est pas que M. Parat désapprouvât l'idée de se rétablir à Madagascar. Au contraire, la réussite lui paraît assurée. « Mais il n'y auroit que sa Majesté, dit-il, qui pourroit entreprendre cette conqueste, à cause de la dépance qu'il faudroit faire dans les commencements. »

De cet écrit, dont, selon toute apparence, nous offrons la primeur, nous trouvons à détacher les lignes suivantes qui semblent présenter un véritable intérêt :

« Entre Samanatte et Tomalarine, il y a des peuples que l'on apelle les Balambo et les Dambouet qui sont gouvernés par des roys qui payent tribut à ceux de Samanatte et Thomalarine et aporte pour prézant deux pièces de soieries. On prétand qu'il y a quantité de soye dans les deux royaumes.

« Les Balambo sont blancs naturellement. Mais il y en a parmy eux (même le plus grand nombre) qui sont un peu bazanés. Ils sont bien faits de taille et de visage. Les cheveux fort longs et fort fins, vivant à l'*huropienne* (à l'européenne), mangeant dans des plats, ce servant de cullières, assiettes et couttaux, faisant cuire leur manger comme nous le faisons. Je nay pu sçavoir leur origine. La terre qu'ils habitent est fort fertile en rix, bœuf et moutons. Ils plantent de l'oignon, ail, choux et d'autres légumes; ce que les autres nations du païs ne font point. »

Nous avons souvent eu lieu de penser que les peuples malgaches possèdent dans les veines plus de sang français qu'on ne le croit généralement. Nos soldats, nos colons, nos marins, nos forbans même ont certainement laissé, dans leur séjour ou à leur passage sur les côtes de l'île, des souvenirs vivants dont les descendants ont pullulé. Il y a eu à certaines époques trop d'impulsion vers nous, à d'autres trop de sentiments contraires, pour que ces alternatives n'indiquent pas de mystérieuses affinités tantôt acceptées, tantôt combattues.

Quoi qu'il en soit, il est vraisemblable que M. Parat s'était trouvé en présence d'une colonie française anciennement oubliée. Un autre que lui eût pénétré ce mystère et fût parvenu à connaître la provenance de ces beaux hommes blancs, aux cheveux longs et fins, vivant à « l'européenne ». La patience lui a manqué, il ne l'a pas fait. Excusons-le en faveur de l'indication donnée à ce sujet dans son rapport et en faveur aussi du bien qu'il dit plus loin de l'île Maurice, « que les Hollandois ont abandonnée », et qu'il offre comme fiche de consolation à la place de Madagascar.

Si M. Parat s'était donné la peine d'aller lui-même à Fort-Dauphin relever les renseignements que le comte de Pontchartrain l'avait chargé de prendre, l'idée lui fût sans doute venue d'enrichir son mémoire d'une description fidèle de l'état dans lequel se trouvait alors le chef-lieu de nos premières tentatives de colonisation à Madagascar, et nous lui devrions une relation instructive dont l'honneur revient à M. Sconhel, commissaire d'escadre, auteur du « Journal de navigation des vaisseaux du Roy, le *Mercure*, le *Jason* et la *Vénus*, commandés par M. Guymond du Coudray, allant aux Indes orientales, en 1713 et 1714 [1].

---

[1] La relation est datée de Pondichéry 4 juin 1714. M. Sconhel est mort en novembre 1714, pendant le voyage de retour.

Ces vaisseaux, partis de Cadix, le 20 juin 1713, passèrent en vue de Bourbon le 10 novembre et M. du Coudray, n'ayant pu joindre cette île à cause du mauvais temps, relâcha à Fort-Dauphin le 20 du même mois.

Il n'est pas inutile de dire, avant de détacher du journal précité l'extrait qui va suivre, que nous n'avons vu mentionnés nulle part les détails donnés par M. Sconhel au sujet de Fort-Dauphin. Les réflexions qui nous sont venues en découvrant ces lignes, à notre avis bien curieuses, viendront naturellement au lecteur.

« Le 20 novembre (1713) nous mouillâmes à Fort-Dauphin. Le roy nommé Dian-Morcif nous y reçut favorablement. Après luy avoir fait présent d'un baril de poudre qu'il avoit demendé, il fit bâtir en 24 heures des maisons pour mettre nos malades et tous ceux qui les servent. La traite fut d'abord réglée avec luy : sçavoir qu'on luy donneroit 4 mesures de poudre, qui contenoient 4 à 5 livres, les 4 mesures pour un bœuf de 4 à 500 livres pezant. La mesure d'un coup de fusil pour chaque poulle ou canard et le reste à proportion.

« Nostre hôpital estoit situé à une portée de fusil de l'entien Fort-Dauphin qui paroit quelque chose de la mer, les murailles estant presque en leur entier [1]. Il y reste encore quelques pièces de canon sans affûts couchés sur l'herbe et presque enterrez.

« L'on voit au haut de la porte un cadran — dont léguille [2] a esté arrachée — avec ces mots latins : *Sic tua vita fluit*, et à costé de ce cadran est inscrit : *Noble François Caron, Directeur général de la Compagnie des Indes orientales, anno 1667*, et de l'autre costé, à loposite, est pareillement escrit : *Noble Jacques de Faye, Directeur général de la Compagnie des Indes orientales, anno 1667 et 68.* »

Il était certainement à croire qu'après les événements de 1674, les indigènes de la province d'Anossi n'avaient pas laissé pierre sur pierre du fort reconstruit, six ans auparavant, par les soins de MM. les Directeurs généraux de la Compagnie des Indes orientales.

Rien n'était plus probable aussi, pour les équipages des navires français fréquentant ces parages, que ceux de leurs compatriotes qui commettraient l'imprudence de descendre à Fort-Dauphin y seraient fort mal reçus.

L'extrait qui précède montre l'inanité de ces conjectures. Les

---

[1] Voir à ce sujet ce que dit M. Leguével de Lacombe dans son *Voyage à Madagascar de 1823 à 1830*, publié en 1834.

[2] Anciennement on ne mettait qu'une aiguille aux horloges monumentales.

indigènes avaient respecté le fort qui restait debout comme un souvenir muet de notre prise de possession effective à Madagascar. Les canons encloués avant le départ du restant de la colonie sur le *Blanc-Pignon*, et jetés hors de leurs affûts par les derniers défenseurs du fort, dormaient « couchés sur l'herbe ».

Quant à la manière dont les Malgaches accueillirent les équipages des trois vaisseaux français, l'écrivain du *Jason*, M. Bailly, résume ainsi son impression :

« Le 20 novembre 1713, nous mouillâmes à Fort-Dauphin. On fut agréablement surpris de voir *avec quelle affabilité* les insulaires, qui estoient en grand nombre, nous reçurent. On ne l'eut jamais cru, ayant esté autrefois d'une grande cruauté à nostre égard lorsqu'il a fallu abandonner cette colonie. »

Ainsi toute la haine — (si haine il y avait eu) — provenant en 1674 de la jalousie des femmes malgaches, comme nous l'avons prouvé, était oubliée à Fort-Dauphin en 1713, et dès cette époque, il n'eût dépendu que de l'administration française de renouer d'étroites relations avec Madagascar.

Une dernière réflexion à l'occasion de l'extrait du Journal de M. Sconhel.

L'aiguille de l'horloge dont le fort était pourvu avait-elle été « arrachée » du cadran par ordre du commandant La Bretesche, pour indiquer aux vaisseaux français notre abandon de Fort-Dauphin ? ou bien, quelque loustic avait-il imaginé d'arrêter le temps comme Josué le Soleil, afin d'enlever aux indigènes un sûr moyen d'agir simultanément pour achever de détruire la colonie ? Les deux hypothèses sont plausibles. Mais, à ce propos, dût-on sourire de nous voir équilibrer une espérance sur une pointe d'aiguille, nous nous plaisons à croire qu'il n'est pas trop éloigné maintenant le jour où l'horloge de Fort-Dauphin, définitivement rétablie par la France, sonnera l'heure d'un pacifique triomphe.

LIV.

L'introduction de caféiers de Moka à l'île Bourbon n'a pas été l'unique service rendu à la colonisation française par la société maritime de Saint-Malo. Nous lui avons dû aussi les deux prises de possession de l'Ile de France. La Compagnie des Indes a tâché de lui enlever cet avantage. Elle n'y a pas réussi. Nous avons la preuve de son ineptie à cet égard. Voici ce que nous lisons dans son « mémoire instructif » envoyé en 1711 à M. Parât. Nous gardions cet extrait en réserve pour le bon moment.

« Pour l'isle Maurice, il n'y faut pas penser. Car quand les Hollandois l'abandonneroient et qu'on en prendroit possession, on n'en feroit rien, puisqu'ils n'en peuvent rien faire. Sa situation *avec son port* n'est pas plus avantageuse que celle de l'isle Bourbon, et dans la suite les Hollandois, par pure malice, en redemanderoient la propriété. »

Heureusement M. Parat était si peu au fait de son guide instructif que ce passage lui avait échappé, autrement lorsqu'en décembre 1712, il prévint M. de Pontchartrain que les Hollandais avaient abandonné Maurice, peut-être n'eût-il pas osé joindre à son avis cette réflexion : « Cette isle conviendroit fort à la Compagnie des Indes, y ayant *deux beaux ports* qui mettent les navires à l'abry de tous les vents. »

Et cet autre passage non moins intéressant, extrait de son mémoire de septembre 1714 :

« Sy il étoit possible que la Compagnie pût s'en emparer, lon y pourroit passer une partie des habitans de lisle de Bourbon, outre que ce seroit un avantage pour la dite Compagnie qui y pourroit faire des magasins, y ayant des ports fort commodes, et y avoir des vaisseaux qui iroient aux Indes charger des marchandises pour ceux qui viendroient de France, dont le voyage pourroit se faire en moins d'un an. La terre de l'isle Maurice est fort bonne. Il ny a que *les singes* qui incomodent. Mais à la longueur du temps, lon les écarteroit des habittations [1]. »

Mais déjà M. de Pontchartrain, avant la réception de ce mémoire, avait décidé le roi à prendre possession de Maurice.

Le 31 octobre 1714, il avait remis une lettre de Louis XIV à M. de la Boissière, commandant l'*Auguste*, qui partait pour la mer Rouge avec mission d'aller chercher des plants du caféier arabique, et devait y rejoindre M. Dufresne, capitaine du *Chasseur*, alors à Moka, ou du moins sur le point d'y parvenir.

---

[1] Ce dernier renseignement rappelle la transposition de lettre soupçonnée sur l'une des cartes primitives de l'archipel indo-africain : *l'isle des Signes* (*sic*), pour l'île des Singes. Il n'y a jamais eu de cygnes à Maurice, et les plus anciens navigateurs y ont trouvé des singes en quantités considérables.

Quelques jours après, le 7 novembre 1714, les directeurs de la Compagnie des Indes, ignorant probablement ces circonstances, rédigeaient des instructions adressées au capitaine qui serait chargé à la fois d'aller demander au roi de Moka des plants de caféier pour les transporter à Bourbon, et de prendre ensuite possession de Maurice. Ces instructions étaient accompagnées d'un modèle d'acte que le capitaine (en blanc) devait suivre pour constater la prise de possession. Et ce qui prouve que la Compagnie des Indes ne fut pour rien dans cette affaire, comme son intervention avait été nulle dans celle des plants de caféier destinés à Bourbon, c'est que le modèle d'acte qu'elle avait préparé *et signé*, lui resta pour compte. — ce que la mise en regard de l'acte réel établit sans conteste[1].

Contrairement au projet de la Compagnie des Indes, la société maritime de Saint-Malo s'était arrangée de manière à ce que les deux opérations (plants de caféier et prise de possession), qui de part et d'autre exigeaient de la célérité, fussent confiées séparément à deux capitaines.

Ainsi, tandis que M. La Boissière, commandant l'*Auguste*, s'était rendu à Bourbon avec les plants de caféier, M. Dufresne l'avait suivi de près sur le *Chasseur*, avec l'ordre de prendre possession de Maurice.

Nous avons vu comment le premier a réussi dans sa mission. La pièce qui suit va nous montrer que le second n'exécuta pas moins bien les instructions du roi qu'il avait reçues.

C'est presque une obligation pour nous de produire en entier l'acte rédigé à cette occasion par le capitaine du *Chasseur*. Bien que cet acte ait été « fait *septuple* », il n'en existe qu'une simple copie très ancienne aux Archives coloniales. Déjà, en 1839, l'auteur de l'ouvrage mentionné ci-après ne l'avait trouvé aux Archives de Port-Louis que maltraité par le temps, incomplet, à peine lisible. Ce document

---

[1] Ce modèle contenait notamment une inscription latine dont nous donnons ici la traduction littérale :

« Sous les auspices du roi très chrétien Louis XIV, le capitaine (en blanc) a joint au domaine de la Compagnie française des Indes cette île tout à fait déserte que les tables de la mer appellent Cirné et Maurice. Ceci gravé dans la pierre sous le signe de la croix, le ..... jour du mois de ..... année 1715. » (*Archives coloniales*. Ile de France, série C⁴. R. 1.)

devient donc aujourd'hui précieux, et c'est concourir à le sauver d'une perte totale que de l'insérer ici.

« *Acte de prise de possession de l'Ile de France du 20 septembre* 1715.

« De par le Roy,

« Nous écuyer Guillaume Dufresne, capitaine commandant le vaisseau le *Chasseur*, et officiers, en vertu de la copie de la lettre de Monseigneur le comte de Pontchartrain, ministre et secrétaire d'État à Versailles, du 31 octobre 1714, qui m'a été fournie à Moka, golfe de la mer Rouge, par le sieur de la Boissière, commandant le vaisseau l'*Auguste*, *armé par Messieurs nos armateurs de Saint-Malo subrogés dans les droits et privilèges de la royalle Compagnie de France du commerce des Indes orientales*, collationnée à l'original au dit Moka, le 27 juin 1715, portant ordre de prendre possession de l'isle nommée Mauricius — scituée par 20° de latitude sud, et par 78° 30′ de longitude, suivant la carte de Pitre Goos, laquelle dite carte prend son premier méridien au milieu de l'isle de Ténérif dont je me sers, — en cas que la dite isle ne fust point occupée par aucune puissance, et, comme nous sommes pleinement informés, tant de la part du sieur Grangemont, capitaine du vaisseau le *Succez* et de ses officiers arrivés à cette isle le 7 may dernier et mouillé dans la baye nommée par les Anglois Broswbay, autrement nommée par nous baye de la Maison-Blanche, distante du port ou baye où nous sommes mouillés actuellement d'environ une à deux lieues, nommé par la dite carte des Anglois n° 88^t harbour, que cette dite isle et islots estoient inhabités, et pour être encore plus informé du fait, j'ay dispersé partie de mon équipage dans tous les endroits qui pourroient être habités, et en outre, et afin qu'au cas qu'il y eût quelques habitants sur la dite isle, j'ay fait tirer plusieurs coups de canon par distance et différents jours, et après avoir fait toutes les diligences convenables à ce sujet, estant pleinement informé qu'il n'y a personne dans la dite isle, nous déclarons pour en vertu et exécution de l'ordre de Sa Majesté — à tous qu'il appartiendra — prendre possession de la dite isle Mauritius et islots, et luy donnons, suivant l'intention de Sa Majesté, le nom de *Isle de France*, et nous avons arboré le pavillon de Sa Majesté avec copie du présent acte que nous avons fait *septuple* à l'Isle de France ce vingt septembre mil sept cent quinze, et avons signé et apposé le sceau de nos armes, fait contresigner par le sieur Litaut, écrivain du dit vaisseau le *Chasseur*, les jour et an susdits. Signé : Dufresne, Grangemont, de Chapedelaine, Garnier, Litaut [1]. »

---

[1] Le seul ouvrage qui contienne (*mais incomplet*) ce document imprimé avant cette publication a pour titre : *Tableaux historiques, politiques et pittoresques de l'île de France*, par Ferdinand Magon de Saint-Ellier (Port-Louis, Maurice 1839). Il est devenu très rare. Nous en devons la communication à l'obligeance de M. T. Sauzier, bibliophile émérite, dont la riche et unique collection spéciale aux îles indo-africaines, est complaisamment ouverte aux écrivains qui cherchent quelque livre, ailleurs introuvable, ayant trait à nos possessions de l'océan indien.

Malgré cette prise de possession très régulière, l'*Ile de France* ne fut pas immédiatement occupée par nous. La mort de Louis XIV, les soucis de la Régence, la suppression du ministère, dont faisait partie M. de Pontchartrain, laissèrent en suspens les projets relatifs à cette nouvelle possession.

En 1721, ces projets furent repris et l'on dut encore à l'un des capitaines de la société maritime de Saint-Malo, M. Garnier du Fougeray, le renouvellement de l'opération faite en 1715.

L'intervalle écoulé entre ces deux dates eut cela d'utile de prouver que les Hollandais avaient fui Maurice sans aucune idée de retour. Du reste, les singes et les rats, à qui nous devions cet abandon, avaient tellement pullulé pendant ces six années, que l'on fut longtemps à se demander si ces animaux gênants ne deviendraient pas les vrais possesseurs de Maurice. Un demi-siècle plus tard même, en 1766, on vit le conseil supérieur de l'Ile de France exiger des habitants, par ordonnance, qu'ils joignissent au payement de leurs redevances annuelles, une queue de singe et quinze appendices de rats, afin que chaque contribuable fût tenu de prouver qu'il avait concouru pour sa part à la destruction de ces races envahissantes.

Les inscriptions latines établies à l'Ile de France, en septembre 1721, par les soins de M. Garnier du Fougeray, ont été imprimées d'une manière si fautive dans un ouvrage relatif à l'île de Bourbon, publié en 1859, le seul où elles figurent, qu'il est impossible d'en saisir le sens [1]. Nous croyons à propos de donner ici la traduction littérale de ces inscriptions.

Sur l'île aux Tonneliers :

« Ne soyez pas surpris de voir les lis fixés à la tête de la Croix sacrée : La France ordonne que la Croix s'élève ici. »

Sur Maurice :

« Vive Louis XV, roi de France et de Navarre! Qu'il vive éternellement! Lui-même a voulu que cette île fût ajoutée à ses possessions, et que pour être justement revendiquée à l'avenir, elle fût nommée *Ile de France*. Pour la gloire et l'honneur d'un si grand prince, Jean-Baptiste Garnier du Fougeray, originaire de la ville de Saint-Malo,

---

[1] Exemple : *duo faudita* pour *deo favente*.

dans la Bretagne mineure, capitaine du navire le *Triton*, arbora ce pavillon blanc, lorsque le 23 septembre 1721, il a pris terre ici, d'où il a levé l'ancre, le 3 novembre de la même année, devant naviguer vers la France, avec l'aide de Dieu. »

Que de souvenirs intéressants et glorieux réveillent dans notre esprit les noms de l'*Ile de France* et de Garnier du Fougeray, depuis le gouvernement de La Bourdonnais jusqu'au combat du Grand-Port, en passant par le voyage de Bernardin de Saint-Pierre, auteur de « *Paul et Virginie!* » Mais il faut, hélas ! se résigner aux souvenirs !...

LV.

M. Henri Justamont, agent de la Compagnie des Indes déjà en exercice à Bourbon depuis quelques années, sous les ordres de M. Parat, fut chargé, par le Conseil provincial, de l'intérim du gouvernement pendant l'absence du titulaire.

Au sujet du café — question par-dessus tout intéressante —, M. Justamont ne perdit pas de temps. Le 4 décembre 1715, il rendit une ordonnance qui obligeait tous les colons à planter des caféiers dans leurs terres. Les caféiers dont il voulait parler étaient ceux du cru de Bourbon : car on n'était pas encore assuré que les plants provenant de Moka prendraient racine ou donneraient des fruits dans l'île.

Il faut bien avouer que les habitants, n'ayant qu'une foi très restreinte dans les destinées commerciales du café de leur île, obéirent mollement à l'injonction de M. Justamont.

L'année 1716 se passa en hésitations et en pourparlers préjudiciables à la cause du café indigène. On voulait bien cultiver le caféier : mais celui de l'Yémen. Or les espérances touchant celui-ci sommeillaient encore. Il fallait attendre. On attendit si bien que, lorsqu'au milieu de 1717, M. Justamont voulut profiter du passage d'un navire à Bourbon pour envoyer aux Directeurs de la Compagnie une certaine quantité de café indigène, comme échantillon, il ne trouva qu' « un paquet de cinquante livres » du cru de l'île à embarquer sur le *Marquis de Maillebois*, capitaine de la Perche, de Saint-Malo, qui venait de la Chine, chargé de marchandises prohibées, circonstance ignorée à Bourbon.

50 livres ! c'était peu ! Néanmoins ce que ce modeste envoi, premier de l'espèce, eut à subir de vicissitudes avant d'arriver à destination et de pouvoir être « expérimenté », est inimaginable.

De la Perche, parvenu à Ostende avec ses marchandises chinoises, trouva l'occasion d'envoyer le paquet de café à Dunkerque où l'on prit, le 22 juillet 1718, pour ce spécimen du cru de Bourbon, un acquit à caution, et d'où il fut transmis à la douane de Paris, à l'adresse de Messieurs les Directeurs de la Compagnie des Indes orientales.

A Paris, le fermier général, ayant estimé, de concert avec la Compagnie, la valeur de ce café à 30 sous la livre, prix courant, exigea d'abord 3 p. 100, droit d'entrée ordinaire. On paya sans murmurer. Cette somme encaissée, M. Manis — (c'était le nom de ce fermier, admirable pour la progression de ses exigences fiscales) — demanda 10 sous par chaque livre pesant du café, comme marchandise provenant des Indes. On paya encore, tant le désir de goûter le cru de Bourbon tourmentait la Compagnie. Mais on paya en protestant : répétition de ces dix sous par livre serait faite en haut lieu. Cette nouvelle somme encaissée, Manis déclara seulement alors que ledit café entré par Dunkerque, devait être confisqué, conformément à un arrêt du 12 mai 1693, qui portait « qu'à l'avenir le caffé ne pourra entrer en France que par le port de Marseille ».

Les directeurs, outrés d'un tel procédé, réclamèrent vivement auprès du roi contre les prétentions de Manis, tout à fait abusives en face de leur privilège relatif aux denrées provenant des Indes, sans exception.

Ils eurent gain de cause. Mais que d'ennuis pour 50 livres d'un café... qui n'en était peut-être pas, personne encore ne l'ayant « expérimenté. »

Cette difficulté de principe, soulevée sur un si petit objet, fournit l'occasion d'apprendre que tout le café introduit en France par la Compagnie des Indes françaises lui était vendu à Surate par la Compagnie hollandaise des Indes, et au prix de 30 sous la livre ; ce qui explique avec quelle joie la Compagnie française aurait vu arriver en quantités considérables le café « cru de Bourbon », qu'elle ne devait payer que le tiers et même le quart du prix demandé par la Compagnie batave. Mais elle était bien éloignée d'atteindre ce résultat.

Nous sommes à la fin de 1717. A cette époque, M. Justamont informait la Compagnie que, sur les six plants de caféier apportés de Moka à Bourbon en 1715, deux seulement avaient repris, et que rien n'était moins certain que les deux survivants, dont la colonie admirait présentement les fleurs, « retiendroient fruit ».

Vers le milieu de 1718, le *Courrier de Bourbon*, navire frété spécialement par la Compagnie pour Mascareigne, amenait dans l'île une nouvelle administration, de nouvelles instructions, un nouvel ordre de choses, en quelque sorte, le tout en vue de pousser fortement à la culture du caféier, même indigène, si l'autre ne réussissait pas. Après avoir fait « expérimenter » le café qui lui était parvenu de Bourbon, la Compagnie avait reconnu que ce « paquet de caffé cru dans cette isle, dont partie a esté ramassée sur terre après avoir essuyé les injures des saisons, partie a esté arrachée des arbres avant la maturité de ce fruit, est du caffé dont la culture corrigera les petits défauts. »

M. Beauvollier de Courchant, le nouveau gouverneur, homme fort intelligent, de caractère bienveillant et d'esprit modéré, s'occupa très activement de la question du café. Mais il ne tarda pas à reconnaître que les choses, sous ce rapport, étaient beaucoup moins avancées que la Compagnie ne se le figurait. Ainsi que nous l'avons fait prévoir, il y avait résistance à Bourbon pour la culture du café indigène, on n'y croyait pas. « Nul n'est prophète en son pays », dit le proverbe. Or la petite fève bourbonnaise avait eu beau sourire aux cultivateurs pour les attirer à elle, et leur prédire, par l'entremise de quelques habitants avisés, qu'ils ne se repentiraient pas de rechercher ses faveurs, on avait dédaigné de telles avances, et la petite sauvage, honteuse d'avoir trop parlé, gardait sa virginité sylvestre derrière les roches dans la montagne, en compagnie des chèvres, ses seules amies.

Les habitants d'ailleurs avaient une autre raison que leur incrédulité pour rester froids sur cette question de la culture du café. On parlait toujours de la revision des concessions. De grands espaces de terrains demeuraient sans culture. La préoccupation de la Compagnie s'expliquait. Indigène ou moka, il fallait que le café fût cultivé partout. Elle estimait que la résistance des colons devait être combattue, avec une certaine prudence, il est vrai, mais sans relâche, afin d'arriver sûrement à ce but : généraliser la culture du café à

Bourbon. La Compagnie avait raison ; seulement les étapes de sa campagne seraient plus longues qu'elle ne le pensait à Paris, dans ses bureaux, où l'on voyait tout en rose dès qu'un rayon de soleil s'y glissait, et tout en noir aussitôt qu'un nuage s'élevait de l'horizon.

La Compagnie avait eu la chance de mettre la main sur de très bons administrateurs. M. de Beauvollier, M. Desforges, son lieutenant, avaient toutes les qualités requises pour conduire à bien l'entreprise qu'elle rêvait. On entrait dans la série des administrateurs sérieux, capables d'inspirer confiance aux populations, jusqu'alors craintives à l'arrivée de chaque nouveau personnage appelé au gouvernement de la colonie.

Toutefois, la culture du café rendue obligatoire inquiétait les habitants. Des réunions, qui s'étaient formées dans les quartiers, menaçaient la tranquillité publique. Avec quelle prudence M. de Beauvollier procéda pour arriver sans secousses à remplir les vues de la Compagnie ? Le compte rendu de certaine délibération, tenue secrète à Saint-Denis, le 24 novembre 1718, que nous avons annoncée dans l'un de nos précédents chapitres, va nous l'apprendre.

Ce n'est pas sans avoir hésité que nous nous sommes résolu à présenter au lecteur ce document étendu. Mais il touche à tant de sujets à la fois ; il établit si bien un lien entre un passé de 25 ans et le présent tendant à devenir meilleur, que son absence dans ce travail y ferait certainement lacune. Nous sommes à une époque où il faut se résigner à scruter les faits historiques dans les anciens papiers du genre de celui-ci, — c'est-à-dire longs, au style rude et de clarté douteuse, mais pleins de renseignements utiles, — sous peine de n'envisager l'histoire que défigurée à ce point qu'il est impossible d'en saisir la ressemblance avec la réalité.

« 24 novembre 1718.

« *Résultat du Conseil secret tenu au presbytère de Saint-Denis.*

« Ayant remarquez dans le Conseil provincial assemblé selon le désir de la royale Compagnie, tant pour des règlements que pour des ordres qu'elle avoit donnés et pour en procurer l'exécution ; ayant remarquez, dis-je, que certains règlements nouveaux n'avoient été receus qu'avec beaucoup de peine, et qu'il y en avoit même qui n'avoient pu passer à raison des oppositions fortes de ceux qui composoient le conseil, même de ceux qui paroissoient les mieux intentionnés, nous crûmes que la prudence ne nous permettoit pas de proposer au dit conseil, ni même de rendre publiques les articles contenus ci-dessous, de crainte d'effaroucher des esprits qui paroissoient déjà fort allarmés, et de les porter par là à de fâcheuses extrémités auxquelles, vu l'éloignement où l'on est ici de France, et la facilité qu'ont les insulaires de se révolter et porter les choses aux derniers excès, dont on a tous les jours de funestes expériences, il n'y auroit point de remède ou on n'en pouroit apporter que très difficilement, nous nous persuadâmes que nous suivrions même en cela les intentions de la royale Compagnie qui recommande qu'on se conduise avec beaucoup de circonspection et de retenüe lorsqu'il s'agit de faire recevoir et exécuter ses ordres.

« Comme cependant il s'agissoit des intérêts de la royale Compagnie dont nous sommes spécialement chargez et à quoy nous étions convaincus que nous devions employer l'authorité qu'elle nous a donnée, nous jugeâmes que nous ne connoissions pas assez les esprits de ceux qui composent la colonie pour porter un jugement assuré sur l'impression que pouvoit faire sur eux la proposition des articles en question et sur les suites fâcheuses qu'elle pouroit avoir, ainsi nous prîmes le parti d'assembler un conseil secret composé de personnes sages et éclairées, sur la prudence de qui on pût compter, qui connussent parfaitement les esprits des insulaires et qui cherchassent tellement les avantages de la colonie, qu'ils épousassent en même temps les intérêts justes et légitimes de la royale Compagnie, nous crûmes avoir trouvé ce que nous cherchions en la personne de MM. les missionnaires de Saint-Lazare, pasteurs de l'isle, et nous y joignîmes le sieur Jacques Auber, ancien habitant et capitaine du quartier Saint-Paul, dont la prudence la probité, le dévouement à la royale Compagnie, joints à une connoissance exacte qu'il a de l'isle et du caractère d'esprit de ceux qui y demeurent, le rendoient très capable de donner de bons conseils dans une occasion si délicate. On tint ce Conseil secret au presbytère de Saint-Denis, et à une heure indüe, pour en dérober la connoissance et même le soupçon à tous les autres conseillers et autres habitans, et voici le résultat de ce qui fut délibéré en ce Conseil :

« L'an mil sept cent dix-huit, le vingt-quatrième novembre, le Conseil secret étant extraordinairement assemblé en la maison presbytérale de Saint-Denis, on y mit en délibération s'il n'y avoit pas d'inconvéniens de proposer au Conseil provincial de l'isle de Bourbon les trois articles suivants, afin de les faire authoriser par le dit Conseil, selon l'intention de la royale Compagnie, sçavoir :

« 1° Que les habitans qui avoient renoncés aux contracts qui leurs assignoient des terres à eux concédées par le feu sieur *de Vauboulon*, autrefois gouverneur de cette isle, entre les mains du nommé *Firlin*, qui s'étoit emparé du dit gouvernement après la destitution violente et irrégulière du dit sieur *de Vauboulon*, dans le dessein de se faire rendre les sommes qu'ils prétendoient leur avoir été extorquées par le dit sieur *de Vauboulon*, pour leur passer les dits contracts, fussent obligés, en vertu de cette renonciation, d'abandonner les terres et concessions qu'ils avoient continués de posséder et de travailler nonobstant icelle, et obligez de restituer les fruits desdites terres qu'ils avoient recueillis, au préjudice de la dite renonciation, ou le prix d'iceux jusqu'à ce jour, et de prendre de nouveaux contracts, et en conséquence les dites terres fussent réunies au domaine de la Compagnie;

« 2° Que chacun des habitans fût obligé de donner à la compagnie la moitié ou au moins le tiers du caffé qu'il recueilleroit sur le terrain de la Compagnie;

« 3° Qu'il fust aussi tenu de donner le cinquième du caffé qu'il recueilleroit dans ses terres.

« Sur quoy, après une mûre délibération, le Conseil secret a été d'avis, sur le premier article, *que les violences et extorsions du feu sieur de Vauboulon étant de notoriété publique et ayant même été la cause de la révolte des insulaires contre lui*, il y a tout lieu de croire que les renonciations faites aux dits contracts par ceux qui avoient des contracts de luy, n'ont pas étés pleinement volontaires, et qu'ils n'en ont point envisagé les suites et n'ont pas crus qu'elles les dépouillassent des terres qui leur avoient étés accordés par les dits contracts, mais qu'ils n'ont recourus à ce moyen que pour se faire restituer *ce que le dit sieur de Vauboulon avoit exigé d'eux contre toute sorte de justice*, pour leur passer ces contracts, croyant qu'ils ne pouvoient autrement recouvrer ce qu'ils avoient donnez, et se persuadant d'ailleurs que la royale Compagnie, sur la bonté de laquelle ils comptoient, et qu'ils savoient bien être très portée à procurer les avantages de la colonie, et fournir à chacun un terrain suffisant pour subsister par son travail, ne feroit pas valoir une renonciation faite dans ces circonstances; qu'ainsi il y a tout lieu de croire que la royale Compagnie voudra bien, en conséquence de la bonne foy de ceux qui ont fait ces renonciations, ne point toucher à cet article, d'autant plus qu'on ne le peut faire sans bouleverser toute l'isle et l'exposer au danger certain d'une révolte, dont le contre-coup pourroit retomber sur la royale Compagnie, et dont ses officiers seroient les premiers la victime.

« A l'égard des deux autres articles, le Conseil secret, reconnoissant la justice de la prétention de la royale Compagnie de lever, tant sur le caffé que les habitans pourront recueillir dans leurs habitations que sur les terres de la royale Compagnie, des droits modérés, tant pour reconnoissance de la souveraineté que pour l'indemniser des dépenses qu'elle est obligée de faire en faveur de la colonie et pour contribuer au paiement des curés et officiers qu'elle entretient dans l'isle, est convaincu qu'il n'y a point lieu *pour le present* à l'établissement soit de la moitié ou du tiers pour le caffé que les habitans pourroient recueillir sur les terres de la Compagnie, soit du cinquième pour le caffé qu'ils recueilleroient sur leurs habitations, pour ce que dans le temps qu'il en avoit étez faite quelque légère ouverture dans le Conseil provincial, les conseillers habitans s'étoient tellement roidis contre cela que tout ce qu'on put obtenir d'eux, à force de raisons, fut qu'ils livreroient le caffé au magazin sur le pied de dix sols la livre.

« A la vérité, le caffé est un grand objet. *Mais c'est un objet futur et les avantages qu'on en espère ne se feront sentir que dans quelques années*. quand ceux qu'on a planté et qu'on plantera dans la suite auront répondus aux soins qu'on prendra de les cultiver et auront apportés du fruit. Mais pour le présent, il y en a si peu dans l'isle que plusieurs habitans accompagnez de nombre de noirs étant allez dans les endroits où il y en a le plus pour en recueillir, n'en ont apportez que très peu, et quelques-uns même ont été obligez de s'en revenir à vide, rebutez par la difficulté des chemins.

« Dans la suite, et dès qu'il y aura jour, on tentera d'établir le droit du dixième en faveur de la royale Compagnie et on espère d'y réussir pour lors. Mais si à présent les habitans soupçonnoient seulement qu'on pense à imposer quelque droit sur ce fruit, non seulement ils abandonneroient absolument la culture du caffé, mais il est plus que moralement certain qu'ils détruiroient tous les cafetiers et se porteroient par désespoir à une sédition dont on ne pourroit arrêter les suites, ce qu'on doit tâcher de prévenir, vu les exemples qui ne sont que trop fréquents de pareilles révoltes *dans les autres isles* [1].

« Fait à Saint-Denis le vingt-quatrième novembre mil sept cent dix-huit.

« BEAUVOLLIER DE COURCHANT. »

Ce document où se remarquent les noms de Vauboulon et de Firelin, dont les prouesses sont présentes à l'esprit, prouve entre autres choses, que si les bourbonnais avaient eu mauvaise tête vingt ans auparavant, ils y avaient été poussés d'une manière assez violente pour que le feu de l'irritation passée couvât encore sous la cendre. Jacques Aubert, dont M. de Beauvollier célèbre ici les vertus, et qui méritait les éloges consignés sur lui dans le « résultat du conseil secret », était venu à Mascareigne avec M. de Vauboulon sur le *Saint-Jean-Baptiste*. Il avait assisté à tous les événements du règne néfaste de ce gouverneur. Il était en mesure de renseigner efficacement le Conseil sur les causes des troubles survenus à Saint-Denis après la délivrance des contrats de concession vendus par Vauboulon aux détenteurs du sol. Il savait avec quelle ardeur, inconsciente des formes, les habitants avaient plus tard défendu leur propriété menacée par les ordonnances. Il pouvait parler en connaissance de cause et mettre le Conseil en garde contre ces mouvements populaires impossibles à réprimer dans une colonie sans troupe. La prudence de M. de Beauvollier était donc amplement justifiée. La rigueur de sa part eût augmenté le nombre des difficultés interminables. Apprivoiser doucement les esprits « toujours prêts à s'effaroucher » — (c'est lui qui le dit), — était le but principal de sa politique. Ce ne fut pas sans beaucoup d'efforts et de patience qu'il y parvint. Mais il s'arrangea si bien que l'ordre fut maintenu dans la colonie.

---

[1] Allusion à ce qui venait de se passer à la Martinique en 1717.

En somme, conserver le *statu quo,* avec invitation de plus en plus pressante aux habitants de se livrer en grand à la culture du caféier fut la conséquence de ce *conseil secret* tenu à Saint-Denis à la fin de 1718.

LVI.

Cependant, des six plants de caféier provenant de Moka, un seul avait résisté à la transplantation. On l'a souvent répété sans en être bien sûr, c'est-à-dire sans preuve. Nul document publié n'est venu jusqu'ici corroborer ce renseignement dû à la tradition. Néanmoins, le fait est réel. Vers le milieu de l'année 1718, un seul caféier de Moka montrait à la fois ses fleurs et ses fruits. Les habitants attirés vers leur Eliacin arabique, avaient les regards fixés sur lui, comme on considérait jadis ces uniques rejetons des familles régnantes dont le sort des peuples dépendait. C'est qu'il s'agissait pour la colonie d'être ou de ne pas être. Si le caféier, dernier des six apportés dans l'île, ne donnait pas des graines capables de reproduire à Bourbon, la nature aurait prononcé : l'acclimatation était réfractaire. Autrement l'heureux exilé, devenu fétiche, règnerait dans l'île ; il y amènerait la fortune.

Donc, à ce moment, l'aspect du caféier, plus que jamais « l'unique bon », était si favorable que l'espoir de la réussite augmentait chaque jour. Les *cerises,* contenant la précieuse double graine, les unes rougissantes, les autres brunissantes après les fleurs tombées, faisaient l'admiration commune. Mais que de dangers encore à courir ! Que de mécomptes à redouter jusqu'à l'époque, prochaine sans doute, où la reproduction serait un fait accompli !

Bourbon avait déjà souffert de si cruels mécomptes ! En 1681, par exemple, le giroflier apporté de Java sur le *Soleil-d'Orient,* et confié aux soins de M. Julien Dailleau, qui avait réussi à force de soins à le faire reprendre, fut détruit tout à coup par un matelot hollandais à qui cet habitant avait donné l'hospitalité, et avec lequel, pour une cause futile, il venait de se brouiller mortellement. Ce méchant homme, témoin de l'affection paternelle consacrée à l'arbuste par son bienfaiteur, assouvit sa colère contre lui en détruisant le giroflier sauvé.

Le caféier de Moka aurait meilleure destinée.

Nous avons découvert, cachée en quelque sorte dans un recensement du quartier Saint-Paul, daté du 24 novembre 1719, une mention accompagnée d'autres renseignements qui vont nous permettre d'établir la période du pas franchi entre la récolte de l'arbre unique et la reproduction par ses graines.

Une explication nécessaire suivra cette mention jusqu'ici restée inconnue.

« *Remarque sur le progrès des graines de caffé de Moka au cartier de Saint-Paul.*

« Au mois de janvier 1719, l'arbre caffetier venu de Moka, qui est commis au soin de Laurent Martin, habitant du cartier Saint-Denis, commença à donner des graines meures, desquelles il fut distribué aux habitans du cartier de Saint-Paul celles contenues au mémoire cy-après. Voici quel en a esté le progrès au mois de juin suivant. . . . . . »

Les habitants sont nommés. La récapitulation est ainsi disposée.

	GRAINES			
	mises en terre.	bien levées.	coupées par les bestes.	point levées.
Saint-Paul (juin 1719)..................	506	244	74	188
Saint-Denis (en 1718)..................	605	78	63	464
— (de mars en juillet 1719).........	1,991	437	94	1,460
Sainte-Suzanne (en 1718).............	78	39	19	20
— (en 1719)..................	196	98	38	60
TOTAUX.....	3,376	896	2,480	

Il résulte de ce tableau, et de la mention qui le précède, que la date de 1719, donnée en commençant, ne doit être exacte que pour le quartier de Saint-Paul. Les habitants de Saint-Paul n'eurent de graines qu'en 1719. Mais ceux de Saint-Denis et de Sainte-Suzanne en ayant reçu en 1718, il est évident que c'est « au mois de janvier 1718 » que « l'arbre caffetier venu de Moka commença à donner des graines meures. »

Un paragraphe des instructions remises par la Compagnie des Indes, à la fin de l'année 1717, aux nouveaux administrateurs envoyés à Bourbon, nous vient en aide pour expliquer ce qui paraît vague sous ce rapport dans les extraits ci-dessus reproduits :

« L'arbre qui porte le caffé est chargé tout à la fois de fleurs, de fruits imparfaits et de fruits meurs. La récolte se fait en trois différens temps. Mais ces temps ne sont pas tous fixés, ny réguliers, de sorte que les Arabes ne connoissent de solide récolte que celle du mois de may. Il peut en estre autrement dans l'isle de Bourbon. »

Pour nous résumer à ce sujet, nous constatons que sur 3,376 graines mises en terre, formant en plusieurs cueillettes la première récolte du premier caféier de Moka acclimaté à Bourbon, 2,480 furent perdues et 896 seulement « bien levées » donnèrent des espérances. C'est avec ces 896 rejetons que la fortune commerciale de Bourbon fit ses débuts. Le *budget* des recettes de Saint-Paul en 1719 — (celui de Saint-Denis nous manque) — offre un élément du point de départ de cette fortune. Dans le même recensement où sont puisés les renseignements qui précèdent, nous voyons figurer les recettes de ce quartier sous la forme d'un « Estat des redevances payées par les habitans de Saint-Paul pour une année entière, sçavoir, pour les deux termes de Saint-Martin et de Pasques, dont la moitié a esté envoyée à Saint-Denis : Blé : 750 livres; poules : 135; chapons : 10; cochons : 3; ris en paille : 810 livres; dindons : 10; poulets : 22; cabris : 2; cire : 5 livres. »

Il y avait à cette époque, à Saint-Paul, 1216 âmes, dont 108 habitants « en estat de porter les armes. »

Comme on le voit, ce pauvre *budget* de recettes implique une situation *financière* des plus modestes, en proportion du nombre des habitants. Il n'y a pas lieu de s'en étonner si l'on rapproche de cet aperçu l'extrait suivant d'une ordonnance dans laquelle le Conseil provincial prescrit le 24 octobre 1721 :

« ... S'il ne nous vient point de secours d'Europe ni de l'Inde dans tout le mois de mars prochain, de faire construire, aux mêmes frais de la Compagnie, une nouvelle barque de 50 à 60 tonneaux pour aller chercher dans l'Inde des effets dont la colonie ne peut se passer, afin qu'elle ne se trouve plus dans la situation où l'indigence la tient depuis plusieurs années, jusque là que plusieurs habitans se sont trouvés si dépourvus de hardes qu'ils ne pouvoient aller à l'église. »

Il était vraiment temps que la Compagnie s'occupât activement et d'une manière suivie de la colonie de Bourbon. Malheureusement par elle-même, — on l'a déjà vu, — elle ne pouvait presque plus rien. Depuis quinze ans elle avait fait quelques efforts pour rendre vigueur à son crédit, grâce aux profits qui lui étaient venus de la Société maritime de Saint-Malo. Mais en 1719, la Compagnie des Indes orientales était tombée dans une ruine complète. Trop de documents le prouvent pour qu'il soit possible d'avoir le moindre doute à cet égard. L'édit de mai 1719 qui la réunit à celle d'Occident fut pour elle un sauveur. Il lui apporta les moyens de se relever.

Toutefois, le soutien que lui donna sa réunion avec la Compagnie des Indes occidentales ne se fit pas sentir immédiatement. Bourbon en particulier n'en reçut les bienfaits que sous le gouvernement de M. Dumas qui, d'ailleurs, selon nous, et d'après les documents, fut l'administrateur qui lança la fortune de la colonie et la mit glorieusement à flot, ainsi que la fin du récit va le montrer.

LVII.

Nous arrivons au terme de ce travail dont l'étude nous a fort intéressé. Mais quel que soit le plaisir éprouvé à cette chasse au document nouveau, dans le cours de ces excursions à travers les papiers séculaires, la tâche que nous nous sommes tracée d'en présenter le résultat relativement à Bourbon, n'ira pas au delà du gouvernement de M. Dumas. Il a laissé à Mascareigne un souvenir meilleur que celui de La Bourdonnais dont les facultés administratives, d'ailleurs de premier ordre, s'exercèrent surtout à l'Ile-de-France.

D'autres ont raconté en détail ou résumé d'une manière distinguée la vie du trop illustre rival de Dupleix. Nous n'aurions rien de nouveau à dire sur ce sujet. Nous nous arrêterons donc à son prédécesseur qui a gouverné Bourbon pendant huit ans, tandis que La Bourdonnais n'y a guère séjourné. Sous le gouvernement général des îles de France et de Bourbon occupé par lui, succédant à celui des îles de *Bourbon* et de *France* inauguré par Dumas, Bourbon, sacrifiée à sa jeune voisine, n'a pas dû se louer de La Bourdonnais qui l'a pressurée tant qu'il a pu au profit de la colonie dont il avait fait sa résidence.

Un résumé rapide va nous permettre d'atteindre sans lacune au principal sujet de notre dernière partie.

Si nous en parlons dès maintenant, c'est que Dumas vint en relâche à Bourbon en 1723, sous le gouvernement de M. de Beauvollier, et y séjourna six mois environ. Nous devons penser que sa présence aussi prolongée dans l'île ne fut pas sans influence sur la destinée de la colonie. Quand elle le reçut quatre ans après en qualité de gouverneur, Dumas n'était pas un inconnu pour ses habitants.

Au moment où la possession de Bourbon passa de l'ancienne compagnie à la nouvelle, l'île fut estimée, dans l'inventaire général de la Compagnie des Indes, à la somme de 6,184,295 livres.
Cette évaluation arbitraire, faite par une commission spéciale, portait seulement sur le fonds de l'île Bourbon, en tant que possession de l'ancienne compagnie transmise à la nouvelle. La propriété particulière n'ayant pas été comprise dans cette prisée, on ne voit pas bien sur quelles bases opéra la commission pour réussir à composer un chiffre avec quelque raison d'être. On devrait d'abord supposer que la valeur des terrains non concédés à l'est, au sud et à l'ouest de l'île, alors inhabités, lui avait servi à former le gros de la somme de 6 millions et que l'appoint lui était venu des bâtiments et magasins appartenant à la Compagnie, dans les quartiers de Saint-Denis, Saint-Paul et Sainte-Suzanne. Mais, d'après une explication, assez vague il est vrai, donnée par la Compagnie elle-même dans un document daté du 12 septembre 1731, il paraîtrait que les chances de la récolte du café, de 1725 à 1734, auraient seules inspiré les commissaires pour effectuer leur opération. On entrevoit que le futur revenu, supputé pour cette période décennale, aurait été capitalisé sur le papier. Ce calcul peu sérieux n'était guère en rapport avec l'intelligence des personnes qui l'avaient élaboré. La commission d'évaluation comptait parmi ses membres, au nombre de dix-huit, plusieurs fonctionnaires qui ont marqué dans l'histoire de la Compagnie des Indes. M. Dulivier, alors président du conseil de Surate, la présidait. MM. de Beauvollier, gouverneur; Dupleix, alors conseiller au conseil supérieur de Pondichéry ; de Nyon, gouverneur de l'Ile-de-France, etc., en faisaient partie. De notables habitants bourbonnais avaient été adjoints à cette commission d'estimation, l'unique du genre, et chacun « en son particulier », — le sujet une fois exposé par le président dans la séance du 15 mai 1722, — avait dû se retirer pour

étudier la question et fournir son contingent au travail en projet. On peut se figurer quels résultats divers et peu concluants dut amener cette façon de procéder aussi précipitée que sommaire. Quoi qu'il en soit, après trois séances assez orageuses « sur les conclusions de ladite estimation sans pouvoir concilier, » la délibération fut brusquement prise, le 18 mai 1722, et le procès-verbal dressé le même jour. La Compagnie avait demandé un chiffre et un procès-verbal. On lui donna l'un et l'autre. Il est clair qu'elle ne tenait pas à ce que le chiffre exigé fût accompagné d'une justification raisonnée qui eût demandé beaucoup de temps.

Du reste M. de Beauvollier, qui fut appelé à diriger ce travail comme gouverneur, était l'homme des choses simples et vite expédiées. Il le prouva dans cette affaire comme en beaucoup d'autres. Son mérite fut si bien apprécié par le conseil de la Compagnie des Indes, qu'un théâtre plus vaste fut offert bientôt à son activité. M. de Beauvollier, qui avait déjà servi à Pondichéry en qualité de major de la place, fut nommé gouverneur de l'Inde au commencement de 1723. Plus qu'en aucun lieu de ses possessions, la Compagnie avait besoin, à la tête de l'administration de ce pays, d'un homme de bon sens et surtout d'une probité à toute épreuve. M. de Beauvollier avait l'un et l'autre.

Les derniers mois de son exercice à Bourbon furent attristés par deux graves événements : un ouragan qui ravagea l'île dans la nuit du 13 mars, et, dans celle du 3 juillet, l'incendie du grand magasin de Saint-Paul, où le feu dévora pour 200,000 livres environ de marchandises. Mais la Compagnie était si bien persuadée que le commerce du café de Bourbon la dédommagerait de ces pertes, qu'elle n'éprouva aucun découragement en apprenant les deux événements.

M. de Beauvollier quitta Bourbon le 21 août 1723, laissant le gouvernement par intérim à M. Desforges qui, la même année, fut nommé en titre pour le remplacer.

Nous aurons à revenir un instant sur ce départ quand il s'agira de M. Dumas.

Dans une longue lettre que nous trouvons de lui, datée de « en mer et en septembre 1723 » et adressée « à Messieurs de la Compagnie des Indes », M. de Beauvollier dit beaucoup de bien de M. Desforges.

Cette lettre, sous tous les rapports très remarquable, commence ainsi :

« J'ay tant de reconnaissance des bontés et des grâces que m'a fait la Compagnie, que, sorti de l'isle Bourbon, j'ai cru devoir profiter du loisir qu'on a en mer pour vous escrire de nouveau ce que je crois nécessaire, afin que l'isle Bourbon vous porte, et au plus tost, les grands profits qu'elle promet : car en vérité cette colonie mérite votre attention et vos soins.

« La première chose est de satisfaire les habitans en ce qu'ils désirent le plus : c'est-à-dire d'avoir toujours vos magasins bien fournis de toiles de l'Inde, sans lesquelles, quoi qu'on fasse pour eux, ils croiront toujours avoir lieu de se plaindre ; il faudra aussi leur donner ces toiles à meilleur marché qu'on n'a fait jusqu'icy, comme aussi les effets de France. »

M. de Beauvollier donne ensuite à la Compagnie d'excellents conseils sur la manière de gouverner la colonie et d'encourager les habitants à la culture des caféiers « dont la réussite n'offre plus aucun doute. »

« Exempter les habitans des corvées... leur fournir des noirs à proportion de leurs terres,... augmenter les appointemens à tous les employez,... très sûrement un officier ne peut vivre à Bourbon avec 600 livres, si on ne luy donne encore la ration, etc. »

La judicieuse sollicitude de M. de Beauvollier s'étendait à tant de détails qu'il faudrait reproduire sa lettre en entier pour montrer combien Bourbon avait perdu en perdant ce rare gouverneur.

Cependant il laissait à Saint-Denis M. Desforges, son élève, son second, pour lequel il professait la plus parfaite estime.

Dès le commencement de son exercice, M. Desforges, suivant les bons avis de son prédécesseur, se mit en relations directes avec le Conseil de marine, tout en correspondant avec « Messieurs de la Compagnie des Indes ».

Ses lettres offrent un certain intérêt. On remarque dans la première (septembre 1723) un recensement des caféiers de Bourbon : « Arbres qui ont rapporté en 1723 : 1406; qui rapporteront en 1724 : 17,518; et en 1725 : 87,308. »

La progression parut exagérée. La Compagnie en fit plus tard l'observation. Mais cette assurance, quelque peu hasardée, eut ce bon côté d'encourager l'administration centrale à se dévouer au sort d'une colonie qui donnait tant d'espérances.

On lit encore dans une lettre de M. Desforges, datée du 18 novembre 1723 : « Le progrès du café originaire de Moka s'avance considérablement. »

Dans le courant du même mois fut signé un édit qui supprimait le Conseil provincial de Bourbon et le remplaçait par un conseil supérieur dont la juridiction devait s'étendre sur l'Ile de France, à laquelle un conseil provincial était en même temps accordé.

M. Desforges fut spécialement chargé d'installer ce Conseil supérieur et de recevoir le serment des personnes dont il était composé.

M. Desforges gouverna jusqu'au 1er novembre 1725, époque de sa mort, que M. de Beauvollier avait fait pressentir dans sa lettre de 1723 où cette phrase est à remarquer : « M. Desforges se tuë en travaillant au-dessus de ses forces... Je ne sçaurois trop vous dire, Messieurs, de ne rien épargner pour conserver cet excellent sujet qu'il ne sera pas possible de bien remplacer, s'il vient à manquer par trop de travail, pour n'estre pas aidé par gens capables des employs qu'on leur donne sous luy. »

M. Hélie Dioré, alors commandant militaire à Bourbon, fut chargé de l'intérim de gouverneur. C'était un officier brave et honnête qui servait dans les troupes depuis 1704. Mais il manquait sinon de jugement, du moins d'instruction. Sa correspondance, d'une extrême platitude, où d'ailleurs la langue est par trop souvent offensée au point de vue de la forme, avait dû lui faire tort auprès de « Messieurs de la Compagnie » qui se piquaient maintenant d'écrire avec art. Dans l'une de ses lettres, il se plaint qu'on ne l'ait pas nommé à la mort de M. Desforges et fait ressortir que le traitement de 2.000 livres « dont il jouit » — dont il souffre plutôt — ne peut le faire vivre à Bourbon. Ces sortes de plaintes d'un fonctionnaire ne servent généralement qu'à ceux qui le suivent dans la carrière.

La Compagnie, impatiente de voir que les promesses de M. Desforges touchant les avantages que devait lui rapporter le café ne se réalisaient pas, prescrivit à M. Lenoir, l'un de ses agents les plus capables, nommé gouverneur de Pondichéry en 1725, de séjourner quelque temps aux îles de Bourbon et de France en allant prendre son gouvernement, et le chargea de la renseigner notamment sur l'exacte situation de la première de ces colonies. Elle lui remit un questionnaire détaillé, en marge duquel il devait formuler ses réponses.

M. Lenoir remplit sa mission en conscience. Il arriva le 8 juin 1726 à Bourbon et en partit le 5 juillet. Le temps qu'il y passa fut bien employé.

Les réflexions de la Compagnie, consignées dans son questionnaire, et les réponses de M. Lenoir sont aussi intéressantes les unes que les autres.

Au sujet du café, la Compagnie exprime vivement sa contrariété de voir que M. Desforges l'a leurrée d'espérances.

« La Compagnie se lasse à la fin de tant de promesses vainement faittes et qui ont eu si peu d'exécution. Tantost l'houragan a détruit une partye des plantations. Une autre fois les habitans employés aux corvées n'ont pu donner le tems et les soins nécessaires aux plantations, ou *la friandise des femmes en consomme une grande partie*. Enfin ce sont toujours des raisons frivoles qui éloignent l'objet que la Compagnie désire si fort... Un éclaircissement sur ce sujet est d'autant plus nécessaire que la Compagnie ayant le privilège de la vente exclusive du caffé en France, a besoin d'en faire venir pour la consommation du royaume. Elle a toujours compté, suivant ce qui luy a esté écrit de l'isle de Bourbon, qu'elle en tireroit au moins une partye de ce qui pourroit estre consommé. »

M. Lenoir répond à cela d'une manière à la fois très nette et très sensée :

M. Desforges a eu tort de promettre à la Compagnie des envoys considérables de caffé en si peu de tems. Il falloit apprendre la manière de planter et de cultiver. Il faut quatre ans pour que le grain mis en terre germe, devienne arbre et porte fruit. Dans le nombre qui se sème pour avoir du plant il en manque une partie. Dans celui que l'on transplante, il en meurt une autre, de sorte qu'au bout de quatre ans, il y a beaucoup moins d'arbres que l'on ne s'estoit imaginé. Dans les commencements peu de personnes s'adonnoient à cette culture. C'est faute de réflexion sur ces petits inconvéniens que M. Desforges s'est avancé si légèrement. Souvent l'on ne veut convenir de son erreur dans la crainte d'estre blâmé. Cela fait plus de chagrin dans la suite que l'aveu n'en auroit fait dans le tems.

En somme, conclut M. Lenoir, il faut prendre patience, et, dans trois ou quatre ans, la Compagnie recevra du café autant qu'il est nécessaire pour la consommation du royaume.

Trois ou quatre ans! On voit d'ici la grimace que durent faire Messieurs les directeurs en lisant ces lignes.

La Compagnie, en second lieu, se plaint de la conduite de M. Desforges. Il aurait acheté et revendu des marchandises pour son compte particulier, etc.

M. Lenoir commence par faire observer que « M. Desforges étant mort il seroit inutile de rien dire à son sujet ». Puis il le défend par des raisons très justes qui se terminent ainsi : « Vous l'avés obligé par nécessité, en n'envoyant que peu de chose, à faire le contraire. Il faut procurer à ceux que vous chargés de l'exécution de vos ordres les moyens de se conformer à vos intentions. »

Cette leçon méritée ne porta guère que sous le gouvernement de M. Dumas, auquel nous voici parvenus.

On s'expliquera que cet homme éminent qui, par son intelligente administration, prépara l'avènement de La Bourdonnais à l'Ile de France et celui de Dupleix dans l'Inde, ait attiré notre attention plus qu'aucun autre gouverneur. Sa biographie mériterait un long développement. Toutefois, comme il est nécessaire qu'elle soit proportionnée à l'étendue de ce travail, nous nous bornerons à la résumer dans une juste mesure, voulant montrer surtout que si la colonie de Bourbon avait attendu longtemps son « messie », elle n'avait pas trop perdu pour attendre.

LVIII.

Vers la fin du XVIIe siècle, un sieur Benoist Dulivier, négociant à Bayonne, étant venu s'établir à Paris, avait emmené son commis et la femme de celui-ci. Il avait fixé sa demeure rue des Lavandières, paroisse Saint-Germain ; son employé résida rue Saint-Honoré, sur la paroisse Saint-Roch. Ce dernier était Pierre Benoist, sa femme se nommait Marie Philippe. Dans un mémoire conservé aux Archives coloniales, le mari est dit : originaire de Lyon, la femme native d'Amiens [1]. Le 19 mai 1696, il leur naquit un fils qui fut baptisé le

---

[1] Bourbon 1732.

lendemain sous le prénom de Benoist, celui de son parrain, M. Dulivier. Le négociant n'avait peut-être pas songé que les nom et prénom de cet enfant allaient se rencontrer les mêmes. Il s'appellerait dans la vie Benoist Benoist, ce qui n'avait rien de bien attrayant.

Pierre Benoist eut ensuite une fille et un second fils. Ce dernier, né et baptisé le 3 juin 1707, reçut les prénoms de Gabriel-Olivier, ceux de son parrain, M. Jouquet, « juré mouleur de bois ».

Dans l'acte de baptême de Gabriel, extrait des registres de la paroisse Saint-Eustache, il est à remarquer que la profession du père est vaguement indiquée par le mot *officier*. Quelle était sa fonction ? Officier de guerre, de plume, de navire, etc.? Il y a toujours eu dans cette famille certains petits côtés mystérieux que personne n'a réussi à pénétrer.

Dans l'acte de baptême de son second fils, Pierre Benoist est déclaré *absent*. Nous apprenons en effet par un mémoire (émanant de Dumas lui-même) que, « vers 1708 », M. Benoist père fut obligé de se rendre en Hollande pour des affaires qui l'avaient appelé auprès *de M. Jean Dumas, son oncle*, négociant à Amsterdam, et qu'il mourut bientôt après son arrivée dans cette ville, laissant à Paris sa femme et trois enfants dont une fille qui ne survécut pas longtemps à son père.

M. Benoist Dulivier, qui était marié, mais sans enfants, voulut se charger de son filleul et le prit avec lui.

Madame veuve Benoist, vivant du modeste revenu que le défunt avait laissé, demeura seule avec son second fils.

L'aîné fut placé par son parrain au collège des *Quatre-Nations*. Ses études y furent poussées jusqu'en philosophie. Puis M. Dulivier lui fit apprendre particulièrement l'arithmétique, la tenue des livres et les « *changes étrangers* ».

En 1713, M. Pierre Dulivier, également de Bayonne, frère du parrain du jeune Benoist Benoist, se trouvait à Paris. Dès l'année 1700, il avait servi la Compagnie des Indes orientales en qualité de gouverneur à Chandernagor, et en 1706 à Pondichéry, après la mort de François Martin. Pendant son séjour à Paris, il fut nommé Gouverneur général des établissements français dans l'Inde. Il eut occasion de voir le filleul de son frère, et le choisit pour secrétaire sur la demande de M. Benoist Dulivier.

Ce fut à ce moment que le jeune *Benoist Benoist*, comprenant qu'il lui serait difficile de faire bonne figure dans le monde avec cette appellation, imagina de prendre pour lui et sa famille le nom de son grand oncle Dumas, qui, selon toute apparence, ne pouvait être qu'un frère de l'une de ses aïeules.

D'ailleurs, il ajouta le prénom de son père au sien et répondit aux noms de *Pierre-Benoist Dumas.*

Que ces rencontres de noms et de prénoms : Pierre Benoist, Benoist Benoist, Benoist Dulivier, Pierre Dulivier, Pierre-Benoist Dumas, aient été toutes fortuites, c'est ce que nous ne saurions affirmer. Existait-il entre ces deux familles quelque lien de parenté ou d'affinité? L'acte de mariage de Pierre Benoist avec Marie Philippe, qui aurait pu aider à l'éclaircissement de ce mystère, n'a pas été trouvé, bien qu'un grand intérêt successoral ait fait vivement désirer sa découverte.

Quoi qu'il en soit, Dumas, comme on le voit, n'est qu'un surnom illustré par le grand administrateur dont nous nous occupons. En réalité, le fils aîné de Marie Philippe s'appelait Benoist Benoist.

Dumas partit de Saint-Malo avec M. Dulivier le 23 mars 1713, sur le navire l'*Auguste,* que Bourbon avait déjà vu plusieurs fois et devait revoir encore.

Le nouveau gouverneur de l'Inde, tout fraîchement marié à Amboise avec Mlle de Bruix, de Bayonne, emmenait avec son secrétaire, sa nouvelle épouse, deux femmes de chambres, des commis, des domestiques, toute une maison.

Afin d'assurer leurs aises à M. et Mme Dulivier pour cette longue traversée, qui ne pouvait durer moins d'une demi-année, Dumas les avait précédés à Saint-Malo quelque temps avant le départ du navire. Il profita de son séjour en cette ville, petite d'espace, grande de renommée, pour connaître « Messieurs de Saint-Malo » dont les navires sillonnaient les mers orientales. Dumas, quoique très jeune encore — il comptait dix-sept printemps, — avait si bien l'instinct commercial qu'il se voyait déjà en relations d'affaires à Pondichéry avec les intelligents capitaines de la Société maritime bretonne; ce qui ne manqua pas d'arriver dès que M. Dulivier fut installé gouverneur dans la ville indienne fondée par François Martin.

L'*Auguste* qui fit bonne traversée, vint toucher à Saint-Paul de Bourbon le 26 juillet 1713. Il y séjourna une semaine et remit à la voile le 2 août pour arriver à Pondichéry le 24 septembre. M. Dulivier, dans son journal de voyage, se loue de l'excellent accueil que lui avait fait M. Parat.

Dumas eut ainsi l'occasion de voir pour la première fois la colonie qu'il devait diriger avec tant d'éclat 14 ans plus tard.

Nous passerons aussi vite que possible sur ce que devint Dumas à Pondichéry, du temps de M. Dulivier et des cinq autres gouverneurs qui s'y succédèrent assez rapidement.

Employé dès son arrivée « au bureau des livres pour se mettre au courant des affaires », il eut en 1718 l'administration de la caisse, sous M. Hébert; il fut nommé procureur général près le Conseil supérieur en 1719, par M. de la Prévostière, et conseiller en 1721, par M. Lenoir.

Dumas ne s'était pas contenté de soigner les intérêts de la Compagnie avec dévouement et probité, les siens propres lui étaient également chers. Elevé à l'école des Dulivier, commerçants par excellence, il avait profité de leurs leçons. Sa spécialité, toute sa vie, fut de s'intéresser, par petites sommes, soit dans l'armement de navires faisant le cabotage d'Inde en Inde, soit dans celui de bâtiments armés pour la course en temps de guerre. Le gain de ces placements était aléatoire; mais Dumas avait mis tant de discernement dans le choix des circonstances que le sort l'avait presque toujours favorisé.

De cette manière, Dumas, dès les premières années de son séjour dans l'Inde, avait amassé de l'argent, sur lequel il faisait d'abord une pension à sa mère qui vivait modestement à Paris. Puis, projetant de se fixer à Pondichéry, il employait ses économies à l'acquisition de maisons de rapport qu'il louait avantageusement.

L'activité de Dumas, sa bonne foi, étaient fort goûtées du public. Il était estimé aussi bien des marchands européens que des indigènes qui avaient pour lui un attachement tout particulier.

Tous les hauts fonctionnaires de l'Inde avaient remarqué son intelligence et son habileté à manier les affaires. Les étrangers même, le connaissant de réputation, avaient noué des relations avec lui. On l'invitait en villégiature à plusieurs lieues à la ronde. C'est ainsi qu'il connut M. Guillaume Wanzyll, commandant au comptoir hollandais de Portonovo (à 12 lieues sud de Pondichéry), lequel était père d'une jeune fille dont la grâce a été vantée. Le 23 juillet 1722,

Dumas épousa, à Pondichéry même, Mlle Marie-Gertrude Wanzyll qui lui apportait une dot assez considérable en argent. Lenoir avait été son témoin. Il était donc loin de penser que son ami lui avait préparé une avanie qui éclata comme un coup de foudre dix jours après son mariage.

Sur une communication faite par Lenoir, les Directeurs de la Compagnie à Paris, étourdiment, sans examiner l'affaire à fond, avaient envoyé l'ordre au Conseil supérieur de faire repasser Dumas en France, où il aurait à se justifier d'une affaire de commerce étranger pour son compte. De plus, il y avait prescription formelle de le consigner sur le bâtiment qui devait le conduire. Lenoir embarrassé, un peu honteux de l'effet produit par sa communication, dissimula tant qu'il put l'ordre reçu par lui. Son intention n'était pas apparemment de déshonorer le collègue qui lui portait ombrage; l'éloigner lui suffisait. Le Conseil, surpris autant que Dumas, se contenta d'exiger sa parole qu'il ne descendrait nulle part à terre avant d'arriver à Lorient.

Dumas conserva le calme d'un homme vraiment fort. Bien que profondément attristé pour sa nouvelle famille consternée en apprenant le coup dont il était frappé; bien que très contrarié de laisser à Pondichéry ses intérêts en suspens, il accepta sans récriminer l'ordre de la Compagnie. Mme Dumas n'hésita pas à le suivre, ce fut sa consolation. Le 21 janvier 1723, accompagnés des vœux de la population pour leur prompt retour, ils s'embarquèrent tous deux sur le vaisseau le *Bourbon*. Le capitaine avait dans ses instructions de se rendre directement en France.

Si Lenoir, en voyant s'éloigner Dumas, considéré par lui comme un rival, n'avait pas négligé, dans le calcul de ses espérances, de supputer en regard les chances contraires à ses vues, il en était une qui vraisemblablement avait dû lui échapper. Mais comment prévoir certaines coïncidences que le hasard seul amène!

Après 52 jours de navigation, le 13 mars, le navire est battu par une tempête qui le démâte complètement et l'oblige à faire relâche à Saint-Paul de Bourbon. En quoi cet accident de mer pouvait-il déranger les calculs de Lenoir? La réponse découle du fait suivant.

Par le *Lys*, arrivant de France avec l'*Union*, M. de Beauvollier venait de recevoir sa nomination de Gouverneur général de l'Inde, qu'il n'avait pas demandée, et à laquelle il était loin de s'attendre. Dumas, qu'il avait connu à Pondichéry sous les gouvernements de MM. Hébert et Dulivier, lui était très sympathique. Son arrivée à Bourbon lui sembla comme un bienfait, et dès qu'il apprit par un message de Dumas lui-même le motif qui ramenait en France cet homme dont la présence dans l'Inde lui paraissait indispensable, il envoya M. Desforges à Saint-Paul avec commission de dire à Dumas : « Je ne vous laisse pas aller plus loin, vous m'accompagnerez à Pondichéry.

— C'est impossible, fit Dumas, j'ai donné ma parole... Demandez au capitaine! et d'ailleurs ma femme... — Alors, répliqua M. de Beauvollier arrivant lui-même, si c'est impossible, je vous en donne l'ordre. Je ne puis me passer de vous. »

Il comprit, aux explications fournies par Dumas, que celui-ci, bien que parti de Pondichéry, contre son gré, n'était pas fâché maintenant de l'avoir quitté momentanément pour conduire à Paris sa jeune épouse et se présenter aux nouveaux directeurs de la Compagnie des Indes, qu'il désirait connaître. Ces raisons, frivoles aux yeux du gouverneur, n'étaient rien en comparaison de celles qui le portaient à retenir Dumas près de lui. L'une des principales était la suivante : malgré le bon jugement dont M. de Beauvollier se sentait animé, malgré l'habitude qu'il avait déjà de l'administration, il doutait de lui-même pour la pratique des affaires commerciales qui se traitaient dans l'Inde. Or, en ce moment, deux hommes lui étaient connus pour être les seuls capables de l'aider dans la tâche qui lui était inopinément confiée : Lenoir et Dumas. De beaucoup il préférait ce dernier. Lenoir était roide, autoritaire et envieux.

Dumas, lui, n'avait pas seulement une instruction développée. Il était souple, diplomate, aimable, conciliant, prévoyant et par-dessus tout « parfait honnête homme ». Il rappelait aux anciens de la Compagnie M. Bourreau-Deslandes doué de qualités semblables, et que tout le monde dans l'Inde avait regretté.

M. de Beauvollier, qui avait éprouvé les talents de M. Dumas, se disait : Et je le laisserais échapper au moment où moi, plein de bonne volonté, mais ignorant les pratiques du négoce, je vais prendre le poids des affaires indiennes si variées, si compliquées (où Dupleix, déjà l'émule de Dumas, commençait à former son génie), non, je ne le ferai pas. Ce n'est pas moi qu'on aurait dû nommer gouverneur de l'Inde, c'est Dumas. Nous gouvernerons ensemble.

C'est ainsi que pensait M. de Beauvollier. Mais comme il faut toujours prouver par un texte, sinon les détails, du moins le principal de ce qu'on avance, nous donnons, dans ce but, la teneur de l'ordre délivré à Dumas par le gouverneur général de l'Inde. Nous pourrions présenter sur le même sujet d'autres textes. Celui-ci est assez court pour être reproduit sans encombrement, il a de plus l'avantage d'appartenir pleinement à notre sujet puisque l'ordre de M. de Beauvollier fut donné et signé à Bourbon.

« De par le Roy et Messieurs de la Compagnie des Indes,

« Nous, gouverneur de Pondichéry, sachant que M. Delorme, second de ce comptoir, veut quitter le service pour repasser en France, et ayant bezoin d'estre aydé par une personne parfaitement au fait des affaires de l'Inde, tel qu'est M. Dumas, cy-devant conseiller et procureur général au Conseil supérieur, dont la probité, les bonnes mœurs, l'expérience, la capacité et le zelle, pour le bien du service, nous sont aussi parfaitement connus que le bezoin que nous en avons, nous luy ordonnons de se débarquer du vaisseau le *Bourbon*, sur lequel il veut repasser en France, et de se rembarquer sur le *Lys* ou sur l'*Union* pour retourner dans l'Inde et y servir en qualité de second du comptoir de Pondichéry à la place de M. Delorme, s'il quitte, ou en qualité de premier conseiller, avant M. Delorme, s'il reste, attendu le manque de sujets capables.

A Saint-Denis, isle de Bourbon, le 1er d'aoust 1723.

« BEAUVOLLIER DE COURCHANT. »

Cet ordre obligea Dumas à se rembarquer pour l'Inde sur l'*Union* avec sa femme, dont la grâce avait réuni les suffrages de la société bourbonnaise. Ainsi que Dupleix, Dumas eut l'avantage d'avoir pu ajouter, comme facteur, aux ressources de son génie des affaires, la distinction et le dévouement de celle qui demeura dans l'Inde, à Bourbon et en France, sa fidèle et inséparable compagne.

L'*Union* parvint à Pondichéry le 18 octobre 1723. Dumas, loin de considérer comme un triomphe son retour à Pondichéry, avec M. de Beauvollier, débarqua dans cette ville avec la même résignation qu'il en était parti. Son premier soin fut d'écrire aussi bien aux conseillers ses collègues qu'aux Directeurs de la Compagnie à Paris pour leur expliquer ce qui s'était passé à Bourbon et témoigner de part et d'autre sa soumission et sa bonne volonté.

Tout le monde au surplus l'accueillit avec un empressement qui le flatta beaucoup et le consola de ses déboires immérités.

Une seule personne le vit arriver avec peine et perdit tout sang-froid en comprenant que ses espérances étaient sinon renversées, du moins très ajournées : ce fut Lenoir. Dumas se contente de le faire remarquer sans un mot de récrimination : « M. Lenoir, dit-il, ne m'a pas revu ici avec plaisir. »

Le gouverneur intérimaire, dont l'intérim avait pris fin, adressa sur-le-champ à M. de Beauvollier un mémoire où il protestait contre le retour de Dumas à Pondichéry. M. de Beauvollier refusant de le lire, disant qu'il n'en avait pas le temps, rejeta le mémoire loin de lui et déclara qu'il prenait tout ce qui s'était passé sous sa responsabilité, et que le Conseil n'avait qu'une chose à faire en ce moment : recevoir M. Dumas premier conseiller, avec les honneurs qui lui étaient dus. Le Conseil se soumit sans trop murmurer à l'ordre du gouverneur, bien que la promotion de Dumas du dernier rang au premier, après le départ de M. Delorme, lui sembla dure à supporter. Mais le mérite de Dumas se montra si réel que le souvenir de ce passe-droit s'effaça bientôt de l'esprit des conseillers.

On comprend que Lenoir, après avoir remis le service à M. de Beauvollier, avait quitté l'Inde de très méchante humeur et le plus tôt qu'il lui avait été possible. Ce départ ne laissait pas de tourmenter Dumas. Bien que vigoureusement soutenu par son protecteur, il ne cessait d'être inquiet sur l'action que Lenoir pourrait avoir à Paris auprès des Directeurs au sujet de l'affaire qu'il lui avait suscitée. Le gouverneur comprit à la fin que le retenir quand même était lui imposer un supplice par trop cruel. Dumas l'avait aidé à gouverner pendant une année ; c'était quelque chose. Son départ fut résolu en octobre 1724. Mais, le 14 du même mois, M. de Beauvollier, le cœur ouvert aux sentiments que lui inspire la situation des agents la Compagnie, exprime franchement, dans une lettre adressée aux Directeurs, son enthousiasme pour Dumas, son intérêt pour d'autres. Le passage suivant, extrait de sa longue épître, est, à notre avis, extrêmement remarquable.

« Il est certaines personnes, dans vos comptoirs, qu'on ne sauroit trop ménager, parce qu'elles donnent le branle à tout pour le bien. On peut assez facilement trouver des gens capables de tenir les livres, d'estre garde-magasins, de connoistre les toiles, etc. Mais rien n'est plus rare que ceux qui sont capables de rendre de grands services, d'avoir de grandes vues et justes, de sçavoir ménager les esprits, tel qu'est icy M. Dumas, M. Desforges à l'isle Bourbon et M. Bourgault au Bengale. Ce sont ces thrésors absolument nécessaires qui doivent estre ménagez, ou du moins qu'on ne doit pas dégoûter, parce que dès qu'ils viennent à manquer, vos affaires ne font plus que languir et on ne peut rien entreprendre. Sans M. Dumas, aurois-je songé à charger à frêt l'*Union* pour Moka, à armer pour Chine ni pour Manille? Aurois-je ozé entreprendre d'engager les noirs à contribuer aux dépenses du mur de la ville noire? Il a réussi en tout et il a si bien sçu profiter de la confiance que les noirs ont en luy, qu'avec son esprit liant, il a déterminé ces Indiens à se cottiser avec plaisir, en sorte que je mis la première pierre à ce mur le 6 juillet, et ce n'est pas une petite affaire que d'avoir sceu amener les habitans à ce point qu'on n'espéroit pas voir réussir. »

De son côté, le Conseil ne voulut pas rester en arrière d'une si noble franchise. Il écrivit par le même courrier (15 octobre 1724) :

« Nous avons eu bien de la peine à consentir que M. Dumas soit party d'icy, par ce que nous sentons plus que jamais combien il étoit nécessaire et la confiance que les habitans avoient en luy. Mais il étoit si déterminé à partir par raport au dégoust qu'il a reçu de la manière dure dont il avoit été rappelé qu'il n'y a pas eu moyen de le retenir. Il n'a pas laissé, pendant l'année qu'il a resté icy, de travailler avec la même aplication et le même zèle que s'il eût eu tout lieu d'être content quoyqu'il ait toujours dit qu'il n'estoit revenu que pour M. de Beauvollier et pour ne pas désobéir à l'ordre précis qu'il luy en avoit donné à l'isle de Bourbon. Nous luy avons donné passage, et à Madame Dumas, sur le vaisseau le *Lis*. »

Cette lettre est signée Beauvollier, Legou, Dupleix, Vincent, Dirois et Dulaurens.

Nous lisons dans un dernier avis du Conseil, du 18 : « Nous vous avons expédié les vaisseaux le *Lys* et l'*Union* le 16e au soir et ils on appareillé hier, à trois heures du matin, pour le port de Lorient. »

A son arrivée en France, vers juin 1725, Dumas n'eut pas de peine à persuader les directeurs de sa parfaite innocence dans ce que la Compagnie lui avait si gravement reproché sans qu'elle sût au juste à quoi s'en tenir « quelques marchandises qu'il avoit chargées à fret sur un vaisseau d'Ostende », à une époque où l'interdiction de ce commerce était tombée en désuétude.

Lenoir lui-même mit quelque grâce à reconnaître qu'il y avait eu malentendu et que Dumas était pur de toute faute.

La mort de M. Desforges à Bourbon, en novembre 1725, et l'insistance que M. de Beauvollier mit à ne pas vouloir rester dans l'Inde après le départ de son meilleur conseiller, fournirent à la Compagnie deux moyens de concilier les rivaux. Lenoir fut nommé au gouvernement général de l'Inde et Dumas à celui des *îles de Bourbon et de France*, tous deux avec les mêmes avantages et le même traitement. Seulement Lenoir, devant partir avant Dumas et relâcher à Bourbon, fut chargé, comme on l'a vu, d'exprimer son appréciation sur l'état de cette colonie.

LIX.

Par ordre du roi, en date du 17 janvier 1727, Dumas reçut les titres de « gouverneur pour le roi de l'isle Bourbon, président du Conseil supérieur et directeur général des affaires de la Compagnie des Indes, dans les isles de *Bourbon et de France*, » où il devrait séjourner alternativement.

Dès sa nomination, il s'occupa à Paris, avec les directeurs de la Compagnie, de rédiger un « règlement général pour les isles de Bourbon et de France. »

Ce remarquable document, dont l'expédition conservée aux Archives coloniales ne comprend pas moins de 48 pages, commence par un lumineux exposé dont voici les premières lignes :

« L'objet principal de la Compagnie dans toutes ses concessions étant le commerce et la culture des terres, elle a jugé à propos de diviser le gouvernement civil du militaire, et en conséquence de régler les fonctions des officiers de plume et de guerre, afin qu'un chacun, appliqué particulièrement à son employ, en puisse remplir exactement les parties sans être distrait par d'autres soins. »

Tout est prévu dans cette ordonnance : les attributions y sont bien séparées et détaillées ; le traitement de chaque employé, officier, prêtre, etc., y est indiqué et un sujet est nommé à chaque emploi.

La partie civile et la partie militaire du gouvernement sont ensuite réunies dans une seule main, celle de Dumas.

Le nouveau gouverneur partit de France en mars 1727, avec Madame Dumas, sur le navire le *Solide,* commandant de Marquaissac. pour aller à Bourbon prendre possession de son gouvernement.

Gabriel Dumas, que son frère venait de faire nommer troisième conseiller au Conseil supérieur de Bourbon, était du voyage.

Un fait, qui se passa durant la traversée, devint pour Dumas le point de départ de très grands ennuis, qu'il eut cependant l'esprit de savoir tourner à son avantage. Ce fait a eu jadis trop de retentissement à Bourbon pour que nous ne le racontions pas. Toutefois, nous tâcherons de le résumer aussi brièvement que possible.

Un aventurier — du nom de Falliez, dans sa nomination, et de Faillet, dans les autres papiers, — présenté par la Compagnie, — on ne voit pas sur quelle recommandation, — pour la place de « capitaine réformé à la suite de la troupe de l'Ile de France », avait été nommé à ce poste le 23 janvier 1727, et avait pris passage à bord du *Solide.* Cet homme, qui payait d'une certaine mine, était passé maître en fourberie. Il en donna de nombreuses preuves. On a lieu de soupçonner que Faillet, — d'origine étrangère, suisse ou allemande, — avait été soudoyé par quelque ennemi de Dumas, pour apporter un nouveau trouble dans l'existence de l'éminent administrateur.

Parmi les passagers, à un titre plus sérieux, on comptait encore le sieur Marion, officier d'infanterie, qui venait d'être nommé major à l'Ile de France où il allait prendre son service.

Marion, léger, écervelé, plus faible que foncièrement méchant, se lia tout de suite avec Faillet sans le connaître, et emboîta le pas à l'intrigue de cet aventurier, ignorant où elle le conduisait.

Ces deux hommes, indignes de porter l'épée, feignirent, l'un par calcul perfide, l'autre par sottise, d'être épris de Madame Dumas jusqu'à lutter, disaient-ils, pour l'objet de leur passion. La jeune femme, qui d'abord avait reçu leurs politesses en personne bien élevée, se vit obligée de repousser leurs hommages avec mépris. Ils tramèrent alors une sorte de complot. Faillet vint prévenir Madame Dumas que Marion menaçait de faire courir le bruit qu'elle accueillait les privautés de son beau-frère, et réprouvant, disait-il, ce procédé, lui proposait d'intervenir hautement pour la venger l'épée à la main.

Madame Dumas, dédaignant la menace en même temps que cette jactance, informa son mari des menées de ces messieurs. Dumas, qui comprit leur jeu, ne quitta plus sa femme d'un instant et tint sévèrement à distance Faillet et Marion, se réservant de les punir à l'arrivée du bâtiment à terre, si cette mauvaise plaisanterie ne cessait pas.

Le *Solide* arrive à Bourbon le 18 juillet 1727. Le 10 août suivant, Faillet et Marion, en nombreuse société, font mine tout à coup de se quereller et mettent l'épée à la main. Dumas, qui se trouvait là, les sépare, les raccommode et leur fait promettre de ne plus venir à cette extrémité. Cependant, « à quelques jours de là, ils montent à cheval, renvoient leurs domestiques et vont, dans un endroit écarté d'où Faillet revient avec le bras en écharpe et la chemise ensanglantée. Ils font de bouche à tout le monde le récit de leur combat et à plusieurs par écrit ». Dumas, persuadé que « c'est un jeu de Marion et Faillet pour imposer au public et qu'il n'y a point eu réellement duel » désire étouffer l'affaire pour éviter le scandale. Mais la tenue de ces deux hommes devint si provoquante, que le procureur général dut présenter requête « à fin d'une poursuite criminelle. » Dumas se contenta, comme il en avait le droit, de demander au Conseil d'examiner si Faillet et Marion ne devraient pas être renvoyés en France. L'affaire fut instruite. On vit alors ces deux intrigants se charger avec une violence suspecte et se traiter l'un et l'autre comme ils le méritaient certes bien, et tout cela pour trouver moyen de mêler à leurs récriminations des propos calomnieux contre le gouverneur et sa famille. Marion, notamment, prétendit que Dumas « étoit indisposé contre luy et excité par un mouvement de jalousie conçue à l'occasion des attentions que son espouze avoit pour luy. »

Le Conseil décida à l'unanimité, après avoir délibéré, « de ne point installer les sieurs Marion et Faillet dans les postes qui leur sont destinez et de les renvoyer en France comme esprits inquiets et remuants, qui ne convenoient pas dans une colonie naissante, comme celle de l'Isle de France. »

Cette délibération ayant été suivie d'un arrêté conforme du gouverneur, Marion et Faillet furent rembarqués sur le *Solide* pour passer à Pondichéry et de là en France. Ils ne furent pas consignés à bord du navire. Le capitaine reçut seulement l'ordre de les surveiller. Arrivés à Pondichéry, inquiets du sort qui pouvait leur être réservé en France, ils tramèrent un nouveau complot qui devint pour l'aventurier comme la seconde partie de son intrigue. Après avoir donné à son complice le désaveu écrit et formel de tout ce qu'il lui avait soutenu en face du Conseil et dans tout le cours de l'instruction, Faillet s'enfuit sur le territoire anglais, laissant à Marion le reste du venin dont on l'avait chargé, afin que celui-ci pût continuer en France la campagne entreprise contre Dumas.

Arrivé à Lorient, où sa conduite était connue par les lettres apportées sur le *Solide*, Marion fut mal reçu. Ses anciens amis s'éloignèrent de lui. Sa fureur s'en accrut.

Il se rendit à Paris, et là, ayant rencontré un sieur Dumesnil, ex-habitant de Bourbon, et un sieur de Genicourt, ancien magistrat révoqué, ex-habitant de l'Ile de France, qui avaient été expulsés de ces deux colonies, par l'ordre de Dumas, pour leur conduite factieuse, Marion se ligua avec eux pour intenter au gouverneur un procès tendant à obtenir réparation des prétendus torts qu'il leur avait causés, et demandant « 100,000 piastres de dommages et intérêts ». Dumesnil et de Genicourt s'entendirent avec Marion, incapable de le faire lui-même, pour rédiger un mémoire rempli des plus noires calomnies contre Dumas et son administration. L'ex-major avait profité des leçons de Faillet. Chaque phrase, habilement distillée par de Genicourt, eut sa dose de venin fourni par Marion, ou par Dumesnil si l'administrateur était en cause. Ce libelle fut imprimé, communiqué à la Compagnie des Indes, puis envoyé et répandu dans la colonie où Dumas le fit saisir comme écrit dangereux et mensonger.

Ainsi attaqué, Dumas se défendit noblement par divers mémoires adressés au roi et à la Compagnie, lesquels, nous nous plaisons à le constater, sont écrits de main de maître. Quand le lion secoue la vermine qui lui monte à la crinière, il ne le fait pas avec plus de vigueur et de crânerie que Dumas ne traita ses détracteurs. Comme ils furent démasqués et roulés dans la boue qu'ils voulaient lui jeter à la face! Finalement il triompha. Les plus honorables et les plus consolantes assurances lui furent envoyées par les directeurs de la Compagnie. Cette affaire, qui traîna plus de cinq ans, mourut étouffée sous un fatras de papiers amoncelé de part et d'autre. Mais, que d'ennuis! que de soucis! que d'amertumes! pour Dumas. On avait tout remué pour le faire révoquer. Il resta en place plus solide que jamais et on le vit bientôt prendre victorieusement le gouvernement général de l'Inde, que deux fois il avait craint de perdre par la faiblesse de la Compagnie.

La présence à Paris, en 1731, d'une députation envoyée par les habitants de Bourbon, principalement pour plaider la cause du prix du café payé par la Compagnie aux colons qui apportaient leur récolte aux magasins, avait failli compliquer encore l'affaire des écrits calomnieux Marion-Genicourt-Dumesnil. Les trois complices avaient tenté de séduire les députés pour les engager à épouser leurs intrigues et les porter à renverser Dumas. Mais les trois bourbonnais, MM. Sicre de Fontbrune, Pierre de Guigné et Pierre Cadet eurent le bon esprit de repousser ces propositions. La Compagnie ne leur accorda aucun avantage. Ils ne purent rapporter à Bourbon que de bonnes paroles. Mais ils restèrent honnêtes gens, et, en somme, malgré le peu de succès de leur coûteux voyage, ils conservèrent l'estime et l'affection de leurs compatriotes. La modération et l'esprit conciliant de Dumas furent pour beaucoup dans ce résultat favorable.

Ce que Dumas édicta de mesures utiles pour les détails de l'administration serait trop long même à énumérer.

Pendant son exercice, le nombre des employés fut augmenté pour le bien du service; deux compagnies d'infanterie furent établies à Bourbon; des ouvriers de différentes professions, avec tous leurs outils nécessaires, y furent passés aux frais de la Compagnie. Des magasins, des poudrières et autres bâtiments y furent construits. Vingt-six vaisseaux venant de France, chargés de vivres et marchandises, y furent envoyés, sans compter ceux qui vinrent directement de l'Inde relâcher à Bourbon. Le cours des monnaies étrangères, et notamment de l'Inde, y fut réglé avantageusement pour la colonie. Le prix du café créole y fut établi, « du 1er août 1732 au 1er juillet 1738, à six sols la livre et ensuite à cinq sols pour toujours ». Cette modicité de prix d'achat, insuffisamment rémunératrice, vivement combattue par Dumas, avait provoqué l'idée de la députation envoyée à Paris.

Les différentes redevances en nature furent supprimées et il n'en fut conservé qu'une seule : quatre onces de café par arpent de terre défriché ou non défriché. De plus, chaque habitation devait payer un denier par arpent, dans les mêmes conditions, et une poule et un chapon par deux têtes d'esclaves. Dumas adoucit beaucoup, suivant les personnes et les circonstances, l'effet de ces impôts.

A la date du 12 décembre 1727, Dumas écrit au ministre : « On ne peut rien voir de plus beau que les plantations de caffé de l'isle de Bourbon qui réussissent à faire plaisir, et font un tel progrès, qu'il est à présumer qu'elle sera en estat d'en fournir dans quelque temps la quantité nécessaire pour la consommation du royaume. J'en ay chargé 250 balles sur le vaisseau le *Lys*. Il nous en reste actuellement de recueilli 900 balles. Je me propose d'en envoyer 300 au mois de mars prochain, le *Lys* n'ayant pu en prendre davantage. »

A la date du 5 avril 1728, Dumas donne avis de l'envoi en France de 400 balles de café du cru de Bourbon. Le 27 du même mois, Dumas dit :

« Rien de plus admirable que les plantations de caffé qui multiplient à l'infini... Je suis aujourd'hui en estat de charger plus de 700 balles de beau caffé. *Cette isle sera dans peu capable d'en fournir au delà de la consommation de tout le royaume* », et, dans son contentement, le gouverneur de Bourbon s'écrie : « *Quelle différence de porter son argent aux Arabes, comme on l'a fait jusqu'à présent, ou de tirer le caffé directement de chez soy.* » Ce qui lui cause du souci, c'est de voir « 1000 noirs au quartier Saint-Paul contre 180 habitants en estat de porter les armes ». Mais il ne s'en inquiète pas outre mesure.

Enfin, par une lettre du 31 décembre 1731, Dumas annonce qu'il envoie en France « 470,000 livres de café du cru de l'île et 2,000 balles de Moka », c'est-à-dire, pour ces dernières, provenant de « l'unique bon » sauvé des six plants apportés de l'Yémen.

Cependant Dumas ayant reconnu qu'il lui était impossible d'alterner sa résidence à l'île Bourbon et à l'Ile de France, comme on le lui avait prescrit, demanda que le gouvernement des deux colonies fût séparé et que celui de Bourbon lui fût conservé. Un édit du 27 décembre 1730 fit droit à sa demande. Après avoir été gouverneur général des deux îles, Dumas devint simplement gouverneur de Bourbon et demeura, en cette qualité, président du Conseil supérieur dont la juridiction s'étendait aux deux colonies. La Bourdonnais, comme on sait, fit le contraire. Il rétablit le gouvernement général et fixa sa résidence dans la colonie qui devint rapidement la rivale de son aînée. Il est juste de dire que Bourbon ne fut pas jalouse et soutint l'enfance de sa jeune sœur avec une abnégation et un dévouement qui n'ont jamais été assez connus.

Tant de travaux accomplis par Dumas, tant de peines supportées par lui sans que son courage ait un instant faibli, ne restèrent pas sans récompense. Le 8 novembre 1734, il fut nommé gouverneur général des établissements français dans l'Inde, et le 6 octobre 1735, il annonce au Ministre avoir remis le gouvernement de Bourbon à La Bourdonnais et remercie d'avoir été nommé pour succéder à M. Lenoir à Pondichéry.

En octobre 1737, Dumas fut anobli, lui et, selon l'usage, ses descendants directs, qu'il n'eut pas.

Dumas gouverna jusqu'à la date du 14 juillet 1742, époque à laquelle il remit les rênes de sa quasi-royauté à l'impatient Dupleix dont le nom s'immortalisa dans ce qui forme aujourd'hui, pour nos rivaux plus fortunés que glorieux, l'empire actuel des Indes.

Dumas ne se serait pas enrichi dans l'Inde avec son traitement de 6,000 livres que la Compagnie lui attribuait pour ses fonctions de gouverneur, s'il n'avait eu, en récompense de grands services rendus au nabab de la province d'Arcate, les revenus d'Aldées ou villages, à lui personnellement accordés avec le consentement de la Compagnie. Ces revenus lui constituaient une rente annuelle de 25,000 livres environ. A son retour en France, il fit donation de cet avantage à la Compagnie, à la condition que lui, sa veuve, et, après elle, son frère, en conserveraient la jouissance leur vie durant.

Dumas avait acquis la belle terre de Stain près Saint-Denis. A sa mort survenue le 29 octobre 1746, il était encore intéressé dans l'armement de quantité de navires de Saint-Malo. Il laissa une immense fortune dont la jouissance était réservée à sa femme pendant sa vie, et la propriété à son frère, nommé son légataire universel.

Et pour conclusion de cette longue étude sur les origines de Bourbon, où, autant que possible, rien n'a été négligé pour renseigner et intéresser le lecteur, qu'il nous soit permis de dire que si l'on songe à tous les travaux accomplis dans l'île depuis la prise de possession par la Compagnie des Indes (1665) jusqu'au jour où la colonie est venue, de différents points de la Réunion, par le chemin de fer de Saint-Pierre à Saint-Denis, pour assister à l'inauguration du port de la Pointe-aux-Galets (1886), on doit reconnaître que les descendants des compagnons de M. Etienne Regnault, premier gouverneur de l'île, ont bien mérité du pays.

Paris. — Imprimerie L. Baudoin et Ce, 2, rue Christine.

PARIS. — IMPRIMERIE L. BAUDOIN ET Cⁱᵉ, 2, RUE CHRISTINE.

www.ingramcontent.com/pod-product-compliance
Lightning Source LLC
Chambersburg PA
CBHW070537160426
43199CB00014B/2281